O HERÓI INTERIOR

Carol S. Pearson

O HERÓI INTERIOR

Uma Introdução aos Seis Arquétipos que Orientam a Nossa Vida

– ÓRFÃO – INOCENTE – MAGO – NÔMADE – GUERREIRO – ALTRUÍSTA –

Tradução
Terezinha Batista Santos
Marie Romero

Editora
Cultrix
SÃO PAULO

Título do original: *The Hero Within – Six Archetypes We Live By. - 3ʳᵈ edition.*

Copyright © 1986, 1989, 1998 by Carol S. Pearson.

Publicado mediante acordo com a HarperOne, um selo da HarperCollins Publishers.

Copyright da edição brasileira © 1992, 2023 Editora Pensamento-Cultrix Ltda.

2ª edição 2023.

Todos os direitos reservados. Nenhuma parte desta obra pode ser reproduzida ou usada de qualquer forma ou por qualquer meio, eletrônico ou mecânico, inclusive fotocópias, gravações ou sistema de armazenamento em banco de dados, sem permissão por escrito, exceto nos casos de trechos curtos citados em resenhas críticas ou artigos de revistas.

A Editora Cultrix não se responsabiliza por eventuais mudanças ocorridas nos endereços convencionais ou eletrônicos citados neste livro.

Editor: Adilson Silva Ramachandra
Gerente editorial: Roseli de S. Ferraz
Preparação de originais: Marie Romero
Gerente de produção editorial: Indiara Faria Kayo
Editoração eletrônica: Join Bureau
Revisão: Claudete Agua de Melo

Dados Internacionais de Catalogação na Publicação (CIP)
(Câmara Brasileira do Livro, SP, Brasil)

Pearson, Carol S.
　　O herói interior: uma introdução aos seis arquétipos que orientam a nossa vida / Carol S. Pearson; tradução Terezinha Batista Santos, Marie Romero. – 2. ed. – São Paulo: Editora Cultrix, 2023.

　　Título original: The hero within: six archetypes we live by.
　　ISBN 978-65-5736-225-9

　　1. Arquétipos (Psicologia) 2. Autoajuda (Psicologia) 3. Autoconhecimento (Psicologia) 4. Movimento Nova Era I. Título.

22-136430　　　　　　　　　　　　　　　　　　　　　　　　CDD-150.1954

Índices para catálogo sistemático:
1. Arquétipo: Psicologia 150.1954
Henrique Ribeiro Soares – Bibliotecário – CRB-8/9314

Direitos de tradução para o Brasil adquiridos com exclusividade pela EDITORA PENSAMENTO-CULTRIX LTDA., que se reserva a propriedade literária desta tradução.
Rua Dr. Mário Vicente, 368 – 04270-000 – São Paulo, SP
Fone: (11) 2066-9000
http://www.editoracultrix.com.br
E-mail: atendimento@editoracultrix.com.br
Foi feito o depósito legal.

Para Amalie Frank

Sumário

Prefácio 9

    História da Publicação Deste Livro 13

    Alterações da Segunda Edição 15

    Modos de Usar Este Livro 20

Agradecimentos 23

Parte 1: Uma Jornada Heroica: o Mapa

    Introdução: Fazendo a Diferença: a Jornada Heroica 27

1. Escolhendo a Liberdade: os Guias 43

2. Sobrevivendo à Dificuldade: do Inocente ao Órfão 61

3. Encontrando a Si Mesmo: o Nômade 95

4. Provando o seu Valor: o Guerreiro 127

5. Mostrando Generosidade: o Altruísta 157

6. Alcançando a Felicidade: o Retorno do Inocente 187

7. Transformando sua Vida: o Mago 219

Parte 2: Domínio Pessoal: o Guia

    Introdução: Domínio Pessoal: Desenvolvimento de
        Recursos Internos 257

8. Honrando sua Vida: o Percurso 269

9. Solucionando Problemas Quando Você se Perde ou
Fica Preso: a Bússola 289

10. A Ética da Jornada: o Código 319

Apêndice A: O Autoteste do Mito Heroico 335

Parte I: Como Eu Me Vejo 335

Parte II: Como os Outros Me Veem 338

Parte III: A Influência da Minha Família de Origem 341

Parte IV: A Influência da Minha Família Atual 344

Parte V: A Influência do Meu Local de Trabalho Atual
(ou Escola) 347

Parte VI: Juntando Tudo 350

Apêndice B: Diretrizes para Grupos de Apoio à Jornada Heroica... 353

Apêndice C: Criando Ambientes Heroicos 357

Famílias Heroicas 357

Escolas Heroicas 358

Locais de Trabalho Heroicos 359

Psicoterapia, *Coaching* e Aconselhamento Heroicos 361

Restabelecimento Heroico 363

Política, Economia e Governo Heroicos 365

**Apêndice D: O Modelo de Doze Arquétipos de *O Despertar
do Herói Interior*: Notas e Recursos 369**

Bibliografia: Sugestões de Leituras 373

Notas 377

Permissões 383

Prefácio

Uma vez, um especialista em computação queixou-se para mim que muitas pessoas, após comprarem seus primeiros computadores, ligavam para o 0800 indignadas porque eles não funcionavam. O que elas queriam dizer é que não sabiam como fazê-los funcionar. Ele observou que quando compramos um carro, não esperamos que o carro se dirija sozinho. Nós temos de aprender a usá-lo e depois tiramos a habilitação para dirigi-lo.

Todos nós temos uma riqueza tremenda dentro nós – um potencial que, quando tocado, pode nos ajudar a encontrar mais sucesso e realização em nossa vida. Entretanto, poucas pessoas hoje aprendem como acessar seu próprio potencial interno. *O Herói Interior* é um texto básico para o campo emergente do desenvolvimento de recursos internos (DRI), um campo voltado para devolver as chaves do reino às pessoas comuns para que elas possam viver vidas extraordinárias.

A maioria de nós sabe que quando compramos um computador, deveríamos ao menos ler o manual de instruções ou fazer um curso. No entanto, quando se trata de nossa própria psique, simplesmente esperamos, com frequência, que ela funcione sozinha. É tacitamente presumido em nossa cultura que precisamos olhar dentro de nós mesmos apenas quando algo errado acontece. Então, contatamos um especialista (psiquiatra, psicólogo, pastor, guru etc.) para identificar o que está doente, inadequado, ou pecaminoso em nós que está causando o problema – do mesmo modo que procuraríamos por uma peça defeituosa em uma máquina, para ser substituída.

O sucesso de livros de autoajuda no nosso tempo reflete um desejo construtivo por parte das pessoas de assumir a responsabilidade por sua própria saúde mental e seu desenvolvimento espiritual. Entretanto, muitos desses livros também focam em nos ensinar o que está errado conosco e então nos diz como podemos melhorar. Assim como com um computador, talvez nós não precisemos ser consertados; talvez simplesmente precisemos aprender a entender o que temos a nosso favor e como podemos usá-lo no estágio atual de nossa jornada.

O Herói Interior pode ser visto como um manual de instruções para a psique, ou como um mapa ou um guia para a jornada. Ele descreve seis mentores interiores, ou arquétipos, que nos ajudam em nossa caminhada. Com a assistência deles, podemos atravessar os dilemas previsíveis do processo de maturação, um processo que continua por toda a nossa vida. Quando aprendemos a acessar esse suporte interior, nós também nos tornamos menos temerosos quanto ao futuro. Fica claro que temos dentro de nós tudo de que precisamos para lidar com quaisquer desafios que encontramos no caminho.

Além disso, a vida pode se tornar muito complexa para ceder a posse do conhecimento sobre nossos recursos interiores para psicólogos e outros especialistas. Nos dias de hoje, o sucesso no local de trabalho requer que todos nós desenvolvamos inteligências emocional e espiritual. Os arquétipos, as estruturas fundamentais da psique, podem nos ajudar a decodificar nosso próprio funcionamento interior, assim como a vida interior de outras pessoas, grupos e sistemas sociais para que possamos estar à altura do desafio da vida contemporânea.

O trabalho com os arquétipos foi iniciado pelo psiquiatra suíço C. G. Jung, que também formulou as teorias sobre tipos psicológicos, o processo de individuação, transferência, projeção e sincronicidade. Jung descrevia os arquétipos como padrões profundos e permanentes na psique humana que permanecem poderosos e presentes com o passar do tempo. Eles podem existir, usando a terminologia de Jung, no "inconsciente coletivo", ou "psique objetiva", podem até ser codificados na composição do cérebro humano. Jung descobriu esses arquétipos nos sonhos de seus pacientes assim como na arte, na literatura e nos mitos sagrados. Ele desenvolveu estratégias de tratamento tais como: análise de sonhos, exercícios de imaginação ativa e consciência da dimensão arquetípica da vida em vigília para curar seus pacientes, às vezes, de doenças mentais e emocionais muito sérias. Mas enquanto o trabalho de Jung foi motivado pelo desejo de curar a disfunção, *O Herói Interior* aplica as ideias e abordagens junguianas para ajudar pessoas saudáveis a aprender a prosperar.

Hoje, em grande parte do mundo, pessoas comuns deparam com escolhas, que no passado só estavam disponíveis para os mais privilegiados. Papéis específicos de gênero, padrões de carreira estabelecidos e comportamentos previsíveis determinados pela classe social de alguém ou por seu grupo étnico definiam como as pessoas viviam e até mesmo o que elas pensavam durante a maior parte da história humana. Papéis de gênero são agora muito mais indefinidos e a etnia não limita mais o que e quem podemos ser. O ritmo das mudanças social e econômica fará com que muitos sigam várias carreiras num curto tempo de vida. Além disso, temos a liberdade de escolher viver estilos de vida muito diferentes. Tudo isso exige mais de nós. Precisamos ser mais flexíveis para nos tornarmos capazes de lidar com várias coisas diferentes ao mesmo tempo e fazermos um número infinito de escolhas, grandes e pequenas, sobre quem somos e como queremos viver.

O mundo moderno é tão complexo que todos devemos entender a nossa própria psique e seu potencial. Infelizmente, permanece verdadeiro o fato de que muitos de nós não recebe um treinamento sistemático para nos familiarizar com nossos desejos e recursos interiores. Na verdade, a maioria das pessoas não ganha nenhum autoconhecimento real até, ou a menos, que fiquem deprimidas ou tenham alguma outra dificuldade grande o bastante para mandá-las a um psicoterapeuta para ajudá-las.

Hoje, muitos de nós percebem que temos alguma responsabilidade por nossa própria saúde física. Não basta confiar no médico para que você melhore quando fica doente. É igualmente importante exercitar-se, comer bem e viver um estilo de vida saudável para prevenir doenças. Quando estamos doentes, a maioria de nós sabe que deveríamos nos informar sobre nossa doença, procurar uma segunda opinião quando parece justificado e não simplesmente entregar o nosso poder ao médico, por mais competente que ele possa ser.

O mesmo princípio se aplica à saúde mental. A aptidão psicoespiritual é quase tão importante quanto a saúde física. Ao fornecer informações especializadas ao público leigo, *O Herói Interior* devolve o conhecimento da vida interior ao leitor. O ponto é: podemos estar seguros e à vontade com nossa própria psique e, também, podemos aprender o básico do que precisamos saber para que possamos ter acesso à riqueza de nossa vida interior.

O modelo d*o Herói Interior* pode ser usado para aumentar as inteligências emocional e espiritual das pessoas. É apropriado em uma variedade de cenários porque permite a comunicação, que é profunda e autêntica, sem entrar nos detalhes da vida pessoal ou da história das pessoas. Também pode ajudar os indivíduos a se conectarem com seu espírito e alma de um modo que não promova nem viole seus compromissos religiosos particulares ou a ausência deles. Por meio dessa abordagem, eles conseguem se voltar para seu interior não para descobrir o que está errado com eles e, sim, o que está potencialmente muito certo, dessa maneira contribuindo para uma autoestima mais elevada e um melhor funcionamento.

História da Publicação Deste Livro

Esta terceira versão de *O Herói Interior* se baseia nas estruturas da primeira e da segunda edição deste livro. Inicialmente, foi a preocupação com a possibilidade de não conseguirmos solucionar os grandes problemas políticos, sociais e filosóficos de nosso tempo caso muitos de nós persistíssemos em ver o herói "lá fora" ou "lá em cima", longe de nós mesmos, que me inspirou a escrever *O Herói Interior*. O livro pretendia ser um chamado à busca, desafiando os leitores a reivindicar seu próprio heroísmo e empreender sua própria jornada. Esse chamado não implica tornar-se maior ou melhor ou mais importante do que qualquer outra pessoa. *Todos* nós somos importantes. Todos nós temos uma contribuição fundamental a dar, o que só poderemos fazer assumindo o risco de sermos unicamente nós mesmos.

Todos sabemos que, sob a busca frenética de dinheiro, *status*, poder e prazer, bem como os comportamentos obsessivos e viciados tão predominantes nos dias de hoje, encontra-se a sensação de vazio e a ânsia de ir mais fundo, comum aos seres humanos. Ao escrever este livro, pareceu-me que cada um de nós quer e precisa aprender, se não o "sentido da vida", ao menos o sentido de nossa própria vida individual, para que possamos descobrir maneiras de viver e de ser ricos, empoderados e autênticos.

No entanto, mesmo sabendo disso, a maciça resposta cultural às entrevistas de Joseph Campbell a Bill Moyers na série da PBS "O Poder do Mito", juntamente com a entusiástica resposta dos leitores a *O Herói Interior*, foi uma surpresa agradável para mim. Mais pessoas do que eu jamais ousara imaginar, pareciam prontas e, até mesmo, ansiosas para responder ao chamado da busca heroica com um entusiástico "sim".

A primeira edição de *O Herói Interior* foi vendida quase inteiramente com a propaganda boca a boca. Fiquei encantada ao saber que muitos leitores compraram vários exemplares para dar aos amigos e colaboradores, como um modo de convocá-los para a missão e, ao mesmo tempo, criar um senso de comunidade que daria suporte a suas próprias jornadas. Os leitores queixavam-se com frequência da maneira como exemplares do livro desapareciam de seus escritórios e salas, imagino que levados por amigos, amantes, parentes, clientes e colegas.

Muitos leitores também escreveram ou telefonaram para contar como *O Herói Interior* foi o título que definiu suas próprias experiências ou, de alguma outra maneira, os empoderou. Fiquei especialmente emocionada com um homem de Perth, Austrália, que me telefonou três vezes, para me agradecer por ter escrito o livro, aparentemente sem se deixar abalar pela secretária eletrônica, que sempre o atendia. Mas acima de tudo me comovi com as histórias de transformação pessoal. Um jovem do Noroeste Pacífico me contou que era viciado em drogas e havia perdido tudo. Disse que estava morando sozinho na floresta, quando leu o livro, acreditou no que leu e isso mudou sua vida. Quando trouxe seu exemplar esfarrapado para uma palestra para que eu o autografasse, ele era executivo de uma pequena empresa e estava se saindo muito bem nessa função. Tal é o poder do mito.

A segunda edição de *O Herói Interior* foi motivada pela pergunta que os leitores fazem com mais frequência: "É possível fazer algo para estimular o desenvolvimento de um arquétipo na vida de uma pessoa?". A resposta é "sim", e os exercícios que eu adicionei à segunda edição foram criados para isso.

Esta terceira edição foi inspirada pelo entendimento de que o mundo mudou muito desde a primeira publicação de *O Herói Interior*. A versão original providenciou um formato de título e uma abordagem que se tornaram um modelo resultando em muitos outros livros similares: "O (complete a lacuna) Interior". Também foi parte de um movimento muito maior de livros e *workshops* ajudando pessoas a reconhecerem e despertarem seus recursos interiores. Essa abundância tornou as pessoas muito mais sofisticadas em relação ao entendimento de seus recursos internos, do que eram apenas há uma década. Hoje, o presidente dos Estados Unidos se refere inconscientemente à "jornada" da nação. Livros de negócios explicam aos executivos que eles têm de embarcar em suas jornadas heroicas para fazer as mudanças necessárias no ambiente competitivo atual. Quase todos nós entendemos que estamos entrando em uma época tão desafiadora que requer que qualidades, que antes esperávamos encontrar apenas em pessoas excepcionais, estejam presentes em todos nós.

Eu sou grata à Harper San Francisco por ter me pedido para preparar esta edição completamente revisada e expandida. Escrevê-la me ajudou não só a ver como minhas próprias ideias tinham evoluído, mas também a entender mais claramente a maneira como a consciência coletiva de nossa cultura estava e está mudando. Eu saio deste projeto ainda mais otimista quanto ao potencial para transformação individual e social. As sementes foram plantadas e novos brotos começam a surgir. Podemos regar essa nova vida com nossa atenção. Tudo aquilo em que focarmos tende a crescer e a se desenvolver.

ALTERAÇÕES DA SEGUNDA EDIÇÃO

Meu objetivo principal em revisar *O Herói Interior* foi torná-lo mais acessível. Tantos leitores compartilharam comigo o quão transformador foi esse material que simplesmente quis torná-lo disponível para um número maior de pessoas. Isso exigiu uma grande revisão e expansão da introdução para explicar os conceitos-chave de uma maneira mais simples e clara. (A introdução original foi substituída por dois capítulos.) Também exigiu a adição de três capítulos ao final do livro para ajudar os leitores a saber como usar a abordagem arquetípica na vida diária. Temos agora um valioso tesouro de recursos para usar porque as pessoas têm trabalhado com esse material por mais de uma década. Ele mostra aos leitores como aplicar conscientemente a jornada do herói como um modelo para assumir o comando de suas próprias jornadas.

A maior parte do meu conhecimento vem de situações confidenciais. Dos Capítulos 2 ao 7, que descrevem os arquétipos, cito com frequência exemplos literários acrescentando a eles algumas histórias verdadeiras. Nos capítulos que exploram maneira de usar a consciência arquetípica na vida dos leitores (Capítulos 1 e 8 a 10), usei mais ilustrações da vida de pessoas reais. Contudo, para não quebrar a confidencialidade, elas são, em geral, ou uma combinação de realidade e ficção ou foram transformadas em ficção para que o modelo original da história não possa ser reconhecido. Incluí também alguns incidentes da minha própria vida.

Iniciei a revisão deste livro porque a revolução do papel de gênero e seu impacto arquetípico desatualizaram alguns exemplos. Quando escrevi a versão original de *O Herói Interior* estava preocupada com o fato de que as mulheres não se enxergavam como heróis porque a sociedade as via como "diferentes". É por isso que não uso o termo "heroína". A jornada das mulheres muitas vezes difere no estilo e, às vezes, na ordem quando comparada à dos homens, mas a jornada do herói é, em essência, a mesma para ambos os gêneros. Na década passada, a vida de homens e mulheres tornou-se mais parecida. Como voltei a revisar esse trabalho, atualizei, portanto, muitos exemplos de gênero.

No passado, o gênero limitava as pessoas, circunscrevendo a vida de ambos os gêneros. Homens tentavam ser viris, mas também lutavam para não serem, ou parecerem, afeminados. As mulheres também ambicionavam ser femininas e acolhedoras e não parecerem masculinas de maneira alguma. Agora, um número crescente de homens almeja cuidar de seus filhos, ajudando a "criar um lar" e compartilhando seus sentimentos com seus cônjuges e até com amigos. Mais e mais mulheres esperam ganhar a vida, malhar, e mostrar dureza quando necessário.

Muitas das mudanças que eu estava defendendo em *O Herói Interior* vieram a se concretizar, pelo menos para os jovens. Na edição original deste livro, encorajei mulheres a agirem no mundo como Guerreiras, mas também encorajei homens a expandirem suas próprias percepções de heroísmo para englobar o heroísmo tradicional das mulheres, como Mártires/Altruístas, cuja função de cuidar tem, de muitas maneiras, mantido nossas famílias e vizinhanças unidas. As mulheres foram mais rápidas em adotar formas de heroísmo tradicionalmente masculinas do que os homens foram em incluir os modos femininos, em grande parte porque a cultura ainda respeita mais os modelos masculinos de comportamento do que os femininos. O último arquétipo discutido é o do Mago não porque ele preside a transformação do reino, mas também porque é intrinsicamente andrógeno, juntando o melhor das tradições masculinas e femininas. Acredito que o surgimento desse arquétipo inevitavelmente resultará em um equilíbrio empoderador em que ambos, o masculino e o feminino, serão igualmente honrados dentro da psique individual e da sociedade como um todo.

O maior desafio que encontrei ao revisar este livro foi a evolução na forma em que os arquétipos têm sido expostos na *última* década. Essa mudança cultural exigiu grandes alterações conceituais no livro influenciando a nomenclatura de um arquétipo, a ordem em que os arquétipos são apresentados e a descrição de cada um deles.

Quando escrevi a primeira edição de *O Herói Interior*, eu estava preocupada que o arquétipo do Guerreiro, com sua necessidade de conquistar, fosse destruir o mundo. A Guerra Fria estava aquecendo, a estocagem de armas nucleares estava acelerando, as tensões raciais estavam aumentando e a catástrofe ambiental, alimentada pela competitividade desenfreada, parecia eminente. Desde então, o muro de Berlim caiu, o *apartheid* acabou na África do Sul, a conscientização ambiental tem aumentado substancialmente e o movimento dos homens (com sua crítica ao papel do Guerreiro macho) tornou-se ativo. Arquétipos são formas eternas, mas sua expressão é moldada pelo nível de consciência de uma determinada época histórica. Na maior parte da história documentada, os homens provaram-se em batalha. Começando pelo Vietnã, a guerra tornou-suspeita.

Com o advento das armas nucleares, a guerra tornou-se muito perigosa para a civilização para usá-la como rito de passagem para a idade adulta. Como resultado, a expressão do arquétipo é forçada a mudar para um nível mais elevado. Hoje enviamos nossos jovens, homens e mulheres, para as "selvas" corporativas com admoestações para serem bem-sucedidos por meio de seus próprios esforços. A energia do Guerreiro é canalizada principalmente na vontade de realizar – no campo do atletismo, nas escolas e no ambiente de trabalho.

Podemos ver uma mudança igualmente radical no arquétipo do Altruísta. Em 1980, eu chamei esse arquétipo de Mártir, notando em particular como era esperado que mulheres se sacrificassem por seus maridos e filhos. Desde então, os papéis das mulheres mudaram notoriamente; o movimento dos homens expôs o autossacrifício inerente ao papel tradicional do macho, tanto quanto é ao da fêmea; e a literatura psicológica sobre codependência identificou o Mártir como patologia. Como resultado, o martírio é socialmente inaceitável. De fato, a palavra mártir assumiu tanto tais conotações negativas que pareceu sábio mudar o nome de arquétipo do Mártir para "do Altruísta" nesta nova edição. Não é apenas uma questão de renomeação. O uso do termo "Altruísta" honra a evolução dos arquétipos que ocorreu na última década. Estamos nos esforçando para expressar altruísmo e cuidado sem sermos mártires. O arquétipo tem sido suprimido no processo. Confrontados com os sem-teto nas ruas, crianças negligenciadas em nossos lares e a crescente discrepância entre os salários de não apenas ricos e pobres, mas de ricos e classe média, nunca precisamos do Altruísta tanto quanto nos dias de hoje.

O arquétipo do Inocente também evoluiu. Quando escrevi *O Herói Interior*, o despertar da espiritualidade na cultura havia apenas começado. Quando o espírito é negado, o Inocente mostra-se na dependência infantil, no narcisismo da geração "eu", no materialismo e na enorme incapacidade cultural de limparmos nossa bagunça (especialmente nas áreas de poluição ambiental e injustiça social). No entanto, quando o espírito entra na vida, o Inocente se torna um místico, vivenciando a bondade essencial do universo. O retorno do espírito à cultura significa que embora a inocência ainda esteja sendo evidenciada em seu aspecto de criancinha mimada, um sinal mais esperançoso é quantas pessoas hoje estão vivendo a consciência do retorno do Inocente ao Éden. O enorme surgimento cultural do Inocente que retorna fez com que eu movesse o capítulo do Inocente para a penúltima posição – depois do Altruísta e antes do Mago. Trabalhar com a forma elevada do arquétipo também permitiu-me diferenciar entre o Inocente de alto nível e o Mago. O herói encontra o tesouro e recaptura a inocência e então, como o Mago, transforma o reino. Isso significa que nós não transformamos o mundo para sermos felizes. Encontramos a felicidade primeiro e depois transformamos o mundo.

Estou ciente de que alguns leitores podem ficar descontentes com tantas mudanças no livro, especialmente se gostaram da edição anterior exatamente como estava. Antecipei isso, porque em um discurso que fiz logo após a publicação de *Awakening the Heroes Within: Twelve Archetypes to Help Us Find Ourselves and Transform Our World*,* um homem na plateia levantou-se durante o momento de perguntas e respostas para me dizer o quanto estava furioso por eu ter escrito o livro. Ele explicou que gostou de *O Herói Interior* assim como era e ressentiu-se por eu ter expandido o número de arquétipos e tê-los descrito de maneira diferente! Ele queria que eu parasse de mudar algo que já era bom.

Terminei o prefácio da edição de 1986 dizendo: "Se por acaso você me encontrar daqui a vários anos, não me peça para defender as ideias contidas neste livro. Muito provavelmente eu terei ampliado os meus conhecimentos e talvez já não concorde com o que eu mesma disse. Diga-me o que pensa e pergunte-me, se quiser perguntar-me algo, o que aprendi depois que o escrevi". Esta edição revista, assim como

---

* *O Despertar do Herói Interior: A Presença dos Doze Arquétipos nos Processos de Autodescoberta e de Transformação do Mundo*. São Paulo: Pensamento, 1994.

O Despertar do Herói Interior, responde a essa questão. Espero aprender ainda mais com as respostas dos leitores à esta edição e com a contínua influência que tais interações terão sobre minhas ideias e minha vida.

Modos de Usar Este Livro

O Herói Interior é escrito principalmente para leitores individuais que buscam maior autoconhecimento e sucesso em suas jornadas. Também é apropriado para uso:

- *na criação e educação dos filhos*: para encorajar as crianças a se tornarem bem-sucedidas, éticas e felizes;

- *na psicoterapia*: como meio de identificar pontos arquetípicos fortes que podem ajudar com o processo terapêutico, assim como para saber quais arquétipos possam precisar ser desenvolvidos para um funcionamento mais bem-sucedido;

- *nas escolas*: no desenvolvimento do caráter e programas escola--trabalho, programas de renovação de funcionários/professores e esforços de motivação estudantil;

- *no aconselhamento*: para melhorar as realizações da carreira e da vida, casamentos e famílias e esforços de recolocação;

- *nos programas de recuperação*: para ajudar pessoas a aprender lições de vida que perderam pelo fato de suas famílias de origem serem disfuncionais e/ou porque o uso de álcool e drogas interferiu em seu desenvolvimento;

- *nas organizações*: como ferramenta de consolidação de equipe, treinamento em diversidade, desenvolvimento de liderança e esforços de mudança organizacional;

- *no coaching executivo ou de transição*: para encorajar a excelência em liderança de dentro para fora;

- *nas igrejas, sinagogas e em outros grupos religiosos*: como um apoio ao desenvolvimento espiritual;

- *na mediação, na diversidade cultural e na organização política*: para ajudar pessoas a entender suas perspectivas divergentes e encontrar pontos em comum;

- *nos estudos acadêmicos, no jornalismo e em outras formas de pensamento analítico*: para reconhecer (com base nos arquétipos) preconceitos que enfraquecem a objetividade e que paradigmas ou mapas mentais estão operando nas diferentes versões da "realidade".

Agradecimentos

Sinto-me inspirada, para revisar e expandir este trabalho, pelos muitos leitores que dividiram comigo as histórias de suas jornadas heroicas e anedotas sobre as formas como *O Herói Interior* tocou suas vidas. As cartas, telefonemas e *e-mails* que recebo diariamente têm me comovido, encorajado e, ocasionalmente, desafiado. Aprendi não só com leitores, mas também com profissionais com quem treinei o uso desse modelo e outros similares. É fascinante para mim descobrir que, embora tenha trabalhado com esse material por anos, outros que o usam sempre descobrem alguma nuance ou até mesmo tem um *insight* inovador que deixei passar. Sou especialmente grata pelos *insights* vindos do meu corpo docente de treinamento que chamo de "time dos sonhos": Patricia Adson, cujo livro *True North* proporciona orientação prática para psicoterapeutas no uso desses e outros arquétipos com seus clientes; Eileen e Patrick Howley, que aplicaram esses modelos no treinamento de líderes educacionais; Chris Saade, que combina essas ideias com filosofia/psicologia existencial e cuja ênfase na importância da escolha existencial influenciou fortemente essa revisão; e Suzanne Guy, que editou *Heroes Ink*, um boletim de notícias para dar apoio a pessoas que estão usando o modelo da jornada do herói em suas vidas e em seu trabalho.

Várias teorias influenciaram positivamente o desenvolvimento desses modelos. As três maiores tradições filosóficas que integram este livro e que ele desenvolve são: psicologia junguiana, estudo acadêmico sobre a jornada do herói e princípios espirituais do novo pensamento. No mundo junguiano, gostaria de agradecer particularmente C. G. Jung, que forneceu o estudo pioneiro dos arquétipos, sem o qual este livro não poderia ter sido escrito; James Hillman, cujas teorias arquetípicas foram essenciais para o desenvolvimento do livro; e Frances Park, cujo treinamento habilidoso e analítico forneceram orientação para entender minha própria vida arquetípica interior. Para o material da jornada do herói, é claro, este livro não existiria sem a conquista acadêmica de Joseph Campbell e suas aplicações práticas por David Oldfield, cujo exemplo foi extremamente útil no desenvolvimento dos exercícios aqui contidos. Para entendimento sobre as tradições espirituais do novo pensamento, sou grata particularmente pelo trabalho de Eric Butterworth.

Outras perspectivas teóricas que influenciaram o meu pensamento incluem: terapia da Gestalt, os campos de estudos das mulheres e étnicos, psicologia cognitiva, teoria da aprendizagem, teoria dos sistemas familiares e teorias dos sistemas de desenvolvimento organizacional.

Sou grata também a vários editores que trataram este livro com profissionalismo e cuidado: Pat Lassonde, que editou a primeira edição; Tom Grady, que editou a segunda edição e propôs a terceira; minha agente, Angela Miller, que me convenceu a fazer a terceira edição; Mark Chimsky, que editou esta edição e que forneceu orientação inestimável durante o processo de escrita; e Ann Moru pela preparação do texto. Agradeço também a Edith Lazenby pelo seu trabalho em digitar revisões para este livro, e ao meu marido, David Merkowitz, por sua grande ajuda nos processos de escrita e edição e por seu amor inabalável e seu apoio.

PARTE 1

A Jornada Heroica: O Mapa

Introdução

Fazendo a Diferença: A Jornada Heroica

[...] Nem sequer teremos de correr os riscos da aventura sozinhos, pois os heróis de todos os tempos nos precederam. O labirinto é totalmente conhecido. Temos apenas de seguir o fio da trilha do herói. E, ali onde pensávamos encontrar uma abominação, encontraremos um deus. Onde pensávamos matar alguém, mataremos a nós mesmos. Onde pensávamos em viajar ao exterior, atingiremos o centro da nossa própria existência. E onde pensávamos estar sozinhos, estaremos com o mundo inteiro.

— Joseph Campbell, *O Poder do Mito*

Você é um herói – ou poderia ser.

Os heróis, nos mitos, na literatura e na vida real, empreendem jornadas, enfrentam dragões (ou seja, problemas) e descobrem o tesouro de seus verdadeiros *selves*. Embora possam se sentir muito solitários durante a busca, ao final sua recompensa é um sentimento de comunhão: com eles mesmos, com outras pessoas e com a Terra. Todas as vezes que confrontamos a morte em vida, enfrentamos um dragão. Todos as vezes que escolhemos a vida em troca da não vida e nos aprofundamos na descoberta, em andamento, de quem somos, infundimos nova vida a nós mesmos e à nossa cultura.

A necessidade de empreender a jornada é inerente à espécie. Se não arriscamos, se representamos os papéis sociais estabelecidos em vez de empreendermos nossa jornada, podemos nos sentir entorpecidos e vivenciamos uma sensação de alienação, um vácuo, um vazio interior. As pessoas que são desencorajadas de matar os dragões interiorizam o seu ímpeto e matam a si próprias, declarando guerra à sua gordura, ao seu egoísmo, à sua sensibilidade ou a algum outro atributo que elas pensam que não agrada. Ou elas suprimem seus sentimentos para se tornarem máquinas de desempenho bem-sucedidas. Ou tornam-se camaleões, matando sua singularidade para apresentar uma imagem que elas acham que compra sucesso ou que simplesmente irá mantê-las seguras. Quando declaramos guerra ao nosso *self*, podemos acabar nos sentindo como se tivéssemos perdido nossa alma. Se continuarmos assim por muito tempo, é provável que adoeçamos e teremos de lutar para ficarmos bem. Nós vivenciamos a não vida ao fugirmos de nossa missão e, consequentemente, suscitamos menos vida para a nossa cultura. Essa é a experiência do deserto.

TRANSFORMANDO O DESERTO

No início do clássico mito do herói, o reino é um deserto. Plantações não estão crescendo, a doença é desenfreada, os bebês ainda não estão nascendo, e a alienação e o desespero são generalizados. A fertilidade, o sentido da vida, desapareceu do reino. Esse dilema é associado com alguma falha por parte do governante, que é impotente, ou pecaminoso, ou despótico. O velho rei ou rainha representa as formas anacrônicas que estão enfraquecendo a cultura.[1]

Portanto, um competidor mais jovem sai em uma jornada, confronta um dragão e ganha um tesouro, que pode ser riquezas ou um objeto distintamente mais simbólico, tal como o graal nos mitos do Santo Graal ou um peixe sagrado nos mitos do Rei Pescador. A jornada transforma o competidor, cujo tesouro é a descoberta de uma perspectiva nova e de afirmação de vida. Quando o herói retorna ao reino, esse *insight* também muda a vida para todos. Por essa razão, o herói que retorna torna-se o novo governante. Porque novas respostas foram encontradas, a fertilidade e a abundância são restauradas. A chuva cai, nutrindo a terra ressecada. As plantações brotam, os bebês nascem, a praga é curada, e as pessoas sentem-se esperançosas e vivas mais uma vez.

Nessa história você pode notar conflitos de geração. Se for uma pessoa jovem, pode identificar o velho governante como os pais e outras figuras de autoridade. Eles não são necessariamente maus, suas verdades apenas vêm de outra época. É por isso que você deve trilhar sua própria jornada.

Em qualquer idade, você pode vivenciar esse padrão quando se torna insatisfeito com seu sistema familiar, sua organização, sua comunidade, ou, até mesmo, com a maneira que está vivendo sua própria vida. Enquanto você embarca numa busca para encontrar maior vitalidade e vivacidade para si mesmo, você também procura respostas que contribuam para a transformação coletiva.

Na verdade, em qualquer momento que você identifique um elemento de deserto em sua vida, seja doença, tédio, letargia, alienação, vazio, perda, vício, fracasso, raiva ou indignação, é a hora de embarcar numa jornada. Você pode ser chamado para a busca por meio dessa insatisfação ou, simplesmente, por um desejo de aventura. A jornada que você trilha inevitavelmente irá transformá-lo. A teoria dos sistemas nos diz que quando qualquer elemento de um sistema muda, todo o sistema precisa ser reconfigurado. Portanto, simplesmente experimentando sua própria metamorfose, você pode contribuir para a transformação de todos os sistemas sociais de que faz parte: família, escola, trabalho, comunidade e sociedade como um todo.

Então, heróis não são apenas pessoas que crescem e mudam e trilham suas jornadas; são também agentes de mudança. Em *The Hero: Myth/Image/Symbol*, Dorothy Norman sustenta que "os mitos dos heróis falam de maneira muito eloquente sobre as missões dos homens para escolher a vida em vez da morte".[2] Joseph Campbell, em *The Hero With a Thousand Faces*,* define o herói não como "o patrono das coisas que se tornaram, mas das coisas em processo de tornar-se; o dragão a ser morto por ele é precisamente o monstro da situação vigente: Gancho, aquele que mantém o passado".[3] A tarefa do herói sempre foi trazer nova vida para uma cultura doente.

Em tempos antigos, as sociedades eram governadas por reis e rainhas. A maioria das pessoas tinha pouco poder sobre sua vida. No entanto, hoje nós apreciamos a conquista da democracia. Contudo, viver em uma sociedade igualitária traz consigo responsabilidades. Em vez de apenas pessoas excepcionais embarcarem nas buscas, todos nós precisamos fazer isso. O heroísmo atualmente requer que todos nós achemos o tesouro de nosso verdadeiro *self* e que compartilhemos esse tesouro com a comunidade como um todo por meio do fazer e de ser, em sua totalidade, quem somos. No grau em que fizermos isso, nossos reinos serão transformados.

O Chamado no Mundo Contemporâneo

Muitas pessoas deixam de lado a jornada, esperando ser cuidadas, mas no mundo contemporâneo esse desejo é logo frustrado. A maioria de nós gostaria de contar com estarmos seguros, mas o mundo tem uma maneira de nos jogar para fora do ninho seguro. O resultado é ou aprendemos a voar ou caímos no chão para tentar novamente. A seguir

---

* *O Herói de Mil Faces*. São Paulo: Cultrix, 1989.

estão apenas algumas das muitas maneiras pelas quais o mundo exige que estejamos dispostos a enfrentar a incerteza:

- Muitos jovens sentem-se alienados, se não amargurados, porque perceberam que podem não alcançar o mesmo nível de prosperidade que os pais. Nos Estados Unidos, acreditávamos que esse progresso era automático: cada geração se sairia melhor que a anterior. Agora, parece que isso não é verdadeiro, pelo menos não para muitos. Não importa o quão zangado alguém se sinta em relação a isso, ainda é necessário lutar para trilhar seu caminho no mundo.

- No passado, as pessoas presumiam que quando se casassem, seria para toda a vida. Agora o divórcio tornou-se comum. Algumas pessoas, cujos cônjuges as deixaram, estão despreparadas emocional e financeiramente e sentindo-se perdidas. Outras que são mais experientes traçam planos B, mas também sabem que ao fazer isso criam certa tensão entre elas e seus parceiros. Ainda assim, muitas estão dispostas a arriscar a perda para ganhar as alegrias da intimidade.

- Em muitas empresas, antigamente os empregados acreditavam que se trabalhassem duro e fossem leais, sempre teriam um emprego. Agora esse contrato de lealdade foi rompido. O resultado é que os empregados não só estão mais ansiosos, como também sentem que somente eles são responsáveis por seu futuro. Entretanto, se forem astutos, não se acovardam. Encontram seus próprios propósitos vocacionais e desenvolvem um compromisso com seus próprios trabalhos e com a qualidade dele, quer fiquem com seus empregadores atuais, mudem-se para outro emprego ou comecem sua própria companhia.

Quando se pensava que a jornada heroica era somente para pessoas especiais, o resto de nós encontrou um nicho seguro e manteve-se lá. Agora, não temos lugares seguros nos quais podemos nos esconder e ficarmos a salvo. No mundo contemporâneo, se não escolhermos sair para a nossa missão, ela virá nos buscar. Estamos sendo empurrados para a jornada. É por isso que todos nós devemos aprender seus requisitos.

UM MUNDO EM TRANSIÇÃO

Tempos de mudança rápida pedem por um espírito heroico. O consultor de gerenciamento e professor de negócios Robert Quinn, descrevendo as pressões de uma economia global que muda rapidamente, conclui que, hoje, as organizações devem aprender a se deslocar em território desconhecido, continuamente se reinventando. Fazer isso, ele aponta, "pode ser uma experiência aterrorizante, com a possibilidade de fracasso ou morte, uma realidade em vez de uma metáfora".

Quinn continua: fazer uma mudança pessoal profunda é desenvolver "um novo paradigma, um novo eu, um que é mais efetivamente alinhado com as realidades de hoje". Indivíduos e organizações não podem ter sucesso a menos que estejam dispostos a embarcar na jornada do herói – uma história de transformação individual e grupal. Isso exige que nós, nas palavras de Quinn, "transponhamos nossos paradigmas antigos" que "pensemos de maneira diferente". Na jornada, reinventamo-nos para "nos realinharmos com o ambiente que nos rodeia".[4]

Levando-nos para dentro dos recessos profundos de nossa alma, a jornada do herói permite que nos adaptemos a um mundo em transformação sem nos tornarmos camaleões. Em vez disso, vamos para dentro para encontrar uma resposta autêntica para os desafios que nos encaram. Ao fazer isso, tornamo-nos mais autênticos.

Estamos testemunhando uma mudança de paradigma de proporções épicas. Ela está afetando todos os campos de estudo e empreendimento possíveis, assim como eleva a barra de nível da consciência necessária para viver uma vida bem-sucedida. A ameaça de catástrofe nuclear e ambiental, o advento da tecnologia que deu início à era global, e a taxa exponencial de variação em nossa sociedade criaram uma crise que requer que a humanidade participe conscientemente de sua evolução.

O heroísmo hoje requer consciência, o que significa que, praticamente, somos obrigados a nos desprogramarmos de roteiros negativos e anacrônicos. É por isso que, por exemplo, o desconstrucionismo foi a modalidade dominante em empreendimentos acadêmicos recentes; a razão pela qual milhões de pessoas estarem fazendo terapia e fazendo parte de grupos de recuperação trabalhando duro para se libertarem das mensagens negativas que receberam de seus pais; a razão pela qual as mulheres e as minorias raciais precisam trabalhar tão duro para se livrarem do machismo interiorizado e das atitudes racistas; e, o motivo de os homens estarem começando a se recusar a ir à guerra, a se sobrecarregar de trabalho até terem uma morte prematura ou a fingir que não têm sentimentos vulneráveis. Essa é também a razão pela qual a juventude de hoje demora mais para alcançar a maturidade se comparada às gerações anteriores. Eles não só precisam de tempo para desenvolver a sofisticação tecnológica e as habilidades de comunicação necessárias para prosperar em um clima econômico exigente, como também precisam reconhecer que muito no mundo de hoje não está funcionando. Leva tempo para sair da alienação e entrar no compromisso heroico.

À medida que nos desprogramamos dos hábitos e tradições ultrapassados, no entanto, a tentação é nos vermos como vítimas e não como heróis, especialmente se tivermos um senso consciente ou inconsciente de legitimidade. Se não viemos de uma família saudável, se havia poucos empregos em nossa área, ou se tememos não ultrapassar o nível de prosperidade de nossos pais, nós podemos então nos sentir desmoralizados. É importante lembrar que os heróis dos mitos e lendas quase nunca têm pais perfeitos ou vidas perfeitas. Pense, por exemplo, em Édipo, deixado para morrer ainda bebê ao pé da montanha, ou Oliver Twist, crescendo em um orfanato cruel. Até Jesus de Nazaré nasceu humildemente em uma manjedoura.

Os heróis têm a estima que vem da responsabilidade pessoal, mas têm pouco ou nenhum senso de legitimidade. Para reivindicar o herói interior, precisamos renunciar a nossa crença de que somos vitimizados se não temos os pais perfeitos ou o trabalho perfeito, um governo perfeito ou uma riqueza sem-fim. A própria natureza do heroísmo exige que enfrentemos o dragão, não que nos sentemos e reclamemos que o dragão existe e alguém deveria fazer algo a respeito. Nunca foi, e sem dúvida nunca será, popular ou fácil desafiar o "Gancho, aquele que mantém o passado".

Na verdade, a parte heroica de cada um de nós fundamentalmente não se importa que o mundo seja imperfeito. Essa parte não vive pelo conforto; ela ama uma boa aventura. As histórias do Rei Artur de Camelot ilustram isso maravilhosamente. Em um conto, assim que os cavaleiros e as damas começam a se sentar para seu banquete noturno, Artur declara que eles não podem comer ainda: eles não tiveram nenhuma aventura naquele dia. Então, lá vão eles em busca de uma!

Box-Car Bertha, a heroína de *Sister of the Road*, tem um espírito que combina com o do Rei Artur. No encerramento de sua autobiografia, Bertha revê uma vida que incluiu abandono pela mãe ainda em tenra idade, um período desumanizador que viveu como prostituta (culminando em um caso de sífilis) e a experiência de assistir impotente às mortes de um amante que foi enforcado e outro, atropelado por um trem. Ela declara: "Descobri que já havia sobrevivido a tudo com o que sempre tinha lutado para aprender. Eu tinha alcançado meu propósito, tudo o que eu tinha programado fazer em vida, eu tinha conquistado. Eu queria saber como era ser uma vagabunda, uma radical, uma prostituta, uma ladra, uma reformadora, uma assistente social e uma revolucionária. Agora eu sabia. Estremeci. Sim, tudo valeu a pena para mim. Não havia tragédias em minha vida. Sim, minhas preces haviam sido atentidas".[5] Enquanto admito que não gostaria que minha filha ou filho adotasse o estilo de vida dela, todos nós podemos nos beneficiar de sua atitude. Bertha assume a responsabilidade por suas escolhas e é grata pela dádiva de sua vida.

Muitas pessoas aceitam a falsa ideia de que ser heroico significa que você tem de sofrer e lutar para prevalecer. O fato é, muitos de nós irão passar por dificuldades quer reivindiquemos o potencial heroico no nosso interior ou não. Ademais, se evitarmos nossa jornada, também podemos nos sentir entediados e vazios. Não é à toa que fazemos nossa jornada para alcançar a felicidade. Preferencialmente, quando seguimos nossa verdadeira bem-aventurança, nossa jornada *é* nosso tesouro.

A mística Annie Dillard em *Pilgrim at Tinker Creek* considera que a vida "embora costume ser cruel, é sempre bela... o mínimo que podemos fazer é tentar estar aqui", estar integralmente na vida. Ela imagina que "os moribundos oram no fim não 'por favor', mas 'obrigado' tal como um hóspede agradece ao anfitrião na porta". "O universo", ela explica, "não foi feito na brincadeira, mas sim com seriedade solene e incompreensível. Por uma força inescrutavelmente secreta, sagrada e efêmera. Não há nada a fazer a esse respeito, exceto ignorá-la ou percebê-la".[6] O ideal heroico emergente não vê a vida como um desafio a ser vencido, mas como um presente a ser recebido.

FORÇAS CULTURAIS ANTI-HEROICAS

Estamos apenas emergindo de uma época anti-heroica. Por um lado, as pessoas em nossa sociedade atual anseiam por heróis, lamentando a falta de grandeza em nossos líderes como escândalo – e a propagação de imagens torna-se comum. Muitas vezes, o cinismo é visto como um sinal de sofisticação. As pessoas, então, justificam seus próprios delitos, dizendo: "Todo mundo faz isso", porque não acreditam que elas façam a diferença. Além disso, o aumento da complexidade da vida faz com que as pessoas se sintam impotentes, levando-as a acreditar que o que elas fazem não importa. Nesse contexto de niilismo resignado, muitos usam a palavra "herói" de maneira pejorativa. Por exemplo, um jovem que está indignado por um lapso ético em sua corporação torna-se um delator e é avisado por seu chefe: "Não precisamos de heróis aqui". O que ele está, de fato, ouvindo é que não é sofisticado e nem sensato correr riscos por seus valores. É muito mais seguro e muito melhor para a carreira de alguém fingir que não viu a conduta desonesta. Nesses casos, as pessoas desprezam o ideal heroico porque querem desculpar sua própria frouxidão moral.

Muitas vezes, mulheres e negros são ativamente desencorajados de enxergarem a si mesmos sob uma luz heroica. Um psicólogo praticamente zomba enquanto repreende uma artista jovem pelo seu desejo de deixar uma marca transformativa no mundo, perguntando: "O que você está tentando ser? Um herói?". Ele continua sugerindo que a ambição dela mostra que ela está fugindo de sua feminilidade genuína. "Desista da arte por enquanto", ele aconselha, "e concentre-se na criação de seus filhos"; a implicação é que sua ambição de alguma maneira a torna uma mãe ruim e uma mulher deficiente.

Seja você quem for, não se surpreenda se os outros o desencorajam ativamente de levar a sério a sua própria vida. De fato, as pessoas podem até mesmo ridicularizá-lo ou diminuí-lo por você pensar em si mesmo como um herói. Aqueles que se escondem na covardia querem companhia! Além do mais, você pode ter seus próprios bloqueios internos em imaginar que pode fazer a diferença. Você pode achar que não conta tanto quanto aqueles de diferentes tipos de gênero, raça, histórico familiar, nível salarial ou nível de conquistas. Talvez não se veja como sendo talentoso, esperto, forte ou favorecido o suficiente para ter importância neste mundo. Sendo assim, você corre o risco de entregar o seu poder e permite que os outros sejam bem-sucedidos enquanto você afunda em segundo plano. Se fizer assim, não é apenas você quem perde; a sociedade perde, porque o dom que só você traria para a transformação do reino será perdido.

Sua própria dúvida quanto a si mesmo pode ser reforçada por pessoas que têm uma grande necessidade de controle. Controlar pessoas heroicas é um pouco parecido com pastorear gatos. Portanto, chefes, psicólogos, professores, políticos e até mesmo amigos que querem tudo do jeito deles, desencorajam a jornada dos outros. Grupos podem desencorajar pessoas de se levarem a sério porque querem manter a solidariedade do grupo. O medo é que a jornada heroica encoraje o individualismo (o que de fato faz), de modo que heróis não serão leais ao grupo. Na verdade, as pessoas que estão trilhando suas jornadas podem ser membros excelentes deles, porque estão dispostas a se manter firmes contra a tendência do menor denominador comum do pensamento de grupo. Grupos em que as pessoas recitam a linha partidária tendem a operar em um nível de inteligência bem inferior ao dos indivíduos envolvidos. Entretanto, quando um encoraja seus membros a compartilhar sua sabedoria real, a inteligência coletiva provavelmente superará a de qualquer indivíduo.

Às vezes as pessoas desconfiam da ideia heroica porque elas têm noções anacrônicas sobre o que heroísmo significa. Elas pensam no herói em termos de um único ato heroico envolvendo um risco enorme – como salvar alguém de um prédio em chamas. Ou consideram as pessoas como sendo heróis apenas se elas alcançarem algo extraordinário, por exemplo: ganhar uma medalha de ouro nas Olimpíadas ou um prêmio Nobel. Na verdade, esses modelos de heroísmo são raros. O primeiro é uma necessidade nascida de condições extremas; o segundo, resulta de um talento excepcional combinado com condições favoráveis e grande esforço. Além disso, é importante lembrar que heroísmo não é o mesmo que fama. Não importa o quanto gostemos de acompanhar a vida dos ricos e famosos, sabemos que o mundo é afetado mais profundamente por atos de integridade, bondade e generosidade silenciosos e até mesmo invisíveis do que pelas fama e fortuna.

Quando definimos heroísmo como maior que a vida (ou, ao menos, maior que a nossa vida), projetamos isso para fora de nós mesmos, esperando, por exemplo, que nossos líderes organizacionais e políticos (e, muitas vezes, terapeutas, mentores e cônjuges) provem seu valor, heroísmo, ao nos salvar das dificuldades. Quando eles falham ou quando vemos seu lado vulnerável, voltamo-nos contra eles; tornamo-nos cada vez mais cínicos à medida que, um a um, nossos salvadores nos decepcionam. A verdade é que não é hora de o grande homem ou mulher nos salvar; este é o momento para cada um de nós fazer a sua própria parte.

O HEROÍSMO COTIDIANO DAS PESSOAS COMUNS

O heroísmo não exige que vivamos de acordo com uma imagem grandiosa do herói como super-homem ou supermulher, apenas para ficarmos esgotados, exaustos e desmoralizados. O verdadeiro heroísmo não está mostrando que você pode lidar com qualquer coisa e tudo que surja no seu caminho. Em vez disso, ele mostra que você deve fazer sua própria parte, por mais humilde que seja. De fato, a jornada heroica não exige que você se torne algo maior do que você é. Requer apenas fidelidade absoluta ao seu próprio caminho autêntico.

Sempre que dizemos que "alguém deveria fazer algo a respeito de" qualquer problema que esteja nos incomodando, estamos entregando nosso próprio poder heroico. É claro que fazemos isso porque os problemas parecem tão esmagadores e não nos sentimos poderosos o suficiente para viver de acordo com as imagens grandiosas do herói que temos na cabeça. Mas a realidade é que, se todos contribuirmos, ninguém terá de fazer algo tão extraordinário! Pense em caminhar por uma calçada cheia de lixo. Pode parecer difícil limpar todo o bairro, mas é muito fácil limpar a sua sujeira e a da área próxima, em frente de onde você mora.

Muitos de nós também estão cientes do perigo de identificarmos o heroico somente com o mundo público das realizações. Conhecemos o problema inerente em querer fazer a diferença, porque vimos pessoas – talvez nós inclusive – que são tão obsessivas em deixar uma marca no mundo que não têm vidas privadas significativas. No dia do jantar de premiação em homenagem a elas por suas grandes contribuições à sociedade, seus cônjuges as deixam porque nunca estão em casa e seus filhos, cronicamente negligenciados, são pegos furtando lojas.

O heroísmo em uma cultura orientada pela realização inclui resistir ao vício em trabalho, para que possamos ser bons pais, vizinhos e cidadãos, bem como para que possamos "ter uma vida". Também exige que reservemos um tempo para nos interiorizarmos e refletirmos, e outro para nos movermos para fora e seguirmos nossa curiosidade e interesses genuínos, para que possamos encontrar nossa própria sabedoria e profundidade. A maioria de nós já leu sobre muitas pessoas ricas e bem-sucedidas vivendo vidas de desespero silencioso que confundem o sucesso, por si só, com o ideal heroico. Portanto, o tipo de heroísmo detalhado aqui traz a promessa de que podemos alcançar o equilíbrio necessário para aproveitar nossa vida, e não ser governados por ela.

O Efeito Cascata de Atender ao Chamado

O heroísmo é contagioso – assim como a vilania também é. Uma vez fiquei comovida com a história de uma mulher que foi a um de meus *workshops*. Ela me contou que há pouco tempo era moradora de rua e viciada em drogas. Pelo que parecia a ela ser o mais improvável dos acidentes, ela era pedinte numa esquina perto de uma clínica de tratamento de viciados em drogas. Um orientador inclinava-se para fora da janela para ler alguns parágrafos por vez de *O Herói Interior* para essa pobre e desesperada alma. Depois de cada passagem, esse orientador atencioso dizia algo como: "A maneira como você é hoje é apenas uma etapa de sua jornada. Não é como você sempre será. Você não é como parece ser. Você é um herói em uma jornada". Por fim, a jovem entrou na clínica e, quando a conheci, estava bem recuperada. Ela tinha um emprego, um apartamento e, se as suas bochechas rosadas fossem alguma indicação, saúde.

Fiquei tocada por fazer parte, mesmo que pequena, da metamorfose dessa mulher. Então pensei em quando eu tinha vinte e poucos anos. Eu era muito diferente da jovem em meu *workshop*. Era boa demais, tendo crescido em uma família sulista fundamentalista com pouca licença para experimentação juvenil. Tinha aprendido um papel de gênero que enfatizava o sacrifício altruísta e um papel religioso que enfatizava ser boa e evitar o pecado. Como tínhamos pouco dinheiro, achava prudente ser cautelosa na vida para não acabar pobre. Na faculdade, li *O Herói de Mil Faces* de Joseph Campbell e acreditei nele quando disse que os heróis seguem sua própria bem-aventurança. Fazer isso mudou o curso da minha vida.

Quando Campbell tinha vinte e poucos anos, abandonou a pós-graduação porque achava entediante. Ele foi advertido pelos anciãos e contemporâneos a se estabelecer e conseguir um emprego. Em vez disso, ele passou cinco anos tocando em uma banda de *jazz* e lendo mitos heroicos de todo o mundo. Seus livros (para não mencionar as maravilhosas entrevistas a Bill Moyers na televisão) encorajaram muitas pessoas a reivindicar suas próprias jornadas, estabelecendo um efeito cascata cujos limites são incognoscíveis.

Se examinar sua vida, você poderá notar que esse mesmo padrão foi verdadeiro para você. Um membro da família, um amigo, um professor – qualquer um – que exemplificou a vida heroica abriu um caminho que facilita a sua vida. Você também pode notar que toda vez que assume o risco de ser fiel à sua própria alma – independentemente de nomear ou não a sua ação como heroica – seu exemplo ajuda os outros a fazerem o mesmo. Quando você percebe esse padrão, fica mais fácil ter fidelidade absoluta ao seu próprio caminho sem medo de que isso seja egoísmo. Não podemos fazer nada melhor pelos outros do que modelar a vida autêntica.

Todos sabemos que quando as pessoas restringem e sacrificam seu chamado interior à sabedoria convencional, à ambição ou ao vício, suas ações podem causar danos que se irradiam de maneira semelhante, afetando seus filhos, funcionários e muitos outros. Todos nós somos afetados por padrões de negação da vida, bem como de afirmação da vida, na cultura. A tarefa heroica é permitir que esses padrões derrotistas da vida parem conosco, em vez de seguir o caminho fácil de desculpar nosso próprio comportamento culpando nossas ações atuais por influências passadas.

Quando saímos para enfrentar o desconhecido, é bastante natural experimentar uma combinação de terror e hilaridade. Em algumas versões das antigas histórias do Graal, o buscador chega a um ponto no topo de uma montanha de onde o castelo do Graal pode ser visto a distância. Não parece haver nenhuma maneira de atravessar. O herói olha para o abismo abaixo, que desce por quilômetros. Ele olha para o outro lado, percebendo que o espaço é grande demais para saltar. Então ele se lembra de um antigo ensinamento do graal que diz para dar um passo na fé. Quando ele coloca um pé no que parece ser um espaço vazio, uma ponte aparece de repente e ele é salvo. Da mesma maneira, quando os israelitas, que eram escravos no Egito, partiram para encontrar a terra prometida, o Mar Vermelho se abriu, mas não antes de Moisés (e sua irmã Miriam) avançarem bravamente, confiando que não se afogariam.

Essas histórias parecem muito exóticas e diferentes de nossa vida cotidiana, mas compartilham experiências de linguagem mitológica que todos nós temos. Qualquer pessoa que já deixou um emprego ou mesmo a escola sem saber o que viria a seguir colocou o pé no abismo. O mesmo acontece quando deixamos relacionamentos que não estão funcionando para nós; partimos sem saber se ou quando voltaremos a amar. É verdade até quando abandonamos ideias que não estão funcionando, permitindo-nos arriscar o terror da incerteza até que uma nova verdade surja. Felizmente, todos nós temos acesso a seis guias internos que, como a ponte invisível sobre o abismo da montanha ou o caminho entre as águas do Mar Vermelho, podem nos fornecer uma passagem segura, mesmo quando o próximo passo de nossa jornada parece realmente perigoso.

CAPÍTULO 1

Escolhendo a Liberdade: Os Guias

> Imaginemos então os arquétipos como os padrões mais profundos do funcionamento psíquico, as raízes da alma que governam as perspectivas que temos de nós mesmos e do mundo. [...] Eles são semelhantes a outros primeiros princípios axiomáticos, os modelos ou paradigmas que encontramos em outros campos.
>
> — JAMES HILLMAN, *Re-Visioning Psychology*

A maioria de nós é escrava das histórias que inconscientemente contamos a nós mesmos sobre nossa vida. A liberdade começa quando nos tornamos conscientes do enredo que estamos vivendo e, com essa percepção, reconhecemos que podemos entrar em outra história completamente diferente. Nossas experiências de vida são literalmente definidas por nossas suposições. Inventamos histórias sobre o mundo e, em grande medida, vivemos suas tramas. Como nossa vida *é* depende, então, dos roteiros que adotamos conscientemente ou, mais provavelmente, inconscientemente.

Cada uma das seis perspectivas arquetípicas descritas neste livro é como o personagem central de seu próprio filme, que tem sua própria estrutura de enredo.

Arquétipo	Estrutura do Enredo	Dom
Órfão	Como eu sofri ou como sobrevivi	Resiliência
Nômade	Como eu escapei ou encontrei meu próprio caminho	Independência
Guerreiro	Como eu alcancei meus objetivos ou derrotei meus inimigos	Coragem
Altruísta	Como dei aos outros ou como me sacrifiquei	Compaixão
Inocente	Como eu encontrei a felicidade ou a terra prometida	Fé
Mago	Como eu mudei o meu mundo	Poder

Para descobrir quais enredos arquetípicos dominam sua vida, preste atenção em sua conversa por alguns dias, observando as histórias que conta a si mesmo e aos outros sobre o que acontece com você. Em seguida, observe quais arquétipos dominam nessas narrativas recorrentes.

Você pode pensar o que seis pessoas diferentes, cada uma com um arquétipo diferente dominante em sua vida, podem dizer sobre ir a uma entrevista de emprego, mas não conseguir o emprego. Por exemplo:

"Foi tão injusto. Eu era o candidato mais qualificado. Você simplesmente não pode vencer". (Órfão)

"Logo que cheguei percebi que não ia gostar de lá. Parecia tão confinante, eu mal podia esperar para escapar." (Nômade)

"Eu era definitivamente o candidato mais qualificado. Vou convencê-los a me contrata." (Guerreiro)

"Eu me senti muito feliz pela pessoa que conseguiu o emprego." (Altruísta)

"Tenho certeza de que o trabalho certo para mim estará lá na hora certa." (Inocente)

"Não consegui o emprego, mas aprendi algo muito importante sobre conseguir a posição que realmente é certa para mim." (Mago)

Como você pode ver, a maneira como você conta as histórias sobre sua vida reflete sua autoimagem e prevê, até certo ponto, o quanto está preparado para o futuro.

A palavra "arquétipo" pode parecer intimidante para alguns. Na verdade, os arquétipos nada mais são do que as estruturas profundas da psique e dos sistemas sociais. Os cientistas falam das estruturas profundas da natureza como "fractais". Por exemplo, cada floco de neve é único. No entanto, existe algo semelhante na estrutura profunda dos flocos de neve que nos permite reconhecê-los como flocos de neve. Arquétipos são fractais da psique. Por exemplo, cada pessoa, que exibe os atributos de coragem e bravura do Guerreiro, é diferente – mas reconhecemos a essência do Guerreiro em cada uma.

Você pode pensar nos arquétipos como potencialidades, aliados ou guias que sempre estão disponíveis para você. Há muitos mais além dos seis descritos aqui. Aliás, já escrevi outros livros com outras configurações de arquétipos: *O Despertar do Herói Interior: A Presença dos*

Doze Arquétipos nos Processos de Autodescoberta e de Transformação do Mundo e *Magic at Work: Camelot, Creative Leadership, and Everyday Miracles*. Aqueles discutidos neste livro presidem as etapas da jornada heroica, ou seja, a jornada de encontrar e expressar seu verdadeiro *self* de uma maneira que faça uma contribuição genuína ao mundo. Esses também são arquétipos que aparecem não apenas em nossos sonhos, mas durante o dia, em nossa ação desperta. Eles nos ajudam a ser bem-sucedidos e realizados e contribuem para nossas famílias, locais de trabalho e comunidades.

A história é assim. Todos nós começamos na infância como Inocentes, confiando que seremos cuidados e ainda admirados com a beleza do mundo. Logo caímos desse estado de graça, como Adão e Eva caíram do Jardim do Éden. Sendo órfãos, somos forçados a enfrentar a decepção e a dor. A partir dessas experiências, aprendemos o realismo e como diferenciar guias e tentadores.

Ao envelhecer, muitas vezes vivemos nossa vida como confinante e limitante, até mesmo opressiva. Como Nômades, partimos para nos encontrar e buscar nossas fortunas. Então, como Guerreiros, ganhamos coragem para enfrentar nossos dragões e para desenvolver a disciplina e a habilidade necessárias para ter sucesso no mundo. Como Altruístas, descobrimos que nossa existência é mais significativa se nos comprometermos com algo maior do que nós mesmos, por exemplo, retribuindo aos outros e à própria vida.

Como Inocentes que retornam, podemos encontrar o tesouro da verdadeira felicidade, mais uma vez confiando no processo de estar vivo. Por fim, como Magos, tornamo-nos capazes de transformar nossa vida e nossos reinos. Esses mesmos arquétipos também nos ajudam nas principais tarefas de desenvolvimento do processo de maturação:

Arquétipo	Tarefa
Órfão	Sobreviver à dificuldade
Nômade	Encontrar-se
Guerreiro	Provar seu valor
Altruísta	Mostrar generosidade
Inocente	Alcançar a felicidade
Mago	Transformar sua vida

Embora um grande número de enredos arquetípicos possa estar disponível para nós, a maioria não influencia tanto em nosso desenvolvimento quanto esses seis. Para que um arquétipo tenha um grande impacto em nossa vida, alguma duplicação externa ou reforço do padrão deve ocorrer: um acontecimento real na vida de alguém e/ou exposição a histórias (livros, filmes, acontecimento da vida real de outras pessoas) que incorporam o enredo dentro de nós. Porquanto, tanto nossas histórias pessoais quanto nossa cultura influenciam os arquétipos que serão dominantes em nossa vida. Os arquétipos incluídos neste livro estão ativos em nossa cultura hoje. Eles são importantes não apenas para nossa jornada individual, mas para o futuro da democracia porque nos preparam para a vida em uma sociedade livre, onde cada um de nós deve ser capaz de fazer escolhas sábias – como indivíduos, pais, trabalhadores e cidadãos.

COMO OS ARQUÉTIPOS AJUDAM VOCÊ EM SUA JORNADA

Os arquétipos nos ajudam em nossa jornada de oito maneiras principais:

Primeira: Quando um arquétipo é ativado em sua vida, ele fornece uma estrutura que possibilita o crescimento imediato. Quando nos sentimos frustrados e vivenciamos o que é definido como fracasso, muitas vezes é porque, sem estarmos cientes disso, estamos vivendo uma história de uma maneira inadequada à nossa situação atual ou falsa a quem e a como somos de coração. Explorar outros recursos interiores restaura nossa capacidade de agir de maneira eficaz, mesmo quando somos confrontados com desafios genuinamente novos:

◆ Talvez você sempre tenha sido muito independente e goste de explorar o mundo, mas então tem um bebê. Agora você deve sacrificar um pouco desse desejo de exploração para cuidar de seu filho. Para fazer isso bem, como você pode acessar um potencial mais acolhedor dentro de si mesmo?

◆ Por causa de sua competência técnica e por trabalhar bem em equipe, você tem tido muito sucesso em seu trabalho – tanto que você chegou a uma posição de liderança importante em seu local de trabalho. Sua empresa está em um processo de mudança e todos ao seu redor estão atribulados. Você precisa exercer o poder de modo independente para liderá-los em meio à turbulência – e deve fazê-lo sem muito apoio ou ajuda de colegas. Como você pode explorar esse espírito de independência e liderança?

◆ Você está acostumado a ser bem-sucedido e estar no comando, mas de repente se encontra em uma situação que não pode controlar: talvez você desenvolva uma doença muito grave, seu cônjuge vá embora, seu filho morra em um acidente, sua empresa tem uma queda brusca ou seu trabalho é eliminado. Como você se conecta com a parte de você que sabe como ficar bem quando enfrenta um problema que não é algo que você possa resolver apenas trabalhando duro, ou por mais tempo, ou até de maneira mais inteligente?

- Você tem um problema de relacionamento no qual vê o mundo de maneira muito diferente de seu amigo, cônjuge, chefe ou colega. Essa diferença de percepção pode até ameaçar o próprio relacionamento. Como você aprende a compreender o raciocínio ou linha de pensamento de alguém?

Cada uma dessas circunstâncias pode ser vista como um chamado para despertar um arquétipo que esteve adormecido em sua vida até agora.

Lembro-me de quando criança brincar de um jogo chamado "Escadas e Serpentes". Os jogadores jogavam os dados e depois moviam-se lentamente e progressivamente pelo tabuleiro, avançando aos poucos pelo número de espaços lançados – exceto, é claro, se você caísse em uma escada ou serpente. A escada levava você para mais perto da linha de chegada com uma velocidade deliciosa, enquanto a serpente impiedosamente o levava de volta à linha de partida, desfazendo seu progresso anterior. Recentemente, vi um filme de ficção científica sobre buracos de minhoca no universo, atalhos cósmicos pelos quais uma nave espacial pode se mover pelo espaço muito mais rápido que a velocidade da luz.

Ambos os exemplos podem nos ajudar a entender como os arquétipos funcionam. Se eu quiser desenvolver coragem, posso tentar persistente e gradualmente, assumir riscos maiores e, aos poucos, tornar-me menos temeroso. Ou posso invocar o arquétipo do Guerreiro dentro de mim (que me oferece o poder da escada ou do buraco de minhoca). Esse Guerreiro, um aliado interno, está em contato com o poder de luta acumulado de todos os guerreiros que já existiram. Em outras palavras, esse Guerreiro arquetípico interior detém todo o potencial do Guerreiro como evidenciado em meu tempo. Embora eu ainda tenha de aprender habilidades, praticar disciplina e diferenciar entre coragem e bravura, por meio do arquétipo posso ganhar os dons do Guerreiro muito mais rápido do que se esse arquétipo já não existisse dentro de mim. Minha tarefa é simplesmente despertar essa energia e encontrar minha expressão dela.

Também é importante perceber que, sob estresse, qualquer um de nós pode ser tomado temporariamente por um arquétipo, uma vez que temos dentro de nós todo o seu potencial negativo e positivo. Vemos essa possessão arquetípica do Guerreiro naqueles casos extremos em que uma pessoa "perde a cabeça", pega a arma e sai atirando para todo lado. Mais tipicamente, vemos isso em ações judiciais ou competição corporativa em que as pessoas começam a agir como se estivessem em guerra com seu oponente. A única ajuda para essas possessões arquetípicas é a consciência. Compreender os arquétipos e suas manifestações positivas funciona como uma espécie de inoculação psicológica contra seus lados (que são frequentemente chamados de lados sombrios); ao nos expormos aos arquétipos e nos conscientizarmos de como eles operam em nós, podemos aprender a equilibrar, e, às vezes, até suplantar, seus aspectos mais negativos. Qualquer coisa que reprimimos, incluindo arquétipos, forma uma sombra que pode nos possuir em sua forma negativa ou mesmo demoníaca. A liberdade vem com a consciência. Encorajo você a pensar nos arquétipos como aliados internos que podem ajudá-lo a crescer e se desenvolver de maneiras definíveis, desde que permaneça desperto e seja responsável por suas ações, pois elas o influenciam.

Outra maneira útil de ver os arquétipos é observar os paralelos entre as formas como os arquétipos funcionam na psique e como os *softwares* funcionam em nossos computadores. Meu programa de processamento de texto pode me ajudar a escrever um livro, mas não pode me ajudar a pagar meus impostos ou projetar uma casa. Para qualquer um desses, eu preciso de um pacote de *software* diferente. Do mesmo modo, o arquétipo do Guerreiro pode me ajudar a travar uma guerra ou até mesmo a fechar um acordo, mas não pode me ajudar a aprender a cuidar dos outros ou a ter intimidade com eles. Para isso preciso acessar meu arquétipo do Altruísta.

Além disso, posso ter pacotes de *software* no meu disco rígido, mas não sei como acessá-los para um uso específico. Nesse caso, eles podem ser úteis para mim algum dia, mas não são no momento. Do mesmo modo, os aliados internos descritos aqui estão em você agora – pelo menos potencialmente. Ao ler o livro, você pode se lembrar de momentos em que viveu a história deles. Você também pode notar um ou dois aliados que você não expressou em sua vida até agora. Ler sobre seu potencial interior com consciência da dinâmica dos arquétipos ajuda você a acessar um quando precisar e a entender o comportamento e as motivações de outras pessoas influenciadas por esses padrões na humanidade.

Segunda: Arquétipos ajudam você a crescer e se desenvolver. Todos sabemos que os pacotes de *software* são atualizados continuamente. O programa no qual estou escrevendo este livro, eu soube, está prestes a se tornar obsoleto; uma versão ainda mais avançada está agora disponível. Do mesmo modo, os arquétipos também se desenvolvem, mas de uma maneira um pouco diferente. À medida que os arquétipos são expressos em nossa vida, eles evoluem conosco. Por exemplo, Átila, o Huno, já foi considerado o epítome do arquétipo do Guerreiro. Hoje, dado o nível de sua crueldade, ele teria respondido por crimes de guerra. Agora, é mais provável que respeitemos o professor de artes marciais que sabe como bloquear um agressor sem machucá-lo indevidamente. Na verdade, a forma avançada mais comum do Guerreiro em nossa sociedade atualmente – no mundo corporativo ou no campo de futebol – substitui a violência real pela competição. Nesse nível, o Guerreiro substitui um foco absoluto na meta por qualquer preocupação indevida com um competidor. Assim, os arquétipos também nos ajudam a evoluir à medida que diferentes aliados internos despertam em nós.

Terceira: Entender os arquétipos pode ajudá-lo a fazer as pazes com sua vida. Muitos de nós têm ideias de quem devemos ser que estão em desacordo com a maneira como somos. Diferentes arquétipos dominam em diferentes estágios de nossa vida – e em diferentes situações. Cada um dá um dom. Quando paramos de nos martirizar por não estarmos à altura do que achamos que deveríamos ser, podemos começar a perceber quais dons desenvolvemos.

Por exemplo, uma mulher queixou-se comigo que se sentia um fracasso. Ela continuou explorando novas opções e nunca manteve nenhum compromisso. Assim, ela não teve sucesso na carreira, nem um marido e dois ou três filhos. À medida que discutimos isso, no entanto, ela começou a perceber que sua verdadeira fome da alma sempre foi por aventura. Ela havia sacrificado outras possibilidades pela ênfase do arquétipo do Nômade na independência e na oportunidade de experimentar coisas novas. Ela passou a ver que, embora não tivesse vivido o tipo de vida que achava que deveria ter, na verdade tinha exatamente a vida que realmente queria. Uma vez que aceitou suas escolhas anteriores, é claro, ela também foi capaz de fazer algumas novas para seu futuro.

Do mesmo modo, um jovem lamentou ter sua infância interrompida por causa de um pai abusivo. Enquanto trabalhava nessas questões na terapia, ele percebeu que havia conquistado os dons do arquétipo do Órfão – realismo, compaixão e empatia. Como ele diz: "Eu não tive a vida errada. Foi minha vida, meu filme. Produziu quem eu sou".

Quarta: Reconhecer arquétipos pode fornecer a você a liberdade para escolher a vida que você quer. Talvez sua vida tenha sido definida pelo arquétipo do Guerreiro. Você pode apreciar que esse arquétipo lhe deu coragem, ensinou-o a assumir grandes riscos e tornou-o competitivo e ambicioso o bastante para ser muito bem-sucedido de maneira mundana. Ao mesmo tempo, você está começando a se sentir esgotado, unilateral demais: todo desafio é uma montanha a ser escalada, todo negócio é uma oportunidade de torná-lo grande. Você começa a perceber que está passando pouco tempo com sua família – exceto o tempo que gasta tentando moldá-los para que eles se transformem em algo mais.

Você pode apreciar o dom do Guerreiro sem pensar que ele define quem você é. Adquirir consciência de outros arquétipos o ajuda a despertar outras possibilidades no seu interior. Talvez você queira despertar o Nômade e dedicar algum tempo para explorar o que realmente deseja neste momento de sua vida. Ou talvez fosse mais satisfatório mudar para o Altruísta e desistir do foco na realização por um tempo em favor de se tornar mais generoso e atencioso.

Além disso, a capacidade de determinar qual arquétipo está operando em você pode salvá-lo de uma má combinação de emprego, ou pode ajudá-lo a saber se deve ficar, sair ou tentar mudar a situação. Por exemplo, Sally trabalha como enfermeira em um grande hospital. O arquétipo do Altruísta é forte nela. Atualmente, ela está sofrendo porque a assistência gerenciada, com seu foco Guerreiro no resultado final, prejudicou a qualidade do atendimento ao paciente. Se ela opera inteiramente a partir da motivação de seu Altruísta, tudo o que ela pode fazer é dar mais e mais de si mesma para compensar o déficit Altruísta na organização, até que ela se esgote. Ela percebe que pode despertar seu arquétipo do Nômade para buscar um ambiente mais satisfatório para seu trabalho ou desenvolver seu próprio Guerreiro e organizar as enfermeiras para lutar por mudanças no sistema. Nesse caso, ela decide que lutar criaria uma sobrecarga para si, então ela se abre para a aventura de descobrir o que mais ela poderia fazer ou de que outra maneira ela poderia ser.

Roberta, por outro lado, não gosta de sua companhia de seguros com arquétipo do Guerreiro, mas reconhece que seu desgosto vem de sua própria, quase total, falta de habilidade guerreira. Ela decide ficar para aprender com esse ambiente como ativar seu Guerreiro interior.

Quinta: reconhecer arquétipos pode ajudá-lo a alcançar equilíbrio e realização pessoal. Sempre que sentimos que nossa vida está desequilibrada, isso significa que o arquétipo ou os arquétipos que atualmente dominam nosso comportamento não coincidem mais com aqueles ativos em nossa vida interior. Para corrigir nosso curso, podemos nos voltar para dentro e observar os anseios que são nossa primeira indicação de que algum novo aspecto da consciência quer ser expresso. Por exemplo, talvez o arquétipo do Altruísta tenha sido dominante em sua vida por algum tempo. No início, você obteve grande satisfação em se doar aos outros. Agora, no entanto, uma parte de você sente-se insatisfeita. Você se pergunta quando será a sua vez. Seu Nômade quer tempo para a autoexploração, a expressão criativa e, apenas, para sair. Ouvir essa voz interior permite que você ajuste seu comportamento para refletir com mais precisão a sua verdade interior.

Quando seu comportamento externo corresponder aos arquétipos ativados interiormente, você sentirá uma sensação de significado e realização e não mais vivenciará sua vida como desequilibrada. Atualmente, as pessoas tendem a definir a questão do equilíbrio como um produto de fatores externos. Por exemplo, culpamos o chefe que nos faz trabalhar horas extras. No entanto, essa pessoa não pode realmente nos controlar. Ela pode ser capaz de nos contratar ou demitir, mas o chefe não pode nos acorrentar fisicamente à mesa e nos chicotear até a submissão. Na verdade, estamos sendo controlados por acreditar que temos de sacrificar partes essenciais de nós mesmos – ou nossos filhos – para termos sucesso baseado nesses termos aceitos.

Lembro-me vividamente de dar uma palestra para um grupo tão grande que as perguntas da plateia tiveram de ser escritas em cartões e enviadas. Abri um cartão que dizia: Cuidei de pessoas a minha vida inteira. Quando será a minha vez? Tenho 80 anos". Minha resposta foi: "Agora mesmo!"

Depois do meu discurso, aconselhei esse homem que enviou a pergunta. Enquanto conversávamos, percebemos que ele achava que era o mundo exterior que sempre o fazia ser o responsável. Mas essa não era toda a verdade. Seu arquétipo dominante durante a maior parte de sua vida foi o Altruísta. Esse Altruísta interior juntou-se com as vozes externas e ajudou-o a manter seu Nômade desligado. Aos 80 anos, ele percebeu que precisava assumir o controle de sua vida e embarcar nessa tão esperada jornada de autodescoberta.

Sexta: A percepção dos enredos arquetípicos que determinam a sua vida, pode dar a você a liberdade de evitar que cometa erros – ou de cometer os mesmos erros repetidamente. Talvez o arquétipo do Órfão tenha sido ativado em sua vida muitas vezes. Você foi abandonado, traído e vitimizado. Como resultado, tornou-se muito cauteloso. Você entra em uma situação e fica com aquela velha sensação. Rapidamente você reconhece que está prestes a ser enganado. Então você simplesmente vai embora ou recusa-se a jogar! Ou, se não o fizer, pelo menos você percebe, mais conscientemente do que antes, o padrão de vitimização que se desenrola. Perceber isso permite que da próxima vez você se afaste. Em algum momento, quando o cosmos nos oferece mais um desafio semelhante, podemos dizer não – recusar o encontro, o emprego, a amizade e seguir em frente para aprender uma nova lição.

Muitos de nós perdemos nosso centro quando começamos a reviver uma nova versão do enredo arquetípico que foi mais difícil para nós em nossa família de origem. Por exemplo, minha família era dominada pelo arquétipo do Altruísta, então sempre fomos generosos e gentis com as outras pessoas e também uns com os outros. Esse tipo de educação geralmente incentiva o comportamento compassivo, mas também suprime a consciência das pessoas quanto ao que elas querem para si mesmas. Então, quando entro em um ambiente em que o altruísmo parece necessário, imediatamente temo que as pessoas esperem que eu cuide delas – à minha custa.

Podemos reentrar em uma situação arquetipicamente semelhante quantas vezes forem necessárias para passar para um nível elevado do arquétipo. O presente para mim de aceitar vários empregos em organizações com valores altruístas é que fui forçada a aprender limites e não dar mais do que é adequado para mim. Também tive de aprender a não me importar muito se os outros me acusarem quando me recuso a me sacrificar desnecessariamente em benefício deles.

Se você desenvolver uma compreensão de sua paisagem mítica interior, também poderá reconhecer os tipos de pessoas que provavelmente serão capazes de manipulá-lo. Por exemplo, uma mulher percebeu que o arquétipo do Altruísta era muito dominante em sua vida: ela nunca conheceu uma pessoa necessitada a quem não desejasse ajudar. Alguns anos antes, uma mulher mais jovem aproveitou essa vulnerabilidade e a convenceu de que ela deveria assumir o controle de parte de seus negócios. O Altruísta dentro dela estava tão ocupado tentando salvar essa mulher mais jovem, que levou um ano ou mais antes que ela percebesse que tinha sido enganada. No entanto, agora ela está consciente dessa fraqueza. Ela ainda ajuda as pessoas, mas tem antenas que a alertam quando é provável que elas tirem proveito dela.

Sétima: O reconhecimento arquetípico pode ajudá-lo a entender melhor os outros e como eles veem o mundo. Podemos usar *insights* arquetípicos para aumentar nossa capacidade de nos darmos bem com nosso chefe, colegas de trabalho, cônjuge, parceiros, filhos e pais. Podemos fazer isso simplesmente reconhecendo os arquétipos que dominam nossos mapas cognitivos. Se tento compartilhar com meu marido e ele sempre tem de dar a última palavra, isso me ajuda a perceber que o Guerreiro está presente. Em vez de tentar mudá-lo, devo lembrá-lo de que estamos no mesmo time – e somos bem-sucedidos ou fracassamos juntos. Assim, ele não tem motivos para triunfar à minha custa.

Se meu filho está com pena de si mesmo e (injustamente) me culpa, não preciso ficar na defensiva. Eu simplesmente posso simpatizar com seus sentimentos (Órfão) de impotência e ouvir enquanto ele desabafa. Se meu chefe espera que eu tire coelhos da cartola todos os dias, posso ver o Mago trabalhando e, se precisar, pedir a ele que compartilhe seus segredos para fazer malabarismos com tantas bolas no ar ao mesmo tempo.

Apreciar a diferença arquetípica é extremamente útil ao lidar com pessoas muito difíceis. Por exemplo, se a sua sogra o deixa louco porque ela se empenha em reclamar sem parar, você pode ver nela os aspectos negativos do Órfão (autopiedade) e do Altruísta (doar além de suas possibilidades e depois ficar desgostoso com isso). Você pode não ser capaz de mudar completamente o comportamento dela, mas pode ouvir ativamente para mostrar que escuta a dor dela e agradecer profusamente toda vez que ela fizer algo por você. Se ela se sentir ouvida o suficiente, ela pode ter apenas conversas amigáveis com você.

Da mesma maneira, se seu chefe o critica sem parar, isso pode ser uma evidência da preocupação do Guerreiro de que alguém possa decepcionar a equipe. Ele ficará no seu pé até que esteja convencido de que você é inteligente e forte o suficiente para lidar com as coisas por conta própria. Isso pode ser particularmente irritante se você é uma mulher e/ou um homem negro e o chefe é homem e branco. Vai parecer racismo ou machismo (o que em menor ou maior grau de fato é). No entanto, se você apontar isso, ele pode vê-lo como o inimigo e ir atrás de você. Portanto, é útil antecipar as preocupações dele e deixá-lo saber que você está totalmente no controle da situação. Pense nele como um treinador e deixe-o saber quando você "entendeu", para que ele possa se preocupar com alguma outra ameaça, percebida por ele, ao sucesso da organização.

Oitava: Compreender a base arquetípica para as maneiras como as pessoas veem o mundo não só pode torná-lo mais inteligente, mas também ajudá-lo a ver além do preconceito inconsciente que acadêmicos e jornalistas costumam trazer para seu trabalho. Até recentemente, os historiadores escreviam principalmente sobre eventos militares e políticos – eventos estes importantes para o arquétipo do Guerreiro. Podemos ver um viés do Guerreiro semelhante em jornalistas que fornecem cobertura política com foco na competição, em vez de com foco nas questões políticas em jogo. Alguns políticos procurando comunicar verdades fora do paradigma do Guerreiro, tiveram tamanha frustração que tentam contornar os meios de comunicação e ir diretamente ao povo por meio de eventos públicos e comunicações pela internet. Muitas vezes, parece que acadêmicos e jornalistas estão conscientemente tentando suprimir informações.

No entanto, a verdade é mais banal. Eles estão sendo fiéis ao que veem – e o que podem ver é controlado pelas lentes do arquétipo do Guerreiro. Para o Guerreiro, as questões principais são quem está ganhando e quais táticas eles estão empregando para isso. Portanto, faz todo o sentido que a mídia possuída pelo Guerreiro se concentre nessas questões.

Quanto mais tipos de arquétipos forem ativados em sua vida, mais verdade você será capaz de compreender. À medida que melhora a decodificação de um viés arquetípico, você pode fazer inferências que vão além dos vieses acadêmicos e da mídia para descobrir o que realmente está acontecendo no mundo. Estudiosos e jornalistas que expandem seus próprios horizontes arquetípicos podem criar uma força que atua contra a ressaca regressiva que atualmente distorce os acontecimentos e freia a expansão da consciência evidenciada na população em geral.

Especialistas em desenvolvimento de liderança entendem o quão importante é que nossos líderes organizacionais vejam o mundo com clareza, de modo que atualmente eles aconselham a vigilância do paradigma (ou seja, questionar nossas suposições básicas sobre como vemos o mundo). Uma boa prática para garantir que você esteja vendo todos os lados de uma questão é identificar os arquétipos que estão falando por meio dos argumentos que você considerou e descobrir as outras posições arquetípicas que podem ser úteis.

Se não conseguirmos entender as bases arquetípicas de muitas das chamadas verdades, é fácil para qualquer um de nós confundir nossas projeções com a realidade e, no processo, desvalorizar as pessoas que veem as realidades que perdemos. Então, é como se estivéssemos presos em um labirinto, movendo-nos em círculos, enquanto outros avançam.

Os arquétipos existem em nós, quer os reconheçamos ou não. Se não os notarmos, eles podem nos dominar, substituindo sua própria realidade limitada pelas possibilidades mais infinitamente variáveis e interessantes que realmente existem no mundo. O fato de os historiadores terem escrito exclusivamente sobre política e batalhas ao mesmo tempo não significa que outras coisas pitorescas e emocionantes não tenham acontecido. O foco relativamente novo na história social restaura um registro de como era a vida de pessoas que não estavam no governo nem lutando em guerras. Os resultados são emocionantes.

O mesmo acontece com nossa vida. Um subproduto maravilhoso da identificação dos arquétipos ativos em nossa vida é que não mais confundimos uma perspectiva arquetípica com a realidade. Assim, somos mais claros em nosso pensamento e mais abertos em nossa compreensão do mundo como ele é – além de como podemos estar predispostos a vê-lo. Como diz Hamlet de Shakespeare: "Há mais coisas no céu e na terra, Horácio, do que sonha sua filosofia".

CONSIDERAÇÕES FINAIS

Os capítulos a seguir descrevem os estágios e tarefas arquetípicas essenciais para a jornada do herói. Ao lê-los, você pode perceber quais arquétipos estiveram mais ativos em sua vida até agora, onde você vê sinais dos arquétipos nas pessoas e nos acontecimentos ao seu redor e quais arquétipos podem ajudá-lo a alcançar maior liberdade e realização do que você possui agora. Alguns leitores podem preferir fazer uma pausa neste momento para completar os Autoteste do Mito Heroico (Apêndice A). Se fizer isso, você pode querer ler primeiro os capítulos que descrevem os arquétipos mais ativos em sua vida e depois pegar os capítulos que são menos relevantes para sua situação atual.

No entanto, os leitores compartilharam comigo que os capítulos sobre arquétipos pelos quais eles estavam desinteressados a princípio – ou mesmo avessos – provaram ser os mais úteis para avançar em suas jornadas. Especialmente para viajantes experientes, muitas vezes são os aspectos não experimentados e até não amados de nós mesmos que possuem o maior poder de nos libertar.

Embora este livro sirva como um mapa para ajudar a orientá-lo em sua jornada e a reconhecer sua semelhança com os heróis em todos os tempos e lugares, lembre-se de que cada um de nós também é único. Como nenhum mapa pode mostrar a parte de sua jornada que é mais você, é essencial que você confie totalmente em seu próprio processo. Como Don Juan explica a Carlos Castañeda em *Uma Estranha Realidade*, qualquer que seja o caminho que você escolha, ele não leva a lugar algum. Não é uma vergonha tentar um único caminho quantas vezes você precisar, pois há apenas um teste de um caminho verdadeiro – aquele que lhe traz alegria. A única saída é atravessando por dentro e a única pessoa que sabe o que é certo para você – é você.

CAPÍTULO 2

Sobrevivendo à Dificuldade:
De Inocente a Órfão

É o Céu que a nós circunda e a nossa meninice!
As sombras da prisão começam a cobrir
O Menino que cresce;
E ao largo o Homem vê que sua vida acaba
E que na luz do hábito ela enfim desaba.

— WILLIAM WORDSWORTH, *Ode: Prenúncios da*
Imortalidade, Recolhidos da Mais Tenra Infância

O herói experimenta e aprende com a dificuldade.

Você já se sentiu como uma criança sem mãe? Você foi abandonado, traído, negligenciado ou abusado? Você às vezes se pergunta por que tantas coisas difíceis acontecem com você? Você às vezes se decepciona por não conseguir viver de acordo com seus próprios sonhos e aspirações?

Ou você foi muito afortunado, passou por poucas dificuldades, mas sua vida parece um pouco monótona? Você tem a sensação de que poderia ter mais vitalidade, mais profundidade ou mais paixão em sua vida? Você já reparou que às vezes as pessoas que parecem menos privilegiadas têm mais vitalidade, alma ou intensidade? Talvez você não tenha sido modelos para uma vida vibrante e heroica.

De qualquer maneira, este capítulo é para você.

Muitos de nós somos encorajados por pais, professores, amigos e companhias de seguros a tentar, ao longo da vida, permanecer o mais seguro e protegido possível. Livros de autoajuda, ressaltando corretamente as dificuldades que resultam de famílias disfuncionais, sugerem que a vida só funciona quando viemos de famílias saudáveis, morais e estáveis. A inferência que acompanha é que você tem menos chance de fazer a diferença se não tiver tido todas as vantagens enquanto crescia.[1]

A literatura e o mito, sintonizados como estão com as verdades da alma e do espírito humanos, dão-nos uma mensagem muito diferente. Poucos heróis vêm de circunstâncias ideais – e quando o fazem, eles as deixam. O clássico herói trágico, Édipo, foi deixado por seu pai na encosta de uma colina para morrer quando era recém-nascido. David Copperfield vivia em um orfanato opressivo. Rei Artur, um filho ilegítimo da realeza, foi criado por pais adotivos na ignorância de sua verdadeira filiação. Cinderela tinha uma madrasta malvada que a tratava como uma serva.

No hinduísmo, Krishna foi salvo de seu tio, o rei, que o teria matado, por isso seus pais o trocaram pela filha de um pastor. Ele foi criado por pais adotivos em relativa pobreza. O Buda nasceu de pais superprotetores da realeza, mas sua verdadeira jornada não começou até que ele deixou o castelo para seguir a vida entre as massas desprotegidas e desprivilegiadas. No mito grego, Deméter, a deusa da agricultura, só se deu conta de todo o seu poder quando a filha foi sequestrada e levada para o submundo. Então, pela primeira vez, Deméter sentiu uma dor excruciante e uma impotência humilhante, e foi apenas depois disso que ela fundou os mistérios de Elêusis para ensinar os segredos da vida e da morte à humanidade.

Se você teve uma experiência em que algo íntimo foi exposto ou que você ficou desprotegido, foi abandonado, traído ou vitimizado, não se desespere. Em vez disso, entenda isso como um acontecimento mítico chamando você para a busca.

DE INOCENTE A ÓRFÃO: A QUEDA AFORTUNADA

Muitas culturas possuem mitos que relatam a era dourada para qual as pessoas desejam retornar. Na tradição judeu-cristã é a história da expulsão de Adão e Eva do Jardim do Éden. No início, Adão e Eva vivem alegremente no Jardim. Deus cuidava de todas as suas necessidades, mas os advertiu a não comer da Árvore do Conhecimento do Bem e do Mal. A serpente tentou Eva e ela comeu uma maçã daquela árvore. Quando ela ofereceu a Adão, ele também comeu. Como resultado, foram expulsos do Paraíso. Depois disso, Adão teve de ganhar a vida com o suor de seu rosto, e Eva teve de sofrer no parto. Uma vez, foram imortais, mas, agora, sabiam que iriam morrer. A promessa bíblica, no entanto, é que algum dia a humanidade voltará a entrar no Paraíso. Isso acontece não apenas pela expiação do sofrimento e do trabalho duro, mas também, paradoxalmente, pelo conhecimento. Primeiro devemos cair da inocência para depois voltarmos a ela em um nível mais sofisticado e menos infantil.

A história de Adão e Eva tem claramente elementos arquetípicos. Não apenas há histórias semelhantes na maioria das culturas e religiões, mas em nossa própria cultura mesmo pessoas que não são judeus ou cristãos praticantes têm uma experiência como a Queda. É um estágio de desenvolvimento no crescimento. Para muitos, vem na forma de desilusão com seus pais. Por exemplo, todas as criancinhas idolatram os pais. Porém, e se um pai abusar de você, seja sexual, emocional ou fisicamente? E se você for negligenciado e ignorado? E se seus pais nunca estiverem em casa ou, quando estiverem em casa, ficarem entorpecidos com álcool, drogas ou televisão? Para você, a queda da inocência infantil é extrema e dolorosa.

Para alguns cujos pais são mais equilibrados e saudáveis, a queda inicial é mais branda. Para mim, ocorreu quando meu pai perdeu um negócio e ficou muito deprimido, distante e, às vezes, severo. Percebi, com grande pesar, que meus pais não sabiam como me ensinar uma maneira de prosperar no mundo. Eles também não sabiam como fazer isso por si mesmos, é claro. Em um mundo que muda rapidamente, é raro um grupo de pais que realmente pode preparar a próxima geração para o que está por vir.

Crescer sempre inclui a percepção de que os pais não são perfeitos. O Inocente sente-se no direito de ter uma mãe e um pai perfeitos e sente-se terrivelmente enganado quando isso não acontece. Inevitavelmente, teremos amigos que nos decepcionarão, mentirão para nós e falarão pelas nossas costas. Veremos professores e outras figuras de autoridade abusando do poder. Também perceberemos que nem todos são tratados igualmente no mundo ou com o devido respeito e que, além da injustiça social, tragédias horríveis aconteceram com alguns indivíduos em seu cotidiano. As pessoas são mutiladas, sofrem de doenças crônicas de todos os tipos ou morrem. Eles perdem seu grande amor, ou a sua fé no amor, ou a sanidade.

Há um certo nível de perigo inerente à jornada do herói que desperta nossa alma. O ego quer desesperadamente segurança. A alma quer viver. A verdade é que não podemos levar uma vida real sem riscos. Não desenvolvemos profundidade sem dor.

Muitas pessoas me disseram que todas as decisões que tomaram na vida tiveram o único objetivo de manter a segurança. Por dentro, eles se sentem vazios porque não estão vivendo suas vidas plenamente. Então algo acontece. Eles são diagnosticados com câncer, o filho morre, o cônjuge sai ou aquele emprego aparentemente seguro é eliminado – e, de repente, eles percebem que não podem fugir da vida.

À medida que se tornam mais conscientes, muitas vezes concluem que nada do que temiam era realmente tão doloroso quanto o desespero interior que sentiram quando se recusavam a viver suas vidas.

Quando tentamos evitar a jornada, ela nos captura.

VIVENCIANDO A QUEDA NA VIDA COTIDIANA

Nem todos vivenciamos o arquétipo do Órfão com a mesma intensidade. Algumas pessoas simplesmente encontram menos dificuldade na sua vida do que outras. Uma maneira de saber se você acabou de passar por esses estágios de maneira leve e fácil, ou se está preso em algum lugar ao longo do caminho, é examinar como você se sente em relação aos outros que expressam as características do Órfão. Aqueles que fizeram essa parte da jornada geralmente têm um sentimento genuíno de empatia pelas pessoas que estão com problemas ou com dor. Se você está com raiva ou culpando aqueles que foram vitimados de alguma maneira, que são pobres ou de alguma maneira angustiados, é provável que você esteja reprimindo seu próprio Órfão interior e seus poderosos dons interiores.

Por outro lado, se você se sente com frequência impotente e não sabe a quem recorrer, pode ser importante procurar ajuda para passar pela fase do Órfão da jornada. Idealmente, nenhum de nós deveria ter de vivenciar nossa dor sozinhos. De fato, faz parte do dom do Órfão aceitar que todos estamos feridos e todos somos parciais. Portanto, precisamos uns dos outros – não apenas porque queremos conforto e apoio, mas também porque cada um de nós tem uma peça do quebra-cabeça e ninguém tem todas as respostas. Particularmente, se a sua vida tem sido muito difícil ou se você vem de uma família disfuncional, pode ser essencial obter a ajuda de um profissional e/ou de um grupo de apoio enquanto você passa por essa parte da jornada.

Muitas pessoas hoje estão presas nas manifestações mais primitivas do arquétipo do Órfão porque são incapazes de reconhecer para si mesmas e para os outros como e quando se sentem impotentes, ou não têm habilidades, ou precisam de assistência. Quanto mais privação nossa vida tenha sofrido, mais provável é que esperemos que os outros tirem vantagem de nossa situação e causem mais opressão. Na melhor das hipóteses, isso pode nos ajudar a evitar mais abusos. Na pior das hipóteses, nos impede de pedir a ajuda de que precisamos. Além disso, se recebemos consistentemente a mensagem de que somos doentes, maus, loucos, estúpidos ou feios, aprendemos a acreditar que não merecemos viver o melhor da vida ao máximo.

Também somos expulsos da inocência sempre que pessoas e instituições que valorizamos se recusam a servir como nossos cobertores de segurança. Tanto homens quanto mulheres, na inocência infantil, tendem a supor que seu cônjuge ou parceiro quer ou deveria querer fazer as coisas que os deixam confortáveis. As mulheres muitas vezes presumem inconscientemente que seu marido está lá para levantar caixas pesadas, consertar o carro e ganhar dinheiro. Os homens geralmente supõem sua esposa está lá para fornecer educação e cuidado, cozinhar, organizar a vida social e cuidar dos filhos. Uma mulher pode se sentir traída se o marido declarar suas próprias necessidades, decidir desistir e largar um emprego bem remunerado ou deixá-la por uma mulher que o faça mais feliz – em especial se ela sacrificou suas próprias necessidades para ser a esposa tradicional. Um homem pode se sentir igualmente indignado quando a esposa decide que quer se dedicar a um trabalho que exige muito dela ou deixar o marido para encontrar a si mesma, e a indignação é intensificada quando um dos cônjuges ignorou suas necessidades genuínas para sustentar a família.

É claro que o casamento como instituição é projetado para fornecer alguma segurança e continuidade na vida. É doloroso para todos quando um casamento fracassa. No entanto, no mundo de hoje uma mudança radical está ocorrendo. No sistema antigo, fundamentalmente não importava se você estava feliz ou não. A questão era cumprir o seu dever. Se você fizesse isso, casamentos e famílias seriam estáveis e as pessoas teriam segurança e proteção. Agora, a própria ideia de que temos direito à felicidade leva as pessoas a sentirem sua infelicidade conjugal e a se recusarem a ficar entorpecidas. Experimentar uma profunda insatisfação do tipo que pode ocorrer em casamentos sem confiança e amor, fundamentais, pode motivá-lo a sair ou arriscar um olhar honesto para si mesmo e seu cônjuge e a trabalhar para mudar. O resultado, no entanto, é que os casamentos não fornecem (se é que alguma vez o fizeram) uma segurança automática em longo prazo.

Há o mesmo paradigma no local de trabalho. Antigamente, a mudança era, por vezes, muito lenta. Seu papel na sociedade era determinado por seu gênero, sua raça e sua classe. As profissões eram familiares, razão pela qual os nomes de família eram muitas vezes baseados em ocupações. Se seu sobrenome é *Carpenter* (do inglês, carpinteiro), seus ancestrais provavelmente eram carpinteiros. Mais recentemente, as pessoas encontravam uma empresa que oferecia segurança e esperavam ficar nela por toda a carreira, supondo que a lealdade fosse recompensada com segurança. Ou iniciaram um negócio familiar para proporcionar independência e estabilidade a longo prazo.

Temos de saber que esse desejo de segurança é básico para o Inocente. Uma maneira pela qual muitas pessoas hoje estão vivenciando a Queda na vida é reconhecer que as organizações não fornecem o tipo de segurança que esperamos delas. Mesmo que comecemos nosso próprio negócio, a economia está mudando tão rapidamente que não podemos ter certeza de que a empresa sobreviverá ao longo do tempo. As tentativas de fornecer uma rede de segurança para as pessoas também são instáveis. A Previdência Social está em risco; foram estabelecidos limites para a assistência social e o seguro-saúde muitas vezes depende da manutenção do emprego.

A Queda realmente vem em ondas ao longo da vida. Podemos nos sentir muito crescidos e por conta própria, e então algo acontece. A seguir estão alguns exemplos que as pessoas compartilharam comigo:

- Você trabalhou para uma empresa por vinte anos. Você é competente, leal e trabalhador – e mesmo assim eles o demitem.

- Você ajudou seu marido na pós-graduação, criou os filhos, apoiou seu sucesso – e, sem aviso, ele a deixa por uma esposa-troféu.

- Você ficou em um emprego que odiava para sustentar a esposa e filhos. Você pensou que ela gostava de ser protegida do duro "mundo real". Então ela diz que você é maçante e deixa-o para encontrar a si mesma.

- Você é um jovem que trabalhou duro na escola e fez o que seus pais e professores esperavam de você, supondo que isso o prepararia para uma boa carreira, um lar e uma família. De repente, você percebe que os empregos são escassos, os preços dos imóveis estão a perder de vista e é improvável que você seja tão abastado quanto seus pais.

- Você passou anos na escola se preparando para ser médico ou psicólogo. Você esperava respeito e uma vida boa. De repente, as entidades de assistência gerenciada estão limitando seu pagamento, e o funcionário de vinte e poucos anos o chama pelo seu primeiro nome e lhe diz quais tratamentos você pode e não pode oferecer aos seus pacientes ou clientes.

- Você passou anos em uma tradição religiosa ou espiritual que pensou que o manteria seguro. Você acreditava que, se orasse, ou meditasse, ou visualizasse de maneira correta, teria o que precisava. Então, de repente, você perdeu sua saúde ou seu dinheiro, ou seu líder religioso foi pego usando o poder para obter favores sexuais ou dinheiro. Agora sua fé está abalada.

- Você sacrificou toda a sua vida por sua família. Agora está velho, solitário e vulnerável e quer que seus filhos o acolham e cuidem de você. No entanto, eles estão presos no trabalho e ocupados com a família e têm pouco tempo para você.

- Você sempre tentou ser uma pessoa muito boa. Ocorrem eventos que fazem com que você veja que comprometeu seriamente seus princípios. De repente, você não confia mais em si mesmo. Se você, que tentou ser tão bom, não pode ser totalmente confiável, você se pergunta, então quem é digno de confiança?

Às vezes, por mais realistas que pensemos que somos, é difícil acompanhar os golpes que a vida nos dá. No entanto, é isso que significa crescer – em todas as fases da vida.

SOBREVIVENDO EM UM MUNDO DECADENTE

O Órfão é um idealista desiludido, e quanto mais elevados os ideais do mundo, pior lhes parece a realidade. Sentir-se como um Órfão após a Queda é uma posição excepcionalmente difícil. O mundo é considerado perigoso; vilões e ciladas estão por toda parte. Como uma donzela em perigo, o Órfão deve lidar com um ambiente hostil sem a força ou as habilidades necessárias. Parece ser um mundo de competição feroz, em que as pessoas são ou vítimas ou algozes. Até mesmo o comportamento do vilão pode ser justificado como simplesmente realista, já que a regra em vigor é "fazer com outros antes que eles façam com você". A emoção dominante nessa visão de mundo é o medo, e sua motivação básica, a sobrevivência.

Esse estágio é tão doloroso que as pessoas com frequência escapam dele usando narcóticos diversos: drogas, álcool, trabalho, consumismo, prazeres momentâneos. Ou então podem utilizar mal os relacionamentos, o trabalho, ou a religião como uma maneira de amortecer a dor e obter uma falsa sensação de segurança. Ironicamente, esses vícios têm o efeito colateral de aumentar nossa sensação de impotência e negatividade; no caso das drogas e do álcool, eles até mesmo alimentam a desconfiança e a paranoia.

Defendemos tais válvulas de escape quando recorremos a elas como as únicas estratégias razoáveis para suportar a condição humana: "Claro que tomo alguns *drinks* (pílulas etc.) todos os dias. A vida é dura. De que outra maneira eu a suportaria?". E acreditamos que não é muito realista esperar mais da vida. Um empregado pode se queixar de que o trabalho é enfadonho. "Detesto o meu trabalho, mas tenho de alimentar as crianças. É assim que as coisas são." Uma mulher pode simplesmente supor que os homens "não são bons" e permanecer numa relação em que ela é emocional ou até mesmo fisicamente maltratada, porque "ele é melhor do que a maioria dos homens". Um homem pode reclamar que a esposa o importuna, mas não dá importância e diz: "as mulheres são assim mesmo".

O arquétipo do Órfão é um lugar complicado para se estar. A tarefa do Órfão é sair da inocência e da negação e aprender que o sofrimento, a dor, a escassez e a morte são parte inevitável da vida. A raiva e a dor resultantes serão proporcionais às ilusões iniciais. A Queda leva ao realismo, porque o trabalho do Órfão é desenvolver expectativas realistas a respeito da vida. Quando as pessoas desistem de sua expectativa infantil original, elas provavelmente vão para o outro extremo e esperam muito pouco da vida.

A história do Órfão é sobre uma sensação de impotência; no entanto, o anseio do Órfão pela volta à condição primordial de inocência permanece. Esse desejo é infantil, não importa a nossa idade. Desejamos ter cada necessidade atendida por uma figura materna ou paterna amorosa. Quando os outros não atendem às nossas necessidades, nos sentimos abandonados. O Órfão quer viver num jardim, protegido e bem-cuidado, mas em vez disso sente-se jogado na selva, presa de vilões e monstros. O dilema do Órfão fala sobre procurar por pessoas que cuidem de nós, sobre renunciar à autonomia e à independência para assegurar esse cuidado; e fala até mesmo sobre tentar ser o pai amoroso – para nossos amantes, filhos, clientes ou nosso eleitorado – tudo para provar que essa segurança existe ou pode existir.

Depois da Queda vem a longa e às vezes lenta escalada de volta à confiança e à esperança. O Órfão deve aprender autoconfiança suficiente para resistir às tentações de permanecer em condições negativas e desumanas. Com frequência, isso não pode ser realizado até embarcarmos numa busca por alguém que zele por nós. "Talvez não haja ninguém, agora, que zele por mim, mas talvez eu consiga encontrar alguém." Algumas mulheres procuram por um Paizão; alguns homens procuram pela esposa carinhosa perfeita; muitos procuram o grande líder político, o movimento, a causa ou o negócio de um milhão de dólares que será a solução de tudo. Praticamente todo mundo fantasia sobre ganhar na loteria.

RECUSANDO A QUEDA

Em um clima econômico muito desafiador, os funcionários podem depositar toda a sua fé em um(a) CEO, esperando que ele(a) os salve. Às vezes, quando as condições de mercado ou outros fatores são desfavoráveis, simplesmente não há nada que o(a) CEO possa fazer. No entanto, tenho visto funcionários responderem como um bando de linchadores determinados a se vingar de seu antigo "salvador(a)". De maneira semelhante, a mídia define nossos líderes políticos primeiro retratando-os como grandiosos, depois derrubando-os. Algumas pessoas que foram vitimizadas aprenderam a usar sua dor de maneira manipuladora – para conseguir com que os outros sintam pena delas ou sintam-se culpados e, portanto, façam o que elas querem. Membros de grupos oprimidos podem jogar com a culpa liberal de outras pessoas e, assim, obter uma sensação de controle. Usando sua dor como um veículo de manipulação, eles podem se enganar ao deixar os outros desconfortáveis e permanecer alheios ao fato de que sua própria situação não está melhorando.

Vemos também uma epidemia de raiva expressa em processos fúteis. Em vez de aceitar que um ente querido realmente estava mortalmente doente, algumas pessoas processam o médico. Em vez de reconhecer a culpa quando são demitidas, algumas pessoas preparam-se para processar seu empregador. Uma dessas mulheres entrou com uma ação legal contra quase todos os empregadores que ela listou em seu currículo profissional! Toda vez que alguém a chamava para apontar uma inadimplência, ela o processava. (Embora muitos processos sejam necessários e justificados, estou falando aqui sobre o tipo de processo que as pessoas se envolvem para evitar ter de enfrentar os fatos difíceis da vida.)

A resolução bem-sucedida do dilema do Órfão muitas vezes depende de superar o senso de merecimento da criança. Se acredito que uma infância feliz seria um direito meu, e não tive uma, posso passar o resto da minha vida sentindo-me enganado e nunca seguir com ela. Se acredito que tenho direito a uma vida perfeita, qualquer dificuldade pode me deixar amargurado e infeliz.

O PSEUDO-HERÓI

A experiência da Queda é machucar-se e ansiar por resgate e descobrir que ninguém vai ou pode fazer algo a respeito. Podemos responder a isso com raiva ou podemos enfrentar nossa vulnerabilidade real. É claro que é embaraçoso para a maioria dos adultos sentir-se tão frágil, mesmo que por um curto período de tempo. Afinal, devemos ser maduros, independentes e autossuficientes, então a maioria das pessoas que estão neste lugar não pode reconhecer isso, nem para si mesmas.

Normalmente, elas estão "muito bem", mas, na verdade, sentem-se muito perdidas e vazias, até mesmo desesperadas. Os papéis que desempenham muitas vezes são variedades dos arquétipos que informam os próximos estágios da jornada; no entanto, elas podem entender a forma corretamente, mas não a essência.

Se elas são atraídas pelo papel do Altruísta, serão incapazes – não importa o quanto trabalhem nisso – de se sacrificar verdadeiramente por amor e pelo cuidado com os outros, e seu sacrifício não será transformador. Se elas se sacrificam pelos filhos, os filhos então devem pagar e pagar e pagar – sendo adequadamente gratos, vivendo a vida que os "pais" gostariam de ter vivido; em suma, sacrificando a própria vida em troca. É esse pseudossacrifício, que na verdade é um tipo de manipulação, que deu má fama à palavra sacrifício.

Hoje, praticamente todo mundo parece entender o quão manipuladora a mãe sacrificadora pode ser, mas outra versão igualmente perniciosa é o homem que trabalha em um emprego que odeia, diz que faz isso pela esposa e filhos, e depois os faz pagar ao os submeterem a ele, protegendo-o de críticas ou raiva, e fazendo-o sentir-se seguro em seu castelo. Tal homem quase sempre exige que a esposa sacrifique a própria jornada em seu drama de martírio. Nesses dois casos e em outros, a mensagem subjacente é: "Eu me sacrifiquei por você, então não me deixe; fique comigo, alimente minhas ilusões, me ajude a me sentir seguro e protegido".

A codependência também é uma defesa contra os sentimentos do Órfão. Em vez de lidar com nossa própria dor, concentramo-nos em resgatar os outros. No processo, é provável que permaneçamos em um relacionamento em que nenhuma das pessoas possa realmente crescer e ser bem-sucedida. Aqui a mensagem subjacente é: "Dê sentido à minha vida, permitindo-me cuidar de você".

Em vez do papel do pseudoAltruísta, os Inocentes que recusam a Queda podem representar o lado sombrio do Guerreiro, tornando-se o algoz: saqueando, estuprando, agredindo, explorando, poluindo, usando os outros.

Essa é a atitude clássica de: "Pego o que quero porque sou forte e posso". Ou podem se tornar viciados em trabalho, usando o trabalho para distraí-los da vulnerabilidade que têm medo de enfrentar. Na psicologia junguiana, a sombra é formada pela repressão. Se não expressarmos o lado positivo de um arquétipo, ele pode nos dominar, mas em sua forma negativa.

Com a recente permissão cultural para "seguir nossa bem-aventurança" e nos encontrarmos, também encontramos o surgimento do Pseudonômade, cuja introspecção narcisista gira em torno de um projeto de autoaperfeiçoamento após o outro – cada um prometendo um retorno ao Paraíso.

Paradoxalmente, a verdadeira resposta heroica do Órfão que experimenta a Queda é sentir nossa própria dor, desapontamento e perda – isto é, aceitar ser um Órfão. Isso requer um luto real e uma admissão honesta de que precisamos dos outros em nossa vida. Em última análise, é mais heroico arriscar reconhecer que "estou com dor e não sei o que fazer" do que blefar e/ou descontar a decepção nos outros.

Há alguns anos, eu fazia parte da equipe de um *workshop* com uma psicoterapeuta que fazia um trabalho catártico profundo com os participantes. Choramos, batemos nos travesseiros e contamos as histórias de como fomos decepcionados, usados e vitimados e como nos sentimos carentes e impotentes. Isso foi fortalecedor porque perdemos o medo de entrar em nossa dor ou raiva. Não precisava mais parecer tão grande. Também aprendemos que não precisávamos reprimir nossa dor ou extravasar essa raiva nos outros. Expressá-las em um ambiente seguro foi o suficiente.[2]

Como muitos outros profissionais de assistência, descobri posteriormente que as pessoas, especialmente aquelas com antecedentes de abuso, não precisam necessariamente reviver todos os traumas que vivenciaram. Fazer isso é muito doloroso. Basta ir além da negação para expressar a dor que ainda sentem. Então é possível vivenciar seus verdadeiros sentimentos agora, no momento, sem prender a respiração por medo de recair em sentimentos intoleráveis de terror, tristeza ou desespero. Reviver tudo pode traumatizar as pessoas de novo. Nesses casos, ser capaz de lembrar a si mesmo de que "isso aconteceu no passado e isso é o agora" pode permitir que a jornada prossiga e outros aliados internos venham à tona.[3]

Obter tais habilidades para lidar com traumas passados permite que o estágio de Órfão de qualquer experiência da Queda seja intenso, fácil de lidar e relativamente curto! Observei que algumas pessoas tendem a querer ficar aqui, expressando a raiva ou usando a vitimização como uma desculpa para não assumir as responsabilidades normais da vida adulta. É importante manter o equilíbrio na psique. A Queda, que é o assunto deste capítulo, nunca é tudo o que está acontecendo. Algumas pessoas precisam ser lembradas de que o Órfão é apenas um arquétipo entre muitos. Passamos para outros estágios da jornada quando desenvolvemos um senso de esperança verdadeiro, fundamentado e realista.

EQUILIBRANDO A CAUTELA COM A ESPERANÇA

O processo de amadurecimento exige, em última análise, o desenvolvimento da "sabedoria das ruas". Aquilo de que precisamos para crescer não são tanto avisos sobre quão mau o mundo é, mas sim conselhos práticos e experiências em lidar com um mundo decadente. Se tivermos sorte, nossos pais, professores e amigos nos ajudaram a:

- ◆ reconhecer a diferença entre tentadores e guias;
- ◆ distinguir entre ambientes seguros e inseguros;
- ◆ desenvolver um equilíbrio adequado entre ceticismo e abertura;
- ◆ saber como pedir ajuda de modo a aumentar a probabilidade de que ela venha;

- reconhecer o equilíbrio adequado de dar e receber nas relações pessoais e comerciais;

- aprender com nossos erros sem nos culparmos por cometê-los;

- esperar ser bem tratados e ter empatia suficiente para que os outros retribuam na mesma moeda; e

- evitar situações traumatizantes ou recuperar-se delas rapidamente caso ocorram.

Muitos de nós, no entanto, não tiveram uma educação tão favorável. Alguns de nós vieram de famílias disfuncionais ou até mesmo abusivas; alguns vêm de famílias superprotetoras que falharam em prepará-los para o mundo; e alguns tinham pais que simplesmente não eram capazes do pragmatismo por si mesmos. Nesses casos, uma vez que reconhecemos nossa dor, manter a esperança viva pode ser um verdadeiro desafio.

O drama existencial de Samuel Beckett, *Esperando Godot*,[4] toca o público porque algo nele é essencialmente humano. Estragon e Vladimir estão esperando na beira da estrada pela chegada de Godot (Deus, ou o que quer que seja que esperamos que nos salve). Acontece tão pouco, a vida deles é tão desprovida de interesse, que observá-los é excruciante. À medida que a noite cai a cada dia, um menino aparece e diz a eles que Godot não pôde vir, mas certamente virá amanhã. Apenas dois dias são encenados na peça, mas fica claro que, entre esses dois dias, eles estão esperando há muito tempo. Perto da conclusão da peça, Vladimir diz: "Vamos nos enforcar amanhã... A menos que Godot venha". Quando Estragon pergunta: "E se ele vier?". Vladimir responde: "Seremos salvos". Por fim, Estragon e Vladimir decidem ir embora, mas não se mexem.

Sentada na plateia, a pessoa quer gritar: "Vai viver! Arrume um emprego! Arrume uma namorada! Faça qualquer coisa, mas não fique esperando por um resgate que nunca virá!". No entanto, essa peça nos emociona precisamente porque Vladimir e Estragon agarram-se à esperança mesmo quando suas vidas estão vazias e o resgate parece improvável. A esperança mantém as pessoas vivas nos campos de concentração, bem como em qualquer situação abusiva ou desumanizante. A maioria de nós não tem ideia de quantas pessoas passam a vida com tão pouca sensação de alegria ou significado que, todos os dias, elas lutam contra o suicídio.

Uma vez que as pessoas superam a negação e enfrentam a realidade de sua vida, o próximo perigo é o desespero. Os Guerreiros podem ficar totalmente frustrados porque os Órfãos não assumem a própria vida, mas muitos não estão prontos para isso. O que mantém as pessoas vivas quando têm pouco para viver é simplesmente a esperança de resgate. Não adianta dizer àqueles que se sentem impotentes para crescer e assumir a responsabilidade pela própria vida se eles não acreditam que são capazes disso! Em primeiro lugar, precisam ter alguma esperança de que cuidarão deles.

Assim, as histórias das quais a cultura evoluiu para o Órfão, são enredos "da miséria à riqueza" e histórias de amor muito convencionais. O subtema desses enredos é: o sofrimento será redentor e trará de volta o pai ausente. Nos romances de Charles Dickens, por exemplo, um órfão sofre de pobreza e maus-tratos até que finalmente se descobre que ele é o herdeiro há tempos perdido de uma imensa fortuna. Reencontrando o pai, ele será cuidado para sempre. Na versão clássica da história de amor (por exemplo, *Pamela*: *ou A Virtude Recompensada*, de Samuel Richardson), a heroína sofre muito – às vezes com a pobreza, quase sempre com as investidas contra sua virtude. Se conseguir não perder a virgindade, ela será recompensada casando-se com um homem rico, um *Sugar Daddy*, que é claramente um substituto de pai. O final feliz promete que cuidarão dela pelo resto da vida. O mito do amor romântico e os enredos "da miséria à riqueza" estão geralmente interligados. No enredo romântico tradicional, a heroína encontra não apenas o verdadeiro amor, mas também alguém capaz de sustentá-la.

O personagem do título de *O Grande Gatsby* de F. Scott Fitzgerald é motivado a fazer uma fortuna para que possa conquistar o afeto de Daisy, a bela e rica garota dourada. Nesse romance caracteristicamente moderno, Daisy não retribui suas afeições, ele é assassinado e praticamente ninguém vai ao seu funeral. No entanto, o que é atraente no romance é a qualidade da esperança que o sustenta e que Fitzgerald sugere ser endêmica aos sonhos americanos.

É a esperança de que o amor ou as riquezas (ou ambos) possam ser possíveis que, com frequência, leva as pessoas a embarcar em uma busca. O "salvador" pode ser um amante *ou* um empreendimento comercial, um emprego ou treinamento profissional que pode nos permitir ganhar dinheiro suficiente para adquirir uma sensação de total segurança e controle sobre nossa vida. A promessa é que nunca mais teremos de vivenciar a terrível sensação de impotência, de ter necessidades – necessidades profundas de sobrevivência – e ser incapazes de satisfazê-las. Idealmente, a jornada em si fornece experiências que podem promover um senso de realismo a respeito da vida e suas possibilidades que ajudam muitos a evitar o destino trágico de Gatsby.

Quando o arquétipo do Órfão está ativo em nossa vida, queremos desesperadamente professores que saibam todas as respostas; como pacientes, queremos que os médicos ou terapeutas sejam oniscientes e conhecedores de tudo e que "façam tudo melhorar"; como amantes, queremos encontrar o companheiro perfeito e ter um relacionamento que nos faça felizes sem ter de trabalhar para isso. Em nossa teologia, queremos acreditar que, se formos bons, Deus cuidará de nós; se meditarmos o suficiente, teremos paz; ou se seguirmos as regras, estaremos seguros. Em nossa política, esperamos um grande líder, um movimento atraente, um partido político dinâmico que cuide dos problemas de nosso país. Como consumidores, somos atraídos por produtos que prometem a solução rápida: use esse detergente e você será uma boa mãe; dirija esse carro e as mulheres vão se jogar em cima de você; faça essa dieta e os homens vão achar você irresistível.

Dessa maneira, nessa fase, podemos ficar profundamente angustiados se alguém criticar um(a) terapeuta, um(a) assistente social, uma religião ou um movimento político que fornece nossa proteção contra o desespero. Vale lembrar também que não importa o quão sofisticado possa ser nosso pensamento em outras áreas de nossa vida, na parte que deseja ser resgatada, nós estaremos em um nível de desenvolvimento cognitivo bastante rudimentar marcado pelo absolutismo e pelo pensamento dualista.

A verdade é que, quando nos sentimos mais desamparados, pode ser muito reconfortante encontrar alguma autoridade, um programa de ação ou uma teoria e colocar toda a nossa fé nisso. Até ajuda tentar uma nova dieta ou plano de exercícios, não apenas porque a boa saúde nos torna mais felizes, mas também porque qualquer coisa que foque na intenção positiva reforça nossa fé na vida.

Quando nos sentimos totalmente fora de controle, a simples decisão de colocar fé e confiança nas mãos de outra pessoa pode ser libertadora – especialmente se depositarmos nossa confiança em alguém que a garanta. Além disso, a disciplina diária de ser fiel a essa decisão é uma afirmação de vida nessa fase da jornada.

Quando colocamos outras pessoas no papel de salvadores, no entanto, surgem dificuldades. Alguém que acreditamos ser excepcional inevitavelmente nos decepcionará. Por exemplo, nosso salvador pode não ser sábio ou ético o suficiente para merecer nossa confiança. Algumas pessoas que se apresentam como salvadores, o fazem não tanto para ajudar, mas mais para se sentirem importantes e poderosas. Além disso, quando o arquétipo do Órfão está ativo na vida de alguém, é natural desconfiar de si mesmo. Na verdade, os Órfãos geralmente acreditam que seu dilema, no fundo, é culpa deles. Isso significa que muitas vezes eles toleram abusos, especialmente se lhes for dito que é para seu próprio bem.

A realidade é que as pessoas que assumem papéis de resgate são, na verdade, órfãs também, por dentro. Fazer o papel de salvador é uma maneira de fingir que são os outros, não eles mesmos, que estão com problemas. Você pode reconhecer pessoas assim porque muito rapidamente elas começam a minar sua autoestima, de modo que você permanece dependente delas. Normalmente, eles jogam com seus medos: sem essa religião, essa forma de terapia, esse movimento político, você estará perdido no pecado, irremediavelmente doente ou será invadido por comunistas (ou fascistas ou caos).

Alguns homens que inicialmente parecem dedicados ao resgate acabam convencendo a esposa ou namorada de que ninguém mais a amará e que ela nunca conseguiria sobreviver no mundo por conta própria. Algumas mulheres também convencem o marido ou namorado de que ele é tão repugnante e impossível que ninguém mais o toleraria. Nesses relacionamentos, o abuso emocional muitas vezes se transforma em violência.

Na ética do cuidado, é importante certificar-se de que o salvador não está usando outra pessoa para evitar sua própria dor. Supervisão, grupos de apoio e mecanismos semelhantes que permitem que outras pessoas estejam a par do que está acontecendo entre o ajudante e a pessoa que está sendo ajudada são essenciais para quebrar esses padrões disfuncionais.

Nenhuma pessoa deve aconselhar outras pessoas, a menos que (1) tenham se empenhado seriamente em fazer seu trabalho ao longo do tempo e (2) admitam ser colegas na jornada e compartilhem suas próprias vulnerabilidades. Na verdade, é particularmente útil ao lidar com questões do Órfão, fazê-lo em grupos de colegas ou com o apoio de amigos que também compartilham suas próprias vulnerabilidades e dores. Isso diminui a chance de projetarmos o papel de salvador em alguém e nos permite aprender que todos têm pontos fortes e fracos. Assim, nos afasta de ver as pessoas de maneira dualista – como aquelas que têm tudo resolvido e aquelas que não têm.

Para ir além do estágio de Órfão na jornada, primeiro é preciso *estar* totalmente nele e isso significa confrontar a própria dor, desespero e cinismo. Também significa sentir o luto da perda do Éden, tomar consciência de que não há segurança, que Deus (pelo menos a noção infantil de um "Deus Papai") está morto. Claro, os Órfãos não podem fazer isso de uma vez. A negação é um mecanismo de sobrevivência muito subestimado. Só podemos enfrentar nossa dor na proporção de nossa esperança. Além disso, a negação geralmente nos protege de sentir mais dor, em qualquer momento, do que podemos suportar. Na verdade, para aqueles de nós que se veem como pessoas fortes e com tudo resolvido, muitas vezes é apenas em retrospecto que percebemos o quanto realmente nos sentimos mal.

UMA QUESTÃO DE CULPA

O dilema do Órfão é que ele ou ela não pode resolver os problemas sem atribuir a culpa. Às vezes funciona acreditar que sofremos por nossa própria culpa, se isso nos leva a mudar nossa vida de maneira positiva. Muitas das religiões do mundo promovem essa crença, dizendo-nos que "o salário do pecado é a morte", que Deus destrói civilizações e cidades imorais, ou que nosso sofrimento é um exemplo de justiça kármica pelo nosso comportamento em vidas passadas.

A lógica é simples: se a culpa é nossa, talvez possamos fazer algo a respeito. Caso contrário, nosso sofrimento parece caprichoso, e então como ficamos? Sem esperança! Há alguns anos eu estava conversando com um menino de 6 anos cujos pais tinham acabado de se separar. Ele olhou para mim com olhos grandes e sérios e disse: "Se eles tivessem me dito o que estava errado, sei que poderia ter feito algo a respeito". Mais tarde, percebi que essa criança sentia que, de algum modo inominável, era responsável pelo fracasso do casamento dos pais. Acreditar que nosso sofrimento é nossa própria culpa *não* é útil se não nos dá uma ideia de como resolver a situação. Nesse caso, leva-nos a concluir que nossa dor é justificada, de modo que permanecemos nela mais tempo do que o necessário.

As mulheres, as minorias raciais, os homossexuais, os idosos – os membros desses grupos não farão nada contra a discriminação se, consciente ou inconscientemente, acreditarem que são inferiores e, portanto, merecem tratamento desigual. Nenhum de nós pode resistir à pressão de trabalhar, desumanamente, longas horas se, consciente ou inconscientemente, acreditarmos que somos inadequados, que *devemos* ser capazes de suportar o estresse.

Certa vez, iniciei um curso universitário avançado que não estava atendendo às necessidades de uma das alunas, em grande parte porque era muito difícil para ela. Mais ou menos na metade do semestre, a aluna ficou hostil, então pedi que ela se encontrasse comigo. Como o curso visava incentivar a responsabilidade nos alunos, seu formato mudou significativamente durante o semestre em resposta às preocupações que eles trouxeram. Minha esperança ao conversar com essa aluna era fazê-la perceber que, a qualquer momento, o curso poderia ter sido diferente se ela simplesmente tivesse pedido o que queria.

Aprendi muito durante nossa conversa. Por um lado, aprendi que algumas pessoas pedem o que querem reclamando. Não conhecem outra maneira de fazê-lo. Nesse caso, eu simplesmente não tinha entendido a forma de comunicação da aluna. Também aprendi sobre "culpa". A aluna explicou sua raiva dizendo que a princípio achou que era "culpa" dela não estar aprendendo, mas depois percebeu que a "culpa" era minha – que eu não estava ensinando bem a aula. Enquanto conversávamos, sentia-me cada vez mais frustrada. Por fim, percebi que para ela a situação *tinha* de ser culpa de alguém – e melhor que fosse minha do que dela. Não poderia ser apenas uma incompatibilidade entre um método de ensino e um aluno.

Eu gostaria de ensiná-la a responsabilizar-se por sua própria vida – uma responsabilidade que poderia ajudá-la a largar a aula ou pedir o que ela precisava. O que eu ainda não entendia – e a razão pela qual não pude ajudá-la – era que, por ela equiparar responsabilidade com falha e culpa, minhas palavras "você é responsável pelo seu aprendizado" só podia ser ouvido como uma acusação de que ela era culpada por não entender. Ela ainda não era capaz de assumir tal responsabilidade. Ela simplesmente precisava de mais ajuda da minha parte.

O que *pode* fazer o movimento acontecer para aqueles que estão imobilizados pela insegurança ou autorrecriminação? Amor, esperança e a mensagem de que o sofrimento deles, de fato, não é culpa deles e que alguém menos impotente, perdido e necessitado irá ajudá-los. Depois de explorar esse processo durante algum tempo, passei a acreditar que uma variedade de conteúdo para essa mensagem é útil para diferentes pessoas ou para as mesmas pessoas em diferentes situações. O importante aqui é o *processo*. Por exemplo, aqueles no modelo do Órfão podem ser ajudados por formas de religião que identificam uma causa para a dificuldade fora da pessoa – uma força maligna que pode ser culpada pelos males das pessoas e um(a) salvador(a) (ou um dogma ou prática) que pode mudar suas vidas. Todos os movimentos de libertação também começam aqui: sindicatos, movimento de mulheres, movimento de homens, vários movimentos de direitos civis, todos devem dizer às pessoas que sua opressão não é culpa delas. Elas também mantêm a esperança de que o esforço coletivo possa fazer a diferença. Do mesmo modo, os programas de doze passos iniciam o processo de recuperação explicando que o vício é uma doença, eliminando assim o ônus do adicto individual. Além disso, mesmo que os indivíduos não sejam fortes o suficiente para vencer seu vício, um poder superior, o grupo e o programa podem salvá-los.

Em terapia, psicanálise ou amizade, você pode encorajar as pessoas a contar suas histórias de uma maneira que as ajude a ver que sua dor vem de algum lugar fora do *self*, que é resultado de traumas da primeira infância, condições sociais, seus pais etc. – em suma, que não é culpa delas. Além disso, essa abordagem estabelece que elas terão ajuda para lidar com sua dor e superá-la.

A autoculpa não é só paralisante porque torna impossível para os Órfãos confiarem em si mesmos; é, também, contraproducente, pois incentiva a projeção flutuante. Para não se sentirem tão mal consigo mesmos, os Órfãos costumam projetar a culpa nos outros: nas pessoas mais próximas a eles (amantes, amigos, companheiros, pais, empregadores ou professores), Deus ou a cultura como um todo. Como resultado, eles aumentam a sensação de que habitam um mundo perigoso. Pior ainda, na medida em que culpam aqueles ao seu redor por todo o sofrimento em suas vidas, eles alienam os outros e tornam a própria vida mais isolada e sem esperança.

Consequentemente, enquanto as pessoas são capazes de fixar a culpa firmemente em um local, libertam-se desse processo geral de culpar o mundo. Além disso, à medida que identificam os meios para lidar com a causa principal, ao estabelecer que não precisam estar à mercê do mal, de sua enfermidade, do patriarcado, do capitalismo etc., elas podem começar a acreditar que é possível assumir a responsabilidade pela própria vida.

Se você tende a se culpar por sua dor, confiar temporariamente em alguém de fora – um poder superior, um terapeuta, um psicanalista, um grupo, um movimento, uma igreja – pode ajudá-lo a ir além do dualismo da dependência/independência e aos poucos a adquirir as habilidades para assumir o controle de sua vida. Você não precisa fazer tudo sozinho, nem precisa aguardar passivamente pela salvação ou aceitar ou maus-tratos de alguém. Não há vergonha em pedir ajuda quando precisa. Todas as pessoas muito bem ajustadas o fazem.

Você também pode se proteger de ser usado ou enganado em tais situações ao simplesmente observar se o especialista que você escolheu o ajuda a tomar decisões ou se tenta tomá-las por você. Boas intervenções (com isso quero dizer qualquer ação que um terapeuta toma para ajudá-lo) irão fortalecê-lo e capacitá-lo, não tirar sua jornada de suas mãos.

Colocar a si mesmo nas mãos do terapeuta, do sacerdote ou do guru, ou depositar sua confiança no programa (por exemplo, um programa de doze passos) pode proporcionar a você a segurança para começar a se movimentar e colocar sua vida em ordem. Mais tarde, no entanto, você olhará para traz e perceberá que se a intervenção funcionou, foi porque você recebeu o apoio para tomar as decisões que melhor se encaixavam com quem você é. Lembra-se de Glinda, a bruxa boa de *O Mágico de Oz*, que diz a Dorothy, no fim de sua jornada, que ela poderia ter ido para casa no momento em que quisesse? Dorothy pergunta por que ela não havia dito isso antes e Glinda explica que Dorothy não teria acreditado nela. Primeiro, ela precisava convencê-la de que havia um mágico grande e poderoso que poderia consertar as coisas para ela. Na jornada para encontrá-lo, Dorothy desenvolveu e vivenciou sua própria competência. Depois, ela percebeu que foi capaz de matar a Bruxa Malvada sozinha e que seria seu próprio poder que a levaria para casa. Até que tivesse vivenciado essas coisas, no entanto, ela se sentiria impotente demais para prosseguir, exceto sob a ilusão de que estava prestes a ser resgatada.

Ao criar conexão entre os exemplos de religiões, programas de doze passos, movimentos de libertação política e psicanálise ou terapia, não pretendo de modo algum mostrar falta de respeito pela integridade ou valor de cada um, nem sugiro que sejam meramente intercambiáveis. Em vez disso, afirmo que cada um deles usa processos que funcionam ao ajudar alguém a fazer a transição do "desespero" para a "esperança", do "sentir-se impotente" para "a reivindicação de algum senso de autovalorização e atuação".

As ferramentas essenciais para empoderar os Órfãos são: 1) amor – um indivíduo ou grupo que demonstre zelo e preocupação; 2) uma oportunidade de contar e recontar suas histórias, de modo que supere a negação (relatando como foi doloroso antes de serem salvos, pararem de beber, tornarem-se libertos, abandonarem suas famílias de origem etc.; 3) uma psicanálise que transfira o foco da culpa para algo exterior ao indivíduo, situando-a em outro lugar; e 4) um programa de ação que os ajuda a assumirem a responsabilidade pela própria vida.

Em muitas religiões, nos programas de doze passos, na terapia ou na psicanálise e nos grupos de conscientização, as pessoas podem se permitir começar a sentir suas dores. Embora a vida possa ter sido extremamente difícil, muitas vezes elas temem tanto a sua dor que a bloqueiam. Na segurança do grupo, elas podem processar essa dor de uma maneira que se libertam dela. Também podem tomar emprestada a coragem do terapeuta, do psicanalista, do sacerdote ou do grupo, permitindo-se sentir todo o horror de sua vida. Ou ainda, se tiverem uma vida comum, elas podem precisar da permissão para compreender que têm direito à sua própria dor, mesmo que não tenha sido tão avassaladora quanto a de outras pessoas que elas conhecem.

Anos atrás, por exemplo, a minha própria dor era brutal e gritante, mas eu a neguei porque não era tão grande quanto a de muitas outras pessoas. Para mim, reconhecer que eu sofria, embora viesse de uma família de classe média relativamente feliz, foi um avanço. À medida que reconheci e legitimei minha própria dor, consegui superar minha negação e agir para mudar minha vida. Eu não conseguiria tornar minha vida melhor até reconhecer onde as coisas não estavam funcionando para mim.

Obviamente, como qualquer coisa boa, podemos vir a abusar dessa etapa do processo. As pessoas podem começar a amar a atenção que recebem por terem problemas. Elas podem começar a competir para ver quem teve o pior – uma espécie de *status* inverso! As pessoas que criam laços pela dor, doença ou vitimização compartilhadas podem se sentir ameaçadas por aqueles que começam a prosperar e tentam segurá-los.

Também é minha experiência que, quando tenho dificuldade em deixar de lado a dor ou a raiva quanto a alguma injustiça ou trauma do passado, provavelmente alguma forma mais sutil delas ainda está presente. Por exemplo, se você está com raiva porque um ex-marido a tratou com desrespeito e você simplesmente não consegue deixar isso de lado, olhe para seus relacionamentos atuais. Existe algum lugar que você está sendo tratado de maneira semelhante – mesmo de uma maneira menos óbvia? À medida que desenvolvemos melhores limites e maneiras mais eficazes de sermos bem tratados, é surpreendente a rapidez com que paramos de vibrar com coisas que nos feriram no passado.

A questão, é claro, não é ficar viciado no sofrimento, mas tornar-se livre para aprender sobre alegria, efetividade, produtividade, abundância e liberação. Você ouve suas próprias memórias dolorosas e as dos outros não para ficar lá, mas para abrir a porta para o crescimento e a mudança. Depois de ter processado grande parte da dor, é melhor continuar com a vida, mesmo que você continue contando sua história. Uma maneira fundamental é se concentrar em ajudar os outros, especialmente aqueles que tiveram dificuldades semelhantes. Ver como esses problemas são comuns estimula o realismo, enquanto o ato de ajudar o move do autoaperfeiçoamento para a preocupação com o mundo. Nesse ponto, você está pronto para prosseguir com a jornada.

Pessoas que tiveram uma vida razoavelmente normal, bem como aquelas que tiveram apoio profissional e/ou de grupos ao longo do tempo, muitas vezes podem fazer parte do trabalho psicológico ou todo por conta própria. Nesses casos, é útil encontrar uma maneira de expressar sua própria verdade. Algumas pessoas escrevem suas histórias em diários. Julia Cameron, em *The Artist's Way* (*O Caminho do Artista*), sugere começar todos os dias escrevendo páginas matinais, que simplesmente registram o que está acontecendo com você naquele momento.[5] Pessoas mais visualmente orientadas podem pintar, outras escrever música. Algumas podem sentir uma necessidade latente de trabalhar, esculpir, pintar ou compor porque estão encontrando sua verdadeira vocação. Elas também podem sentir uma compulsão igual porque é seu meio de lidar com a negação, contando sua história de uma maneira que elas mesmas possam ouvir. Para as pessoas que expressam sua sabedoria com as mãos, a história pode nunca ser contada de uma maneira que as pessoas mais verbais possam entender, mas pode ser codificada em um padrão de colcha, em uma tecelagem, na forma de uma peça de cerâmica. O que mais importa é que você pode ver ou ouvir sua própria verdade e, como resultado, pode agir em seu próprio nome para viver a vida que é mais unicamente sua.

Se você não tem um grupo com quem possa trabalhar essas questões difíceis, é apropriado pedir ao seu cônjuge, um amigo, um pai, ou outra pessoa em quem você confie para ser um ouvinte empático sempre que você sentir dor. Pode pedir a essa pessoa para deixá-lo reclamar e explodir e até culpar os outros, para que possa alcançar uma catarse antes de se estabelecer para determinar o que você realmente pode pensar ou fazer quando esses sentimentos fortes forem liberados. Em vez de tentar resolver seus problemas, o papel deles é apenas estar ali apoiando-o e confortando-o para que você não sofra sozinho.

Autoajuda e Transformação Cultural

A jornada discutida neste livro está acontecendo simultaneamente nos indivíduos e, mais amplamente, na cultura. Hoje existem grupos de apoio e programas de doze passos para quase tudo. Há alguns anos, as pessoas ficavam constrangidas se tivessem que consultar um psicólogo; agora elas discutem sobre seus terapeutas durante o almoço com os amigos e colegas. Temos visto uma proliferação de livros de autoajuda que têm leitores ávidos. A nossa é, de certa forma, uma sociedade que quer ficar bem, e está cada vez mais aberta a meios espirituais e científicos para chegar lá.

Até recentemente, eram principalmente os movimentos liberais – dos direitos civis, das mulheres e dos homens, dos direitos dos homossexuais, da paz, do meio ambiente – que enfatizavam o lado pessoal da libertação política. Agora, pessoas de todas as partes do espectro político estão fazendo isso. Praticamente todos hoje entendem que a cultura está passando por uma mudança de paradigma de grandes proporções –

e que tal mudança requer uma troca de consciência. Eles podem não usar a linguagem arquetípica para descrever o que está acontecendo, mas entendem que uma ampla variedade de intervenções profissionais e de autoajuda estão auxiliando as pessoas a assumirem a responsabilidade pela própria vida.

Por um tempo, os negócios foram o último refúgio da velha ordem hierárquica. Agora, no entanto, muitos chefes estão aprendendo que precisam influenciar, em vez de obrigar, os funcionários. Estruturas mais planas e igualitárias estão substituindo hierarquias mesmo no mundo corporativo. Essas mudanças exigem maior responsabilidade dos trabalhadores comuns e, desse modo, nos impulsionam em nossas jornadas.

Grande parte da filosofia e da literatura modernas nos ajuda a superar a crença de que uma divindade nos resgatará de nós mesmos e a abandonar nossa inocência infantil. O legado da crença de que o sofrimento é, de algum modo, nosso justo castigo por sermos pecaminosos ou maus tem sido tão debilitante que grande parte de nossa arte e filosofia se concentraram em dissipar essa ideia. O naturalismo e o existencialismo modernos do século XIX e início do século XX trouxeram esses temas com força. Central a essas tradições é a declaração de que Deus está morto, a natureza é inerte, ou pelo menos indiferente, e a vida não tem significado inerente. O sofrimento não nos acomete por uma razão ou porque Deus está descontente conosco; acontece simplesmente por acaso – acaso inumano e inocente. Nada do que acontece significa algo além de si mesmo.

Essas crenças filosoficamente niilistas e a arte e a literatura que elas inspiram funcionam como uma espécie de terapia coletiva para nos ajudar a superar nossa negação. Elas contam a história humana de uma maneira que se concentra em nossa dor – na falta de sentido, na perda, na alienação, na dificuldade de conexão humana – e na sensação de que o mundo econômico se tornou uma máquina e somos meras engrenagens nele, que a vida perdeu graça e significado, e que basicamente ninguém vai cuidar de nós. Elas se opõem à negação que nos mantém na inocência e nos dizem que não somos culpados pela nossa dor.

Por fim, nos melhores casos, a literatura e a filosofia modernas obrigam-nos a enfrentar a urgência da ação. Elas nos forçam a parar de procurar por salvadores e crescer e assumir a responsabilidade por nossa vida e nosso futuro. Pode ser que nós, como humanos, tenhamos criado a atual ameaça ao planeta – na forma de holocausto nuclear ou degradação ambiental – para nos forçarmos à maturidade.

Fazer isso requer aumentar a complexidade cognitiva e a capacidade de diferenciar entre o sofrimento que é prejudicial e deve ser aliviado e o sofrimento que é uma parte inevitável do crescimento e da mudança. A intensidade da dor que o Órfão sente após a Queda é parcialmente o resultado de um pensamento simplório. É apenas a crença de que deveria haver um Deus Papai cuidando de nós e nos protegendo que torna o confronto contemporâneo com a noção de que "Deus está morto" tão doloroso. Quem disse que a vida seria edênica, afinal? De onde tiramos a noção de que alguém deveria cuidar de nós? Quando desistimos da ideia de que uma divindade nos protege, podemos aceitar algum grau de sofrimento e sacrifício como essenciais à vida sem definir o sofrimento como o que a vida é. Deus não está tão morto; em vez disso, espiritualmente não somos mais crianças. É hora de crescer.

Além do dualismo que vê "a vida como sofrimento" ou "a vida como o Éden" está a consciência da dor e do sofrimento como parte do fluxo da vida. De fato, a dor e a perda são transformadoras do ponto de vista pessoal, não como um modo de vida constante, mas como parte de um processo contínuo pelo qual desistimos do que não nos serve mais ou daqueles que amamos e nos movemos para o desconhecido. Nossa dor, nosso sofrimento, seriam muito grandes se nosso crescimento psicológico se concentrasse em um breve período. Desistimos das coisas aos poucos. Essa é a razão psicológica da negação – ela nos impede de enfrentar todos os nossos problemas de uma vez!

Nossas estruturas de negação trabalham para nos proteger do conhecimento da extensão de nosso sofrimento, precisamente porque não estamos equipados para lidar com tudo isso simultaneamente. Cada vez que tomamos consciência de que estamos sofrendo, é um sinal de que estamos prontos para seguir em frente e fazer mudanças em nossa vida. Nossa tarefa, então, é explorar o sofrimento, estar ciente dele, afirmar plenamente que de fato estamos sofrendo. Desse modo, o sofrimento pode ser uma dádiva. Capta nossa atenção e indica que é hora de seguir em frente, aprender novos comportamentos, experimentar novos desafios.

O sofrimento pode ser um presente de outras maneiras também. Especialmente mais tarde na busca, nosso problema pode não ser tanto uma sensação de impotência, mas uma sensação inflada de poder, uma crença de que temos tudo resolvido, que somos melhores, mais competentes, mais dignos do que os outros. O sofrimento é o nivelador que nos lembra da nossa mortalidade comum, que nenhum de nós está isento das dificuldades da existência humana.

Algumas pessoas que sofreram tragédias têm uma liberdade quase transcendente, pois enfrentaram "o pior" e sobreviveram. Elas sabem que podem encarar qualquer coisa. A vida não precisa ser assim, não precisa ser o Éden, para que elas a amem. Como Cristo nos ensinou, até a morte por crucificação é seguida pela ressurreição. Do mesmo modo, em *Death: The Final Stage of Growth* (*Morte: O Estágio Final da Evolução*), Elisabeth Kübler-Ross relata a paz e a liberdade sentidas por pessoas que foram declaradas clinicamente mortas e voltaram à vida – como suas experiências de amor e luz as libertaram do medo da morte que interfere na maior parte de nossa vida.[6]

Como lidamos com a morte está ligado, é claro, à maneira como reagimos a todas as pequenas mortes em nossa vida – a perda de amigos, familiares, amantes, de momentos particularmente especiais e lugares, de empregos ou oportunidades, esperanças e sonhos, sistemas de crença. Curiosamente, muitas vezes parece desnecessário sofrer muito se aprendermos as pequenas e diárias maneiras de dar aos outros e deixar de lado o presente para encontrar o desconhecido. Algumas pessoas precisam enfrentar "o pior" para aprender essa lição. Outros não o fazem. O cotidiano de dar e deixar ir, fornece-lhes as habilidades de que precisam para lidar quando um ente querido morre ou se encontram gravemente doentes.

Algumas pessoas bloqueiam essas pequenas mortes. Elas vão embora sem se despedir. Elas se formam no ensino médio ou na faculdade e não comemoram nem lamentam a vida que não existirá mais. Elas fingem que os aniversários são como qualquer outro dia. É como se não houvesse uma perda se elas não a reconhecessem. Essas pessoas sempre devem brigar para sair de um relacionamento ou fingir que ele nunca significou nada para elas. Aqueles que bloqueiam todos os seus finais ficam tão bloqueados emocionalmente que não têm espaço para deixar mais nada entrar. Começam a se sentir desconfortáveis e entorpecidos.

Outros que adquiriram mais sabedoria sabem que às vezes devem deixar um relacionamento, um lugar ou um emprego porque é hora de crescer, de seguir em frente. Eles sabem que envelhecer traz novas oportunidades, mas também significa o fim da juventude. Essas pessoas podem celebrar o futuro e sua nova área de crescimento ao mesmo tempo que reconhecem plenamente o que significou para elas estar com essa pessoa, naquele emprego ou escola, ou naquele local. Elas também podem ter tempo para agradecer o que aconteceu e lamentar sua perda. Essa ação de graças e luto as esvazia e abre caminho para o novo. Tendo vivenciado esses sentimentos, elas estão prontas para a excitação de um novo crescimento.

Este é o significado do conceito de "Queda afortunada" e o dom final do arquétipo do Órfão. Somos impelidos para fora da dependência e para nossa jornada. Na estrada, aprendemos pela experiência que a dor não precisa ser uma aflição sem sentido; pode fornecer ampla motivação para aprender, criar vínculos e crescer.

Familiarizando-se com o Arquétipo do Órfão

Para se familiarizar com o arquétipo de Órfão, faça uma colagem de fotos de revistas que remetem ao Órfão; faça listas de músicas, filmes e livros que expressem o Órfão; junte fotos suas, de parentes, colegas e amigos no modelo do Órfão. Pratique perceber quando você está pensando ou agindo como um Órfão.

Exercícios do Órfão

Passo Um: Desenvolva o hábito diário de se permitir sentir seus sentimentos. Quando você se sentir solitário, maltratado ou mal de alguma maneira, peça ajuda e compartilhe com os outros o que está sentindo. Você pode achar que não sabe como fazer isso, mas comece com o básico: "louco", "triste", "feliz", "com medo" e "amor". Seu repertório de sentimentos se desenvolverá à medida que você praticar este passo. Deixe-se ser vulnerável. Peça apoio aos outros e apoie-os da mesma maneira.

Passo Dois: Desenvolva uma consciência do seu corpo para que você libere as emoções armazenadas nele. Massagem, trabalho corporal, yoga e muitos tipos de exercícios, que estimulam a consciência física, podem ser úteis.

Passo Três: Quando sentir dor intensa, frustração ou perda, passe algum tempo sozinho ou com amigos de confiança para sentir plenamente seus sentimentos. Deixe escapar suas lágrimas, sua raiva, seu medo simplesmente inspirando e então expressando quaisquer sons ou movimentos que vierem. É essencial não julgar esse processo. Apenas admita seus sentimentos e deixe-os ir.

Depois que eles forem expressos completamente, encontre uma maneira de se restaurar – tome um banho ritual, deite-se na terra e tome banho de sol ou de lua, coma sua refeição favorita. No processo, compartilhe o que você vivenciou em seu diário ou com seu amigo. Então afirme que você está seguro e é amado!

CAPÍTULO 3

Encontrando a Si Mesmo: o Nômade

I fear me this – is Loneliness –
The Maker of the soul
Its Caverns and its Corridors
Illuminate – or seal –

Eu tenho medo de mim mesma, isso – é a Solidão –
Criadora da alma
Suas Cavernas e seus Corredores
Iluminam – ou selam –

— EMILY DICKINSON, 318

O herói sai para enfrentar o desconhecido

Sua vida parece confinante? Você está cansado de desistir de partes de si mesmo para sobreviver ou se encaixar? Você se sente alienado, solitário, entediado ou incompreendido? Alguma parte de você anseia por mais aventura? Ou você está sendo expulso de uma situação confortável para enfrentar o desconhecido? Se qualquer uma dessas situações se aplicar a você, você está sendo chamado pelo Nômade.

O arquétipo do Nômade é exemplificado pelas histórias do cavaleiro, do *cowboy* e do explorador que partem sozinhos para ver o mundo. Durante suas viagens, eles encontram um tesouro que representa, simbolicamente, o dom de seus verdadeiros *eus*. Iniciar conscientemente a própria jornada, sair e enfrentar o desconhecido marca o começo da existência vivida num novo nível. Antes de qualquer coisa, o Nômade faz a afirmação radical: a vida não é essencialmente sofrimento; é uma *aventura*.

A vida humana começou na África em um clima hospitaleiro. Era, de certo modo, o Éden. As pessoas poderiam sobreviver simplesmente coletando as abundantes frutas e vegetais fornecidos pela Mãe Terra. No entanto, o *Homo sapiens* é inerentemente curioso. Assim, grupo após grupo partiu para ver o mundo. Enquanto viajavam, encontraram climas severos, frios e difíceis, sob os quais sua sobrevivência dependia da adaptação. E ainda assim eles continuaram até que, finalmente, povoaram quase todo o globo. Mais tarde, os europeus viajaram para o Novo Mundo, os povos do leste, nos Estados Unidos, fizeram caravanas para o oeste até a fronteira, e hoje estamos explorando o espaço, a nova fronteira. O arquétipo do Nômade é endêmico na nossa espécie. Sem ele, não somos completamente humanos.

Hoje, o mundo está estável. Temos poucas fronteiras geográficas para explorar, mas há as fronteiras do coração e da mente humana. Muitos de nós estão sendo demitidos do emprego ou terminando o casamento; estamos deixando a escola ou nossa carreira atual em busca de algo melhor, ou estamos nos movendo para posições de autoridade que exigem que utilizemos recursos que não sabíamos que tínhamos. O fato de que toda a nossa sociedade está passando por uma mudança maciça e todos os campos de estudo e empreendimento estão passando por uma mudança de paradigma, significa que devemos aprender a nos adaptar, assim como nossos ancestrais fizeram quando começaram a vagar pelo mundo.

Muitas vezes estamos cientes dos Nômades que exteorizaram suas jornadas e, literalmente, viajam ou aprendem bastante com novos comportamentos. Mas também existem heróis cujo comportamento exterior parece bastante convencional, mas cujas explorações de seu mundo interior são profundas. Emily Dickinson foi uma delas. Nos últimos anos de sua vida, ela quase nunca se aventurava nem mesmo para descer as escadas, porém ninguém que lê sua poesia pode perder a singularidade, importância ou intensa vitalidade de sua missão.

Os Nômades podem ser homens ou mulheres de negócios que se fizeram por si mesmos, iconoclastas no local de trabalho ou desistentes da contracultura vivendo à margem da sociedade, mas todos eles se definem em oposição direta a uma norma conformista. Em filosofia, política, saúde e educação, eles tendem a desconfiar das soluções ortodoxas, preferindo ser muito radicais ou apenas idiossincráticos. Para se exercitar, é provável que escolham exercícios solitários, como corrida de longa distância ou natação. Como aprendizes, questionam as respostas dadas pelas autoridades e buscam suas próprias verdades. As identidades dos Nômades vêm de serem forasteiros. Eles definitivamente não trabalham bem em equipe. Em sua vida espiritual, podem ter dúvidas, especialmente se tiverem sido ensinados que Deus recompensa uma demonstração de conformidade e uma moralidade tradicional, qualidades que provavelmente estão em desacordo com as necessidades de sua psique em desenvolvimento e experimentação. No entanto, a noite escura da alma que eles vivenciam muitas vezes leva a uma fé mais madura e adequada.

O arquétipo do Nômade emerge, na maioria das pessoas, na adolescência, quando nos rebelamos contra os pais velhotes; e, na meia-idade, quando resistimos às expectativas de sermos máquinas de desempenho totalmente responsáveis. Em tais passagens críticas da vida, o Nômade nos pressiona a refletir sobre quem somos e o que queremos e a enfrentar aqueles que pensam que sabem melhor o que devemos fazer.

Cativeiro

Se a história do Órfão começa no Paraíso, a do Nômade tem início no cativeiro. Nos contos de fadas, o futuro Nômade pode estar preso numa torre ou caverna e é, normalmente, prisioneiro de uma bruxa, de um ogro, de um dragão ou de alguma outra fera aterrorizante. Com frequência, o captor simboliza o *status quo*, o conformismo e a falsa identidade impostos pelos papéis culturais predominantes. [Ou o herói – sobretudo se for mulher – pode estar encantado por um espelho, como acontece com a *Lady of Shallot* de Alfred Lord Tenninson (extraída do poema de mesmo nome). Essa imagem, interpretada psicologicamente, sugere que ela é preocupada com sua aparência e com o desejo de agradar aos outros, em vez de preocupar-se com o que ela vê e com o que lhe agrada.]

Muitas vezes é dito ao herói que a gaiola é o Éden e que deixá-la inevitavelmente exigirá uma queda da graça; ou seja, a gaiola é tão boa quanto possível. A primeira tarefa do Nômade consiste em desenvolver a verdadeira visão: declarar ou reconhecer que a gaiola é uma gaiola e que o captor é um vilão. O que é especialmente difícil de fazer porque o herói pode não apenas temer a missão como também desaprová-la, e esses sentimentos e julgamentos provavelmente serão reforçados pelos das outras pessoas.

Para o Altruísta, a ânsia da busca pode parecer egoísta e, portanto, errada, porque implica virar as costas para os cuidados e obrigações na procura pela autodescoberta e pela autoatualização. Para o Guerreiro, ela pode parecer escapista e fraca. Se os Nômades decidem realizar a jornada, podem se sentir até mesmo culpados, pois o ato de reivindicar a própria identidade e desenvolver um ego é retratado classicamente como um insulto aos deuses. Pense, por exemplo, em Eva comendo a maçã ou em Prometeu roubando o fogo. Para o Órfão, a busca parece indescritivelmente perigosa!

Como em geral tememos as grandes mudanças, tanto nas outras pessoas quanto em nós mesmos, podemos desencorajar os heróis em ascensão de embarcarem em suas buscas. Queremos que eles permaneçam como são. Por um lado, podemos ter medo de perder nosso amante, cônjuge, amigos e até mesmo nossos pais, se eles parecem estar mudando demais. Podemos nos sentir particularmente ameaçados se alguém que vivia para nos agradar ou servir de súbito recusa-se a fazer isso!

A pressão para se adequar, para cumprir os deveres, para fazer o que os outros querem é forte tanto nos homens quanto nas mulheres; no entanto, é mais intensa nas mulheres, porquanto o papel delas tem sido definido em termos de educação, cuidado e dever. Em geral, as mulheres evitam iniciar a jornada porque temem que isso possa magoar o marido, os pais, mães, filhos ou amigos; todavia, as mulheres magoam as outras pessoas diariamente quando *não* o fazem. Da mesma maneira, muitos homens são aprisionados em seu papel de protetores e não ousam iniciar a jornada devido ao senso de responsabilidade não só em relação aos filhos, como também à esposa, que lhes parece frágil e incapaz de cuidar de si mesma. Tanto homens como mulheres tendem a retardar a jornada por medo de que seus novos interesses possam comprometer o emprego. Se eles mudarem, temem que não mais se encaixem.

Algo bom sobre os Nômades empreenderem a jornada é que isso gera um efeito em cascata, permitindo que os entes queridos e os colegas iniciem suas jornadas também. Talvez, a princípio, eles se sintam ameaçados ou bravos; contudo, mais cedo ou mais tarde, terão de ou caminhar junto ou partir. Se partirem, os Nômades podem sentir a dor da solidão por algum tempo, mas no fim, se os Nômades assim desejarem, desenvolverão relacionamentos melhores, que sejam verdadeiramente satisfatórios porque são baseados no respeito a essa jornada. É claro, quando os Nômades saem da realidade consensual e começam a ver o mundo e a si mesmos com seus próprios olhos, eles sempre enfrentam o medo de que a punição por essa atitude será o isolamento perpétuo ou, num sentido mais extremo, a morte desamparada na pobreza. Não obstante esse medo – que fala ao âmago do terror infantil de que não podemos sobreviver se não agradarmos aos outros (primeiro aos pais, aos professores, aos chefes, às vezes até mesmo aos companheiros) – os Nômades tomam a decisão de partir do mundo conhecido para o mundo desconhecido.

Por mais que as pessoas tenham aprendido sobre doar e deixar ir, seus sacrifícios serão em vão, a menos que também aprendam quem são. Não é útil dizer às pessoas para transcenderem seu ego até que tenham desenvolvido um. Não adianta dizer-lhes que transcendam o desejo enquanto não tiverem resolvido buscar resolutamente aquilo que querem.

Insisto que nem todos sabem o que desejam. Sem dúvida, os Órfãos narcisistas parecem viver só para o desejo: "Quero isto! Quero aquilo!". No entanto, seus desejos não são de fato desejos verdadeiros, qualificados. Em sua maioria é um tipo de vício, mascarando um vazio primordial e a fome pelo real. Os narcisistas ainda não possuem o verdadeiro senso de identidade, e por isso sentem um vazio. Suas vontades são programadas pela cultura – e eles dizem: "Quero um cigarro" ou "Quero um carro novo". Acreditam que a obtenção de tais coisas os ajudará a se sentir bem. Mesmo as estratégias de crescimento pessoal podem não emergir de um verdadeiro *self*, mas da compulsão de satisfazer desejos viciosos: "Quero perder cinco quilos para atrair mais homens e ter uma vida sexual melhor", "Quero ingressar na faculdade, pois assim poderei ganhar muito dinheiro e ter um ótimo aparelho de som e causar inveja a meus amigos".

Quando as pessoas não desenvolveram muito senso de um *self* separado e autônomo, elas basicamente são governadas pelo que pensam ser as opiniões dos outros. Na vigésima quinta reunião de ensino médio do meu marido, uma mulher me confidenciou que várias pessoas que ela conhecia, que haviam sido convidadas, disseram que não quiseram ir porque pareciam muito gordas ou muito velhas e/ou não tiveram sucesso suficiente! Claramente, essas pessoas não haviam desenvolvido, mesmo na casa dos 40, um senso de si mesmas à parte de tais considerações externas.

Um dos maiores vícios em nossa cultura é o romance. Isso funciona porque a cultura tornou o sexo e o amor mercadorias artificialmente escassas, levando as pessoas a passar intermináveis horas tentando manipular o mundo para obter o suficiente. Somos ensinados que precisamos nos conformar com certas imagens de comportamento feminino e masculino para sermos amados e vistos como sexualmente atraentes. No entanto, enquanto desempenhamos papéis em vez de fazer nossa jornada, nunca nos sentimos amados por nós mesmos e nunca experimentamos o poder de uma conexão sexual verdadeiramente íntima. Assim, podemos ter muitos amantes, mas ainda assim nos sentimos vazios, carentes e querendo algo mais.

Se isso não bastasse, nossos sistemas econômico e educacional capitalizam essa escassez de amor. Somos ensinados a trabalhar duro para que possamos ter coisas que nos farão amados, respeitados ou admirados. Isso inclui comprar roupas e carros bonitos, encontrar lugares atraentes para morar, ter dinheiro para pagar por um bom seguro de saúde e atendimento odontológico e talvez até ingressar em um clube de saúde – tudo isso para atrair um parceiro. Certamente é uma maneira poderosa de motivar uma força de trabalho. Essa estratégia, no entanto, em última análise, não leva em consideração o que é melhor para as pessoas.

Por um lado, aqueles que são movidos por seus vícios dessa maneira não têm tempo ou inclinação para desenvolver um senso de identidade. Em vez disso, se contentam com uma pseudoindependência elegante, comprando toalhas com monogramas, maletas ou as bonecas personalizadas do mês, usando produtos que são lançados para atrair seu desejo de ser diferente e elegantemente iconoclastas. Pseudonômades, mesmo em seu desejo de vagar, são canalizados para se conformarem com o que quer que seja considerado o jeito "apropriado" de ser. Sem um *self*, realmente não é possível dar muito amor ou recebê-lo. No último caso, quando as pessoas desempenham um papel para obter amor ou respeito – e esconder quem realmente são (o que pode ser de fato um monte de carência) – elas nunca se sentem realmente amadas por si mesmas. É o papel que se sente amado.

Além disso, até mesmo seu amor pode ser prejudicial para outras pessoas, pois é provável que seja compulsivo, apropriador, controlador e dependente. Porque seu senso de identidade vem de ter (como em possuir) aquele filho, aquele namorado, aquela namorada, eles precisam que aquela pessoa seja de uma certa maneira. Eles precisam que essa pessoa fique por perto, mesmo que a própria jornada dela a chame. Esses interpretadores de papéis podem precisar que outros ajam de certas maneiras para parecerem bons. Eles também podem abreviar seu próprio crescimento para não ameaçar um relacionamento, ou por medo de que, se não sacrificarem seu bem ao outro, algum ruim acontecerá a esse ente querido.

O Órfão e o Altruísta em seus primeiros níveis de compreensão, e às vezes até no segundo, acreditam que, para ter amor, devem projetar uma imagem falsa de si mesmos. Em algum nível, eles acreditam que, se fossem totalmente eles mesmos, acabariam sozinhos, sem amigos e sem dinheiro.

Muitas mulheres não gostam da fase do Nômade. Como Carol Gilligan ressalta em *In a Different Voice: Psychological Theory and Women's Development* (*Uma Voz Diferente: Teoria Psicológica e o Desenvolvimento Feminino*), enquanto os homens temem a intimidade, as mulheres temem a solidão.[1] Vejo aqui duas respostas diferentes ao mesmo sistema de crenças. Em nossa cultura, tendemos a acreditar que podemos ter intimidade ou que podemos ter autonomia e individualidade. Assim, as mulheres tendem a escolher a intimidade e os homens, a independência. A ironia é que, ao escolher esse caminho, nenhum dos dois consegue realmente o que quer. Por um lado, as pessoas realmente querem ambos. Por outro, não é possível obter de fato um sem o outro.

Se escolhermos a intimidade em vez da independência, não poderemos ser plenamente *nós mesmos* em um relacionamento, porque investimos demais em mantê-lo; jogamos "seguro", desempenhamos um papel e nos perguntamos por que nos sentimos tão sozinhos. Se, por outro lado, escolhemos a independência, nossa necessidade de intimidade não desaparece. De fato, porque é reprimida e, portanto, não reconhecida e não examinada, ela se manifesta em atividades e impulsos compulsivos e descontrolados. A maioria dos homens ou mulheres que acreditam no estoicismo do tipo "eu não preciso de ninguém" é terrivelmente solitária. Muitos – mantendo a ilusão de autossuficiência – estão absolutamente aterrorizados com o abandono.

Os homens nesse estado infantilizam as mulheres, para que as mulheres (eles acreditam) não tenham confiança para deixá-los. Eles querem manter a esposa, se não descalça e grávida, pelo menos sem as habilidades e a confiança necessárias para ter uma carreira que possa sustentá-la bem. Do mesmo modo, no trabalho, eles definem o papel de sua secretária como parte mãe/parte esposa, para que sempre sejam cuidados. Por fim, eles são tão dependentes da consideração de seus colegas homens, chefes e, muitas vezes, até de seus subordinados que violam seu próprio senso de ética em vez de enfrentar a possibilidade de não serem vistos como viris.

Esses homens são particularmente vulneráveis a acusações de serem "frouxos". Assim, eles nunca diriam, por exemplo, que não querem descartar os resíduos químicos do modo mais barato, pois poderiam ser acusados de alguma preocupação idealista com o meio ambiente. Eles podem ser controlados – até mesmo a ponto de agir de maneira imoral – pelo medo de que pareçam se importar – com a terra, com as mulheres, com as outras pessoas. As mulheres que adotaram essa ética machista agem da mesma maneira, com o complicador de também buscarem a aprovação masculina agindo como "um dos meninos".

Generalizações precisas sobre diferenças de gênero são extremamente importantes para nos ajudar a entender uns aos outros, mas muitas vezes podem fazer homens e mulheres parecerem mais distintos e diferentes do que são. Embora o medo da solidão seja primordial para muitas mulheres, ao lado disso está o medo correspondente da intimidade. Assim, também, os homens que são mais conscientes e óbvios sobre seu medo da intimidade também temem a solidão. Enquanto o problema for definido como é em nossa cultura, como uma situação de ou um ou outro, em que alguém pode ser autônomo e independente ou pode ter amor e pertencer, todos temeremos ambos.

Não saímos dessa formulação dualista do dilema até que o resolvamos em seus próprios termos. Os Nômades enfrentam o medo de serem incapazes de sobreviver sozinhos e decidem que, custe o que custar, em solidão, isolamento e até ostracismo social, eles serão eles mesmos. É fundamental fazer as duas coisas em algum momento da vida. As mulheres tendem a ter tanto medo da solidão que permanecem por muito tempo no modo Nômade; e é claro que esse medo é acentuado pela noção cultural de que estar sozinha e ser mulher é ser um fracasso (é claro que você não conseguiria um homem). Desejar ficar sozinha é impensável ou negligente e, portanto, não feminino.

Os homens, por outro lado, são tão apaixonados pela independência que ficam presos nela, já que a independência em nossa cultura é praticamente sinônimo de masculinidade. Além disso, a independência deles tem um fundo de tristeza, especialmente se sacrificaram sua necessidade de amor ao desejo de serem separados e inteiros. Isso explica por que Daniel Levinson, em seu estudo sobre o desenvolvimento masculino, *The Seasons of a Man's Life*, descobriu que muitos homens com alto desempenho não conseguiam nem descrever a própria esposa![2]

Depois que *The Feminine Mystique* (*A Mística Feminina*), de Betty Friedan, foi lançado em 1969, muitas mulheres concluíram que a libertação viria por meio de uma carreira. Isso é parcialmente verdadeiro, porque as mulheres são mais livres para fazer suas próprias escolhas se tiverem uma renda independente e são mais realizadas se tiverem uma maneira de alcançar algo que seja socialmente valorizado. Hoje, no entanto, muitas mulheres estão incrivelmente desiludidas. Para ter sucesso, elas se tornaram tão preocupadas com a carreira quanto muitos homens, com o resultado de que a conquista substituiu o relacionamento como o centro da vida delas. Sempre que negamos nossa necessidade de outras pessoas, nós as bloqueamos, ao menos em parte. Ao fazer isso, tornamos-nos ou permanecemos (pelo menos na área em que estamos fazendo o bloqueio) narcisistas. Então, o resultado de bloquear nosso anseio por conexão é a solidão.

ALIENAÇÃO E FUGA

Quando o arquétipo do Nômade surgir em nossa vida, nós nos sentiremos isolados, mesmo que nunca estejamos realmente sozinhos. Temos muitas maneiras de encontrar a solidão. Uma é viver sozinho, viajar sozinho, passar nosso tempo sozinho. Relativamente poucas pessoas adotam esse curso por um longo período de tempo. Outros caminhos têm a vantagem de mascarar nossa solidão, às vezes até para nós mesmos. Uma é desconsiderar o que sentimos, o que queremos e dar aos outros o que achamos que eles querem: ser o que pensamos que eles querem que sejamos. Outra é tratar as pessoas como objetos para a satisfação de nossos próprios desejos. Isso requer que não nos permitamos nenhuma consciência real de nossa identidade humana separada. Na verdade, sempre que alguém atua em papéis em que um está acima/e outro abaixo com outra pessoa, essa será uma interação solitária.

Outra maneira de ficar sozinho, como vimos com os papéis de gênero tradicionais, é sempre representar um papel – a mulher ou o homem perfeito, mãe ou pai, chefe ou empregado – ou seja, ser nossos papéis. Ou podemos continuar morando com nossa família se não nos dermos bem com ela; podemos permanecer em um casamento ruim; podemos viver com colegas de quarto com quem temos pouco em comum. Se realmente levamos a sério o fato de estarmos sozinhos, podemos decidir que todos querem nos pegar ou obter algo de nós.

Para que eu não soe indevidamente negativa aqui, deixe-me acrescentar que, de fato, todas essas estratégias demonstram como somos imaginativos em garantir que façamos nossas jornadas. O próprio vazio e vulnerabilidade que resultam de tais abordagens temerosas da vida motivam muitos de nós a tomar as medidas necessárias para descobrir ou criar um *self*. Certamente, muitas pessoas conseguem ser alienadas e solitárias por toda a vida sem nunca crescer ou mudar, mas outras usam esses tempos para serem "heróis secretos", pensando novos pensamentos e imaginando novas alternativas enquanto na superfície seguem sua vida normal como de costume.

Uma mulher que conheço olha para um casamento de onze anos, extremamente convencional e superficial como um porto seguro, um casulo no qual ela se escondeu enquanto se preparava para voar. Porém, quando estava casada, ela não sabia disso. Na verdade, foi a intensificação de sua sensação de vazio no papel feminino tradicional e a solidão no relacionamento conjugal que foi, por seu próprio desagrado, seu chamado para a busca. Para muitos, *a alienação dentro do cativeiro é o estágio inicial da peregrinação, seguido por uma escolha consciente de embarcar na jornada.*

O herói americano arquetípico deixa a pequena cidade e abraça sua jornada; o herói completamente exausto e mais tarde o *hippie,* caíram com o pé na estrada; o herói ocidental cavalga em direção ao pôr do sol. A mulher contemporânea deixa seus pais, marido ou amante e vai embora também. Tão prevalente é essa expressão do arquétipo do Nômade que Erica Jong escreveu na década de 1960, em *How To Save Your Life* (*Salve sua Vida*), que "Deixar o marido é o único tema, o tema cósmico".[3] Hoje, deixar o emprego é o tema mais comum do Nômade. No entanto, o indivíduo que não deixa a cidade pequena, ou o cônjuge que não abandona o casamento limitante, ou o trabalhador que permanece na corporação, muitas vezes não está menos sozinho do que o Nômade. Cidades, casamentos e organizações estão passando por mudanças radicais hoje. Se ficarmos, temos de evoluir para nos mantermos relevantes e isso inevitavelmente levanta questões de identidade.

Quando chegar a hora de empreender a jornada, os Nômades se sentirão sozinhos, sejam casados, com filhos e amigos ou tendo um emprego de prestígio ou não. Eles não podem evitar essa experiência. Todas as suas tentativas de fazê-lo simplesmente reprimem sua consciência de onde estão, de modo que são mais lentos para aprender lições e, assim, permanecem sozinhos por mais tempo. E, embora algumas pessoas partam para a busca com um elevado senso de aventura, muitos a sentem como imposta por seu sentimento de alienação ou claustrofobia, pela morte de um ente querido, ou por abandono ou traição.

Além disso, é improvável que qualquer uma de nossas tentativas de quebrarmos essa barreira com as pessoas nesse estágio e sermos verdadeiramente íntimos delas funcione. Elas continuarão a criar barreiras à intimidade porque sua tarefa de desenvolvimento é enfrentar o fato de estar sozinhas. Além disso, pouquíssimas pessoas estão conscientes o suficiente de seus próprios padrões de crescimento para lhe dizer isso com honestidade. A maioria dirá: "Claro que quero ter intimidade", mas depois a sabotam. A única coisa que realmente os acelera é tomar consciência de que eles estão, de fato, sozinhos.

Na verdade, o abandono é bastante facilitador nesta fase. Quando os Nômades não deixam o outro entrar, seja pai, amante, terapeuta, analista ou professor, é importante que esse ajudante se afaste para que os Nômades possam sentir plenamente a solidão que criaram para seu próprio crescimento. Caso contrário, eles serão desviados do reconhecimento de sua solidão lutando contra os ataques dos outros contra seus muros. Algumas pessoas simplesmente não crescerão até serem abandonadas. Lucy Snow (em *Villette*), de Charlotte Brontë, é uma delas. Ela voluntariamente dá sua vida para servir a quase qualquer um. Toda vez que Lucy resolve fazer isso, no entanto, Brontë mata a pessoa, deixando Lucy sem desculpa para não escolher viver sua própria vida.

À medida que as mulheres optaram por maiores oportunidades, muitos homens perceberam, pela primeira vez, que o poder não necessariamente traz liberdade. Na verdade, sempre que investimos em ser aquele "um acima", já estamos trancados em uma prisão, como todo homem sabe e foi ensinado que apenas maricas choram. Nada pode fazer você se sentir mais sozinho do que nunca poder compartilhar sua dor com outra pessoa.

A jornada do herói exige que encontremos nossa singularidade. Simplesmente, não podemos fazer isso sem solidão suficiente para descobrir quem somos. A maioria de nós precisa de algum tempo sozinho, todos os dias, apenas para ficar lúcido. Além disso, todas as estratégias que utilizamos para evitar essa tarefa – procurar o sr. ou a sra. Certa, o emprego perfeito que nos dará nossa identidade etc. – ajudam-nos, no final, a aprender o que precisamos aprender. Eles nos dão prática no desejo e na afirmação. Uma mulher inicialmente pode ir para a faculdade para obter um diploma de mestrado e acabar se levando a sério. Um homem pode se tornar cada vez mais sofisticado em estratégias para conquistar mulheres e, no processo, aprender que os homens, assim como elas, podem ser abertos em relação aos seus sentimentos. Logo ele fica tão apaixonado por ser expressivo e honesto que esquece tudo sobre o placar do jogo do amor e se abre verdadeiramente para ele.

Mesmo quando nossos desejos são programados pela cultura, eles podem nos ajudar a crescer, especialmente se estivermos atentos ao *feedback*. Por exemplo, se um dos meus desejos é fumar um cigarro a cada cinco minutos, preciso começar a ficar atento aos avisos na embalagem e àquela tosse que se desenvolve. Somos educados, em parte, jogando-nos nas coisas e descobrindo o que realmente compensa por um sentimento de realização e o que não. Às vezes, podemos evitar longos desvios pensando e sentindo um caminho antes de realmente tentarmos: "Bem, eu poderia ir atrás daquele cara, mas se eu conseguir, provavelmente acabaria com meu casamento. Na verdade, eu quero meu casamento mais do que quero essa aventura". Ou "Estou realmente louca por esse cara e quero me envolver com ele, sejam quais forem as consequências. Além disso, essa pode ser a crise que levará meu marido a fazer aconselhamento matrimonial comigo". Ou "Vejo que me sinto atraída por outros homens. Talvez isso signifique que algo está errado com meu casamento. Talvez eu devesse explorar isso primeiro". Ou "Eu realmente não sou monogâmica. Jim e eu teremos de enfrentar isso algum dia. Por que não agora?". Ou "Eu não aprovo o adultério. Posso encarar a mim mesma se fizer isso?".

É claro que a vida nem sempre segue nosso roteiro. Recebemos *feedback* do que realmente acontece; isso aguça nosso princípio de realidade para que possamos pensar nas coisas com mais inteligência da próxima vez. A questão é que vivemos algumas opções e imaginamos nosso caminho por meio de outras. Em ambos os casos, aprendemos o que queremos, em que acreditamos, quais são nossos valores. Nunca saberemos quem somos e o que queremos se permanecermos na nossa velha rotina. É por isso que devemos vagar um pouco para crescer.

Esse processo de ouvir nossos próprios desejos e agir para realizá-los é fundamental para a construção de uma identidade. Viemos a este mundo com um *self*, mas é mais um potencial do que uma identidade totalmente desenvolvida.

Eu acrescentaria que provavelmente não podemos construir um *self* sem desempenhar papéis. Nosso primeiro sentimento de orgulho vem de interpretar bem os papéis, e nossa escolha de quais papéis desempenhar é uma tentativa rudimentar de escolher uma identidade. Por exemplo, uma mulher pode escolher interpretar a loira burra, o tipo competente e confiável, a aventureira destemida e despreocupada, ou o tipo maternal e carinhoso. Ela também decide se tenta ou não ser uma boa aluna e se tenta agradar aos pais ou ser uma rebelde. Ela escolhe se quer ser uma mulher de carreira ou uma dona de casa, se quer estudar arte, ciências ou qualquer outra coisa. Mesmo não escolher ainda é escolher. À medida que ela decide entre todos esses papéis e os experimenta por tamanho, ela começa a ter uma noção de quem ela é.

Se ela representar bem os papéis, pode começar a ganhar confiança suficiente para fazer perguntas mais fundamentais sobre quem ela é além de tais papéis. Ou pode ter padrões tão elevados que ela se sente inadequada em tudo que faz, e nesse caso pode afundar em uma depressão séria. Mesmo assim, se um terapeuta ou amigo for sensível à natureza básica da situação, a crise pode ser usada para ajudá-la a encontrar um sentido de si mesma fora dos papéis que interpreta. Em algum momento, se quisermos continuar crescendo, começamos a nos diferenciar dos papéis que desempenhamos. Muitas vezes, fazemos isso quando os papéis que pareciam bons inicialmente agora parecem vazios. Na prática, isso geralmente significa que paramos de fazer escolhas e afirmarmos o que queremos. Por exemplo, uma mulher vê que tudo o que ela faz agora foi predeterminado pelos papéis que escolheu no ano passado, dez anos atrás, talvez até trinta anos atrás. Além disso, ela pode vir a entender que talvez mesmo essas escolhas tenham sido tão influenciadas pelas expectativas da cultura ou por sua família ou amigos que não eram livres. Talvez ela tenha casado, largado o emprego e teve filhos só porque todo mundo fez essas coisas.

Na verdade, quando fez essas escolhas, ela não era muito experiente e não estava muito claro o que realmente queria. Fazê-las a ajudou a se tornar alguém capaz de realizar escolhas melhores. No entanto, as expectativas de que ela escolha quem ela é aos 21 anos e represente isso pelo resto de sua vida militam contra sua liberdade de fazer novas escolhas de vida. Em última análise, é claro, isso é fácil de corrigir. Ela pode decidir que a cultura, outras pessoas ou vozes em sua própria cabeça estão erradas para lhe dar uma "sentença de prisão perpétua" por más decisões anteriores, e ela pode começar a tomar novas decisões. Contudo, mesmo assim, sua situação continua complicada. Talvez ela decida que não quer ser esposa porque se casou antes de viver a vida e ganhar um senso de competência no mundo. E se ela é mãe, as chances são grandes de que ela continue com essa responsabilidade, quer ela se sinta ou não pronta para a maternagem.

Paradoxalmente, é ao resolver o que às vezes parece uma oposição intolerável entre as responsabilidades parentais ou profissionais e a exploração pessoal que as pessoas muitas vezes descobrem mais plenamente quem são. Elas se conhecem a cada momento pelas decisões que tomam, tentando conciliar o cuidado com os outros com a responsabilidade consigo mesmas. A maturidade vem com essa curiosa mistura de assumir a responsabilidade por nossas escolhas anteriores e ser o mais imaginativos possível para encontrar maneiras de continuar nossa jornada.

Os Nômades não aprendem suas lições de uma só vez. Como todos os arquétipos, eles aprendem uma lição inicial e depois voltam. A primeira vez que agem de maneira independente pode ser quando criança, expressando uma opinião impopular entre amigos ou professores. Eles podem ser muito influenciados pelo arquétipo à medida que se afastam dos pais e exploram o que significa ser um adulto e não mais uma criança. Podem vivenciar isso muito mais vezes quando adultos, quando seguem seu coração ou convicções e correm o risco de perder o casamento, o emprego, a amizade ou a popularidade com os amigos. Esse é um processo ao longo da vida que às vezes requer mais do que mero risco. Às vezes temos de perder um bem para ganhar outro.

As primeiras escolhas dos Nômades para si mesmos, como as dos Altruístas e Guerreiros, são grosseiras e desajeitadas. Normalmente, eles têm acompanhado outra pessoa, contra seus próprios desejos, por tanto tempo, que seu ressentimento é profundo quando agem em seu próprio interesse. O resultado é que escolhem a si mesmos em meio a uma verdadeira explosão de raiva. Ou podem adiar uma decisão difícil em sua mente consciente; sua mente inconsciente então assume o controle e os faz quebrar alguma regra que os expulsa, já que Eva foi expulsa do Jardim do Éden, em vez de escolher ativamente explorar o novo mundo.

Quando as pessoas cresceram em um ambiente que glorifica o martírio, sendo boas e fazendo os outros felizes, seu desejo de autonomia e independência será interpretado, mesmo por elas mesmas, como errado. Suas primeiras incursões na peregrinação, portanto, consistirão em atuações aparentemente incontroláveis. Elas serão visivelmente más! Talvez elas frequentem bares, usem drogas, tornem-se promíscuas, até roubem, e pareçam estar sempre ferindo e decepcionando aqueles que amam. Elas fazem isso, é claro, porque o preço desse amor é ser bom, e ser bom tende a significar, nesses círculos, renunciar à busca para agradar os outros. Infelizmente, esse padrão pode ser catastrófico, porque as pessoas apanhadas nele se convencem cada vez mais de sua inutilidade. Elas podem ser ajudadas se forem encorajadas a ver que, embora seus entes queridos possam reagir sentindo-se ameaçados e expressando desaprovação, eles têm, não obstante, a responsabilidade de fazer a jornada e descobrir quem eles são.

A doença é outro padrão que pode surgir quando não vagamos quando precisamos. Podemos adoecer como uma maneira inconsciente de interromper o ciclo em que estamos. No entanto, à medida que nos tornamos mais experientes em ficar com nós mesmos, descobrimos que não temos mais crises irregulares nas quais temos que deixar situações dramaticamente para nos salvar, ou em que quase temos de nos matar para reconhecer que precisamos mudar. De fato, o Nômade, em última análise, nos ensina a sermos nós mesmos – a sermos totalmente fiéis a nós mesmos em todos os momentos. Isso exige uma enorme disciplina e exige que permaneçamos em contato com nosso corpo, coração, mente e alma o tempo todo em cada interação. Enquanto fizermos isso, grandes explosões não precisam ocorrer.

FUGINDO DO CAPTOR

No primeiro nível do Nômade, a argúcia não é o problema. A grande questão está em agir ou não. Enquanto a pessoa fundamental para o Órfão é o salvador, a pessoa ou o conceito transformador para o Nômade é o vilão ou captor. Na verdade, é a identificação do vilão como ameaça real que motiva a jornada. Os Nômades identificam uma pessoa, instituição ou sistema de crença como o causador do seu infortúnio e com isso podem evitar a causa ou abandoná-la.

Esse é o estágio da separação. As feministas que identificam os homens como opressores, os negros que consideram os brancos como o inimigo, trabalhadores que odeiam seus empregos e culpam as companhias ou seus empregadores, a classe trabalhadora e os pobres que nunca confiam nos capitalistas e lutam para viver o mais separadamente possível dos grupos opressores. Na medida em que as identidades dos grupos oprimidos parecem ser ou são definidas por valores interiorizados dos grupos opressores, esse isolamento autoimposto oferece tempo e espaço para a definição da identidade do grupo. As mulheres, por exemplo, fazem a si mesmas a seguinte pergunta: "Qual o significado de ser mulher à parte da definição de feminilidade?". No local de trabalho, os Nômades lutam para se diferenciar, resistindo à pressão de serem definidos pelas atitudes de sua equipe ou organização.

No estágio do Nômade, homens ou mulheres que se sentem aprisionados no casamento a princípio só conseguem justificar o divórcio se ficar estabelecido que o cônjuge é um vilão. A única maneira de deixar o emprego é se convencer de que seu local de trabalho é disfuncional ou que seu chefe é abusivo.

Nos clássicos mitos heroicos, o jovem herói é motivado a prosseguir em sua jornada solitária porque o reino se tornou um deserto. O velho rei é visto como a causa desse desolamento e alienação; talvez ele fosse impotente ou houvesse cometido um crime. Em histórias mais realistas, ele se torna um tirano. O herói aspirante parte rumo ao desconhecido e enfrenta o dragão, encontra um tesouro (o graal, um peixe sagrado) e retorna trazendo consigo o necessário para proporcionar vida nova ao reino.

Muitas vezes, no retorno da jornada, o herói em tais lendas é proclamado rei ou rainha. Então todos fazem o que o novo governante diz. Com o tempo, inevitavelmente, o novo governante se apega à sua própria maneira de ver o mundo, retardando assim o progresso social. O próximo jovem desafiante vem e vê a morte resultante, mas em vez de interpretar o problema como inerente ao sistema, declara que o velho governante é o vilão. O ciclo recomeça.

O Órfão quer ser cuidado e o Altruísta lidará com a situação dando cada vez mais de si a fim de sustentar o rei e/ou ajudar a melhorar o reino. Porém, nosso lado Nômade passará a considerar nossos "reis" e "rainhas" – pessoas a quem servimos ou que acreditamos poder nos salvar – como vilões e tiranos. Assim, nossa tarefa consiste em abandoná-los, simplesmente, distanciando-nos deles o suficiente para reivindicarmos a nós mesmos. O que é fundamental, em ambos os casos, é deixar de adiar a nossa jornada por causa deles.

A psicoterapia muitas vezes encoraja o arquétipo do Nômade. Quando os clientes estão infelizes, o psicoterapeuta os ajuda a ver que seu sofrimento resulta do fracasso da mãe deles (a rainha má) e/ou do pai (o rei mau). O paciente é encorajado a tomar novas e diferentes decisões e a seguir sua própria jornada. Essas abordagens, é claro, funcionam melhor se o paciente estiver preso no Órfão ou precisar despertar seu Nômade interior.

Se o arquétipo do Nômade já estiver ativado no paciente, não importa se ele realmente precisa fugir – ele pensará que precisa. Uma amiga minha queixava-se recentemente de uma mulher que a procurou para aconselhamento matrimonial. Apesar de o marido ser um companheiro bondoso, disposto a fazer tudo para mantê-la e torná-la feliz, essa mulher insistia em vê-lo como um vilão. A consultora ficou muito irritada com a mulher, porque esta tivera a oportunidade perfeita para desfrutar de um casamento extremamente feliz. O que minha amiga não percebeu foi que sua paciente não poderia ter um casamento feliz porque seria incapaz de iniciar sua própria jornada enquanto permanecesse com o marido. Enquanto estivesse casada com ele, estaria comprometida, tentaria agradá-lo e fazer tudo para frustrar sua própria busca. Por mais maravilhoso que seu marido pudesse ser, ele era um captor para essa mulher e ela precisava passar um tempo longe dele até desenvolver limites o suficiente para estar ao mesmo tempo com ele e consigo mesma.

Essa é, naturalmente, a mesma razão pela qual os adolescentes decidem que seus pais são nervosos, ou opressivos, ou que simplesmente não entendem. Pouquíssimas pessoas se sentem justificadas em deixar alguém ou alguma coisa – um pai, um filho, um amante, um mentor, um emprego, um modo de vida – sem chegar à conclusão de que *o que estão deixando é ruim*. É inconcebível querer ir embora porque é preciso crescer. A percepção de que o salvador sempre se torna um opressor se não seguir em frente na hora de fazê-lo vem mais tarde, se é que o faz. Como regra geral, se alguém de repente se torna hostil com você, ou se as maneiras de se comportar que costumavam agradar a essa pessoa não agradam mais, é útil reconhecer que, a menos que você tenha mudado radicalmente, a outra pessoa provavelmente está mudando e seu relacionamento não cabe mais. Seu velho amigo ou amante provavelmente precisará de alguma distância de você. Se você não permitir a distância, a outra pessoa vai brigar e fazer de você o vilão para impor isso.

No entanto, se você permitir a separação e decidir dar à outra pessoa espaço para crescer, é muito provável que, no devido tempo, você seja recompensado com um relacionamento novo, mais profundo e mais honesto, ou, na pior das hipóteses, com o conhecimento de que, ao se desapegar, você fez uma coisa boa para vocês dois. Mesmo que você tenha pavor de ser deixado, queira controlar aqueles que ama e, portanto, tente fazê-los abortar suas jornadas, é melhor fazer uma pausa, voltar, enfrentar seu medo e solidão, processá-los e *deixá-los ir.*

Para a maioria de nós, a oposição é fundamental para a formação da identidade. É a pressão na cultura em geral e em nossas família, escola e comunidade para nos conformarmos a um determinado modo de comportamento que nos força a confrontar nossas diferenças e, assim, aguçar nosso senso de identidade. Quando a adaptação não funcionar para nós – e mais cedo ou mais tarde nos encontraremos em algum lugar onde não funciona – enfrentaremos a crise de ter de escolher entre nos tornarmos camaleões ou correr o risco de nos dissociarmos dos outros.

No local de trabalho de hoje, os defensores de grandes mudanças organizacionais muitas vezes se veem presos em conflitos com pessoas que protegem seu território e o *status quo.* Além disso, todos temem embarcar no desconhecido. Por esse motivo, muitas organizações hesitam à beira da mudança até que as dificuldades financeiras exijam absolutamente uma transformação rápida. Quando as pessoas finalmente reconhecem que precisam mudar ou a organização vai falir, a resistência diminui o suficiente para que a transformação ocorra. Correr o risco de caminhar no desconhecido nos força a entrar em nosso "caminho de provações", que é a iniciação ao heroísmo. A maioria de nós experimenta com frequência essa iniciação em nossa vida – toda vez que estamos divididos entre nosso desejo de permanecer no mundo conhecido e seguro e nossa necessidade aparentemente conflitante de crescer e arriscar confrontar o desconhecido. É essa tensão que explica a dor que acompanha o crescimento e a saída de casa sentida por adolescentes ou jovens adultos; a dificuldade da crise da meia-idade que nos desafia a deixar para trás um senso de identidade baseado em um papel, realização ou relacionamento com os outros a favor de enfrentar profundas questões psicológicas e espirituais sobre quem somos; o deslocamento psicológico que acontece quando nosso local de trabalho muda rapidamente, mesmo para os mais espirituais e confiantes; e o medo de se aproximar da morte.

O Caminho das Provações

O romance *best-seller* de Jean M. Auel, *Clan of the Cave Bear* (*O Clã do Urso das Cavernas*), retrata o dilema do Nômade. Ayla, uma das primeiras *Homo sapiens*, está nadando um dia quando um terremoto extermina toda a sua tribo. Ela tem apenas 5 anos. Perambula sozinha durante vários dias, até que finalmente é recolhida por Iza, a curandeira do Clã. Acabamos descobrindo que o Clã é de humanos, porém de uma subespécie diferente da do *Homo sapiens*. Essas pessoas possuem uma memória fenomenal, mas não são muito boas no pensamento abstrato nem na solução de problemas. Também tem padrões patriarcais de papéis de gênero completamente rígidos. A divergência em pontos cruciais é punida com a morte, mas naquela altura os padrões já estão tão intrínsecos em seus genes que ninguém do Clã pensa mais em desafiá-los.[4]

A tensão entre o desejo de crescimento, de domínio, de forçar os limites da capacidade de realização contra o desejo de agradar e se encaixar é uma situação quintessencial do Nômade. A história de Ayla é ilustrativa. Ela é surpreendentemente diferente das pessoas ao seu redor, e eles temem sua diferença. Assim como ela também está com medo, porque isso ameaça sua sobrevivência que depende – enquanto ela é criança – de agradar ao Clã. Para encontrar a si mesma, ela deve deixar as pessoas que mais ama para que possa parar de fazer concessões para agradá-las.

A diferença mais importante sentida por Ayla é a sua capacidade de androginia. Ela consegue realizar tanto as tarefas masculinas quanto as femininas, e é curiosa o bastante para querer aprender tudo quanto puder. Ela soluciona o seu dilema ajustando-se quando está com o Clã, mas, quando está sozinha, ensina secretamente a si mesma a caçar.

Quando, como era inevitável, a habilidade de Ayla na caça é descoberta, sua punição consiste em ser declarada morta. Em geral, os membros do Clã considerados mortos de fato morrem, tão forte é sua crença em tal declaração. No entanto, há um preceito na mitologia do Clã segundo o qual se a pessoa voltar da morte após certo número de "luas", ela poderá ser aceita na tribo. Isso significa que Ayla tem de sobreviver por conta própria por um longo tempo – e no inverno. "Por conta própria" significa lidar não apenas com a sobrevivência física, mas também com a crise emocional de aprender a confiar em seu próprio senso de realidade em oposição ao do Clã – eles dizem que ela está morta; ela pensa (mas não tem certeza) que está viva.

Quando retorna, ela é aceita. Ela deseja ardentemente voltar a fazer parte do Clã, pois sentiu-se terrivelmente solitária; no entanto, a experiência de conseguir sobreviver sozinha tornou-a ainda mais autoconfiante e, por conseguinte, menos maleável e mais independente dos costumes do Clã. Quando Ayla tem um filho, ela foge para que ele não seja condenado à morte por ser mutante. Ayla descobre que a criança não é deformada. O bebê é apenas metade Clã e metade Outro (o termo usado para *Homo sapiens*) e por isso tem a aparência completamente distinta da dos outros bebês do Clã. Embora essa situação seja resolvida pela combinação da esperteza de Ayla e da compaixão do líder, o choque entre Ayla, cada vez mais independente e aventureira, e o Clã, cada vez mais desorientado, é crescente. Nenhuma resolução parece possível, no entanto, porque ela os ama muito, assim como eles também a amam. Quase ninguém quer romper esse relacionamento – exceto uma pessoa.

Entra o vilão: Broud, o único membro do Clã que realmente odiava Ayla (porque invejava a atenção que ela recebia), torna-se encarregado do caso. Seu primeiro ato consiste em declarar Ayla morta novamente. Ela parte para encontrar os Outros, pessoas como ela, sem saber se os encontrará. Na sequência de Auel, *Valley of Horses* (*O Vale dos Cavalos*), descobrimos que Ayla acaba passando três anos – incluindo três invernos rigorosos – longe da sociedade humana, acompanhada apenas por um leão das cavernas e um cavalo.

Tendo deixado o Clã e, com eles, seu filho, não obstante ela leva consigo a crença de que o custo de estar sozinha é desistir de partes essenciais de quem ela é. Ela pode ter amor ao preço da conformidade ou ficar sozinha pelo resto da vida. Os membros do clã, por exemplo, não riem nem choram. Sozinha em seu vale, Ayla debate sobre o que está disposta a abrir mão de si mesma para ser menos solitária. Ela decide que estaria disposta a desistir de caçar, mas não de rir. Nunca lhe ocorre que poderia encontrar uma comunidade na qual pudesse ser plenamente ela mesma. Mesmo quando um homem de sua espécie a encontra e se apaixona por ela – um homem que simplesmente presume que todos riem e choram e que prefere e admira mulheres que cacem bem – ela não acredita e continua agindo como se ele fosse um homem machista do Clã.

O ponto aqui é que originalmente a ameaça era real. Ayla era totalmente dependente do Clã para sua sobrevivência física e emocional. Ela precisava fazer concessão para permanecer dentro da tribo. Ela aprendeu grandes lições tanto se disciplinando para agradá-los – especialmente fazendo isso pelo amor de suas figuras paternas, Creb e Iza – quanto desafiando os costumes tanto quanto ela achava que poderia se safar. Pode-se ver aqui a passagem da infância para a adolescência – as duplas lições de obediência e rebelião. No entanto, Ayla, como a maioria de nós, transfere essas lições para situações em que elas não são mais relevantes.[5]

A crença de que temos de comprometer partes essenciais de nós mesmos para nos encaixarmos torna visível e real para nós tanto nossa necessidade de amor quanto nossa necessidade igualmente forte de explorar quem somos. A tensão entre esses impulsos incrivelmente fortes e aparentemente conflitantes, nos leva primeiro a renunciar a partes importantes de nós mesmos para nos conformarmos, e assim aprendermos o quanto o amor e o pertencimento significam para nós e, finalmente, de maneira radical, escolhermos a nós mesmos e a nossa jornada como ainda mais importante para nós do que cuidar dos outros ou talvez até mesmo do que nossa própria sobrevivência.

Como a cultura glorificou a jornada dura e solitária do herói clássico, e porque a sociedade precisa tanto de pessoas que possam trabalhar colaborativamente, ficamos desencantados com o ideal heroico tradicional do Nômade. Assim como o martírio do Altruísta, o problema do Nômade não está no arquétipo em si, mas na confusão a respeito do que o arquétipo significa para as pessoas. Do mesmo modo que o martírio é destrutivo quando o sofrimento é justificado por si mesmo, a solidão pode ser uma fuga da comunidade – e, portanto, destrutiva – se também parecer um valor em si. Por exemplo, se a maturidade é equiparada à independência – e a independência é definida como não precisar de mais ninguém – isso pode interromper o crescimento de um indivíduo.

No entanto, fazer uma escolha absoluta por nós mesmos e por nossa própria integridade, mesmo que isso signifique ficar sozinho e não ser amado, é o pré-requisito para o heroísmo e, em última análise, para ser capaz de amar outras pessoas enquanto permanece autônomo. É essencial criar os limites adequados para que possamos ver a diferença entre nós e os outros – para que não tenhamos de objetificá-los para conhecer a nós mesmos e o que queremos. Só então é possível simpatizar com o outro e honrá-lo, mas ainda assim fazer o que precisamos fazer por nós mesmos.

Os limites também são essenciais para encontrar nossa própria vocação. Parte de ser humano é ser um criador, trazendo à existência coisas que não existiam antes. É isso o que significa dizer que fomos criados à imagem de Deus. Ayla, em seu vale solitário, fez e inventou ferramentas; ela domou um cavalo e um leão das cavernas; ela experimentou novas receitas medicinais e novas maneiras de se vestir e usar o cabelo. Só a descoberta de que poderia sobreviver sozinha a libertou para ser tão criativa e competente quanto fosse capaz. Ao explorar seu potencial dessa maneira, ela não apenas criou coisas e experiências fora de si mesma, mas se descobriu como alguém de quem pôde se orgulhar.

O trabalho nos ajuda a encontrar nossa identidade, primeiro porque é a maneira como as pessoas sobrevivem – pelo trabalho. Quando aprendemos que podemos nos sustentar, não precisamos ser dependentes de outras pessoas. Além disso, quando encontramos um trabalho – remunerado ou vocacional – que expressa nossa alma, nos encontramos pelo que criamos. A busca do Nômade, então, também é sobre escolha, produtividade, criatividade. Uma vez que sabemos que podemos sobreviver por conta própria, fazendo nosso trabalho real, podemos ser independentes de pessoas e organizações sem comprometer nada essencial para quem somos.

Não importa o quanto as pessoas queiram se sentir amadas, apreciadas e parte das coisas, elas ficarão solitárias até que assumam um compromisso consigo mesmas, um compromisso tão absoluto que elas desistirão da comunidade e do amor, se necessário, para serem plenamente quem são. Talvez seja por isso que algumas das pessoas mais seguras que conheço – e as pessoas com o senso mais claro de sua própria identidade – correram grandes riscos. Nessa lista eu colocaria vários amigos: uma mulher que sabia em sua alma que deveria ser artista e deixou o casamento com um homem rico para seguir sua arte; um homem de meia-idade que deixou um emprego seguro para iniciar seu próprio negócio desenvolvendo um produto que havia inventado; e vários homens e mulheres que se arriscaram ao ostracismo social e/ou a perder o emprego ao tornarem público seu amor por alguém do mesmo gênero. Eu também incluiria uma mulher que deixou um emprego de alto *status* como cientista para entrar no sacerdócio, nem mesmo certa de que qualquer igreja em sua denominação aceitaria uma pastora mulher.

Nem todo Nômade toma decisões tão drásticas, mas cada um de nós – se queremos crescer além de certo ponto – precisamos assumir um compromisso absoluto com nós mesmos. Assim como no caso do

Altruísta, isso é feito por etapas. Começamos bravos por ter de fazer escolhas tão difíceis. Agimos inicialmente como Órfãos, esperneando e gritando que outra pessoa deveria estar cuidando de nós! Ou podemos reclamar que ninguém nos ama por quem somos de verdade, que gostaríamos de fazer isso e aquilo, mas não existem empregos nesse campo. Em suma, expressamos nossa insatisfação de que a vida é dura e aceitamos um emprego seguro que não é o que queremos fazer, ou permanecemos em relacionamentos que parecem seguros, mesmo que não sejam muito satisfatórios para nós.

Então, um dia, aceitamos que a solidão e a sensação de um vazio existencial, sentido às vezes no plexo solar, são simplesmente como as coisas são: "Todos nós caminhamos sozinhos", podemos dizer "todos e cada um de nós". Aceitar e sentir totalmente qualquer coisa sempre nos manda para um outro lugar. Só a luta contra o nosso crescimento nos aprisiona. Nesse caso, aceitar a solidão leva à rebelião: aquelas experiências secretas ou públicas de agir sobre aquilo que você realmente quer, amar a quem você realmente ama, realizar o trabalho de que gosta, descobrir quem você é. Então, a sensação de contentamento, descoberta por Ayla em sua própria companhia, em que estar sozinha se torna algo bem diferente da solidão, a invade. Quanto mais somos nós mesmos, menos sozinhos nos sentimos. Nunca estamos realmente sozinhos quando temos a nós mesmos.

ABRAÇANDO A SUA PRÓPRIA VIDA

Assim, a jornada do Nômade nos ajuda a nos libertar da preocupação com o que os outros vão pensar e nos permite abraçar plenamente nossa própria natureza e nossa própria jornada. Um dos melhores exemplos de um herói que entende isso é Sissy Hankshaw no romance de Tom Robbins, *Even Cowgirls Get the Blues* (*Até as Vaqueiras Ficam Tristes*). Sissy nasceu com polegares enormes. Praticamente todo mundo a vê como deficiente, mas ela resiste a esse modo de ver as coisas. Como uma jovem adolescente, ela fica diante do espelho e percebe que é linda. Se ela fizesse uma cirurgia plástica para reduzir o tamanho dos polegares, ela poderia levar uma "vida normal". Enquanto ela contempla essa alternativa, seus polegares começam a se contrair e a incitam a "viver a vida de alguma outra maneira melhor, se ela ousasse". Em vez de fazer uma cirurgia plástica, Sissy se torna a maior do mundo em pegar caronas. Ela é tão boa que motiva carros do outro lado de uma rodovia de quatro pistas a virem buscá-la. Na verdade, ela eleva a carona ao nível de uma experiência zen. Como todo mundo, no entanto, Sissy tem seus momentos de dúvida e, durante um, ela se casa e desiste de sua "carreira". Quando ela liberta o pássaro de estimação do marido, porém, ele a leva para uma clínica psiquiátrica. Um dos psiquiatras (o homônimo do autor) a entende. Ele explica a seu colega, dr. Goldman, um psicólogo freudiano, seu entusiasmo por Sissy, dizendo-lhe como é impressionante que ela tenha se tornado a melhor do mundo em pegar caronas. Ela realmente encontrou a vida para a qual estava destinada. O dr. Goldman, não entendendo a questão, pergunta se ele quer dizer que ela transcendeu sua aflição. O dr. Robbins diz que não. Ele explica que a transcendência cheira a hierarquia, ao sistema de classes, a um modo de pensar que não consegue ver o valor inato de Sissy. Ele continua:

> O truque não é transcendê-los, mas transformá-los. Não para degradá-los ou negá-los – e isso é o que significa transcendência – mas para revelá-los mais plenamente, para aumentar sua realidade, para buscar seu significado latente. Não consigo detectar um único impulso saudável na tentativa covarde de transcender o mundo físico. Por outro lado, transformar uma entidade física alterando o clima ao seu redor pela maneira como a encaramos é um empreendimento maravilhoso, criativo e corajoso.[6]

Sissy muda tanto a vida do dr. Robbins que ele "liga avisando que está bem" e nunca mais volta à clínica.

Nessa visão, todas as pessoas são heroicas e todas são essenciais para a evolução humana. Nossa tarefa é meramente afirmar quem somos por completo. Não precisamos gastar todo ou mesmo parte do nosso tempo tentando provar que estamos bem. É por isso que a campanha "Back is Beautiful" ("Preto é Bonito", em tradução literal) é tão importante para os afro-americanos, e o movimento do orgulho *gay* é essencial para lésbicas e *gays*. É por isso que afirmar a feminilidade é tão transformadora para as mulheres, e é por isso que uma boa saúde mental, emocional e física para todos exige aprender a amar a si mesmo plena e incondicionalmente. As pessoas que fizeram a jornada do Nômade são grandes aquisições para locais de trabalho e comunidades. Eles servem como batedores, trazendo novas ideias de volta e não têm medo de contar como é; eles insistem em fazer o trabalho e serviço comunitário que reflita seu propósito e alimente sua paixão.

COMUNIDADE

Portanto, o movimento para o isolamento e a solidão acaba por nos levar de volta à comunidade: Sissy encontra as vaqueiras. Ayla encontra pessoas de sua própria espécie. Seu iconoclasta típico encontra seu local de trabalho perfeito, desempenha um papel ativo na comunidade e se estabelece. O arquétipo do Nômade, então, passa da dependência à independência, para uma autonomia definida no contexto da interdependência. Muitos que aprenderam a abraçar sua independência, e até mesmo a solidão, descobrem mais tarde que sentem falta da conexão humana. Eles se tornaram capazes de experimentar a intimidade em um novo nível porque desenvolveram um senso de si mesmos forte o suficiente para não terem medo de serem engolidos pelo outro. Para sua surpresa, eles geralmente descobrem, quando estão prontos, que existem pessoas e comunidades que os amam exatamente como são.

À medida que eles resolvem o conflito entre amor e autonomia escolhendo a si mesmos sem negar seu desejo de conexão, o conflito aparentemente insolúvel, se dissolve. Nessa nova maneira de ver o mundo, a *recompensa* por sermos plena e totalmente nós mesmos é o amor, o respeito e a coletividade. Mas para a maioria de nós, o pleno gozo dessa recompensa não vem até que ganhemos a capacidade do Guerreiro de afirmar nossos próprios desejos no relacionamento, a capacidade do Altruísta de dar e se comprometer com os outros e o conhecimento do Inocente de que não há escassez, que podemos ter todo o amor de que precisamos como "nosso direito inato". Não temos de pagar por isso perdendo nossa vida.

FAMILIARIZANDO-SE COM O ARQUÉTIPO DO NÔMADE

Para se familiarizar com o arquétipo do Nômade, faça uma colagem de fotos de revistas que se assemelhem ao Nômade; faça listas de músicas, filmes e livros que expressem o Nômade; junte fotos suas, de parentes, de colegas e de amigos no modelo do Nômade. Pratique perceber quando você está pensando ou agindo como um Nômade.

Exercícios do Nômade

Passo um: Preste atenção aos hábitos, experiências, atividades, situações e ideias com os quais você não se encaixa. Eles podem ser errados, prejudiciais ou limitantes, ou podem ser bons para os outros, mas não para você.

Passo Dois: Quando puder, afaste-se de tudo o que não é certo para você. Se você não pode realmente sair, então afaste-se mentalmente, mantendo sua liberdade interior. Comece imaginando alternativas, visualizando as opções que seriam mais apropriadas para você.

Passo Três: Ao dizer não ao que não é certo para você, permita que seu coração e sua curiosidade o empurrem para explorar outras possibilidades. Procure experiências e ideias que sejam congruentes com quem você é e com o que deseja saber neste momento de sua vida. Procure as pessoas, lugares e atividades que ressoam com sua verdadeira essência e se comprometa com eles.

CAPÍTULO 4

Provando o seu Valor: o Guerreiro

Lives of great men all remind us
We can make our lives sublime,
And, departing, leave behind us
Footprints on the sands of time...

Let us, then, be up and doing,
With a heart for any fate;
Still achieving, still pursuing,
Learn to labour and to wait.

As vidas dos grandes homens nos fazem recordar
Que podemos tornar nossa vida sublime,
E, partindo, deixar para trás
Pegadas nas areias do tempo...

Vamos, então, nos levantar e fazer,
Com o coração pronto para qualquer destino;
Ainda alcançando, ainda perseguindo,
Aprender a trabalhar e a esperar.

HENRY WADSWORTH LONGFELLOW,
"A Psalm of Life" ("Um Salmo da Vida")

O herói mata o dragão

Você tem padrões elevados? Você se esforça para alcançá-los? Você defende a si mesmo ou aos outros de danos, insultos ou ataques? A conquista é importante para você? Você se esforça para ser o melhor que pode ser? Você trabalha mais e por mais tempo do que pode ser bom para você?

Quando as pessoas se conhecem em festas, normalmente, elas se perguntam: "O que você faz?". Até as crianças são questionadas rotineiramente: "O que você quer ser quando crescer?". O Guerreiro quer identificar as pessoas por seu trabalho e por quão bem-sucedidas elas são. Nós nos preocupamos enormemente em nossa cultura com nossa carreira, pois o trabalho (ou escola) é a área de nossa vida em que provamos nosso valor. Muitas vezes, não podemos parar de trabalhar porque não sentimos que temos valor quando não somos produtivos.

Tudo isso começou na época da caça e da coleta. Imagine-se vivendo em um nível de subsistência. Você está com fome. Se não encontrar comida logo, você e as pessoas que contam com você morrerão. A pressão é intensa e você sente um aperto no estômago. Se você é um homem, caça com outros homens. Se você é uma mulher, você e as outras mulheres colhem nozes, legumes, qualquer coisa comestível. Em ambos os casos, se você for bem-sucedido, não apenas comerá, mas também ganhará o respeito dos outros. Se, com o tempo, você não tiver sucesso, você morre.

Quando você tem comida suficiente para ter tempo livre, você inventa novos *designs* para armas, cestas para carregar o que você coleta e recipientes para cozinhar e armazenar. Tanto você quanto os outros sabem que desenvolver habilidades é essencial. Portanto, você trabalha duro para ser o melhor caçador ou coletor que pode ser. Quanto melhor se torna, mais respeito recebe dos outros. De fato, em uma economia tribal, todos dependem da competência dos demais. Podemos falar de "qualidade" no mundo moderno, mas no mundo primitivo, significava tudo. Fazer uma tarefa de maneira não qualificada ou desleixada colocava em risco a saúde e a segurança de todos. Sua precisão e habilidade, então, eram uma marca de quem você era por dentro.

Podemos relacionar como era a vida de caçadores e coletores se lembrarmos que há muitos tipos de fome na vida humana além da fome de alimentos. Temos fome não apenas de alimentos, mas também de amor, de sexo, de poder, de aventura, às vezes até de significado.

Caçadores e coletores fornecem o pano de fundo profundo para os arquétipos do Guerreiro e do Altruísta, que, por sua vez, definem por que homens e mulheres muitas vezes parecem tão diferentes. A cultura masculina é derivada da tradição guerreira (caçadora) e a cultura feminina da tradição altruísta (coletora). Dentro desses antigos papéis de gênero, os homens se organizavam para matar presas, que evoluíram para matar caçadores, clãs ou tribos ameaçadoras ou concorrentes. As mulheres se organizavam para cuidar das crianças e umas das outras enquanto perambulavam pelas planícies ou pelos bosques em busca de alimento. Ambos os arquétipos fornecem maneiras de atender às suas necessidades. O Guerreiro ajuda você a ser feroz, lutar e vencer. O Altruísta ajuda você a desenvolver a reciprocidade dentro da comunidade: todos contribuem, todos recebem e, portanto, todos têm o suficiente.

No mundo moderno, o arquétipo do Guerreiro é tão essencial para as mulheres quanto para os homens, já que todos precisamos abrir caminho em uma economia competitiva. Além disso, o arquétipo do Guerreiro protege as fronteiras, então qualquer pessoa sem acesso ao seu Guerreiro corre o risco de abuso, negligência ou desvalorização. O Guerreiro também é importante porque nos auxilia a permanecermos conectados aos nossos desejos primordiais. Isso nos ajuda a saber o que queremos e, em seguida, ir em frente para obtê-lo. Se pensar na história de caçador do Guerreiro, como o arquétipo se desenvolveu, você pode ver por que o Guerreiro está tão focado na competência e na conquista: a incompetência na caça ou na fabricação de armas literalmente pode matá-lo.

A capacidade de se sustentar é fundamental para a vida adulta. Nosso equivalente da "caça" é conseguir um emprego. Então, nesse trabalho, devemos demonstrar excelência. O uso generalizado de expressões como "fazer uma matança" e "eliminar" ou "matar" a concorrência revela a profunda estrutura arquetípica de grande parte do local de trabalho contemporâneo. Além disso, a perda do emprego ameaça a autoestima, bem como a capacidade de alimentar a família. Podemos sentir como se tivéssemos morrido.

Tem um orgulho que vem da excelência em tudo o que você faz não importa quão humilde seja seu trabalho, e também há um orgulho em voltar para casa com um cheque para poder sustentar a si mesmo e sua família. Para o Guerreiro, a autoestima realmente se intensifica se o sucesso envolver alguma luta real. O avô do meu marido, um empresário imigrante bem-sucedido ouvindo uma noite uma discussão em família sobre quanto estresse os jovens têm de suportar, nos silenciou ao interromper: "Você quer saber sobre estresse? Estresse é chegar a um novo país, não falar uma palavra da língua e pegar um metrô para ir a uma parte estranha da cidade, sabendo que você deve voltar para casa com um emprego ou sua esposa e filhos não vão comer. Isso é estresse". As pessoas que tiveram muita facilidade muitas vezes não têm a autoestima que vem de ter de fazer algo difícil, desagradável ou arriscado.

Não nos provamos realmente no mundo até que ganhemos essa capacidade de prover para nós mesmos. No entanto, podemos ficar presos na jornada porque a pressão social, a publicidade e o contexto de uma cultura materialista continuam exigindo mais. Achamos que provar a nós mesmos significa sempre ganhar mais e mais dinheiro para comprar mais e mais coisas. Depois de um tempo, nossos esforços se separam da satisfação de qualquer desejo ou necessidade humana genuínos, e então ficamos entediados. Caçar um bisão com uma lança ou enfrentar um bando invasor para proteger aqueles que você ama requer intensidade. Mas e se você trabalha em um escritório, tendo de dar conta de uma tarefa enfadonha sem nenhuma noção real de que seu trabalho faz a diferença, sem ideia de que cometer um erro pode ter sérias consequências? É claro que é por isso que o Guerreiro inventa políticas organizacionais selvagens – para manter a adrenalina fluindo.

Além disso, a publicidade cria um nível secundário de necessidade percebida ao conectar um produto com um desejo humano primordial. Por exemplo, a publicidade promete implicitamente que, se você usar essa colônia ou loção pós-barba, encontrará o amor (ou pelo menos sexo). Se você comprar este alimento de conveniência, será um bom pai. Se comprar este carro, conhecerá a liberdade. Se esses produtos o ajudarem a encontrar o amor, cuidar de seus filhos ou ir aonde você quiser, essa publicidade pode estar a serviço da satisfação humana genuína. No entanto, muitas vezes os próprios produtos não podem proporcionar qualquer satisfação em longo prazo. Quando todo o seu foco está em ganhar o suficiente para comprar uma televisão maior ou algum outro produto, é perfeitamente possível estar cheio de ansiedade e, ao mesmo tempo, ficar entediado.

Chris Saade, um colega meu com um sotaque libanês encantador, eletriza o público quando ele se inclina, balança o punho e os desafia a se deixarem saber o que "desejam" (uma palavra que, quando Chris a diz, tem três longas sílabas arrastadas, "de...se...jam..."). Quando ele faz isso, vejo pessoas na plateia que o encaram com medo. Elas não querem saber o que realmente desejam, porque se o fizerem, podem ter de mudar suas vidas. No entanto, muitas pessoas aparentemente bem-sucedidas hoje estão descobrindo a verdade no ditado: "Você nunca terá o suficiente daquilo que não quer". Podemos ter dinheiro, *status*, até mesmo liberdade aparente, e, ainda assim, sermos miseráveis porque não exploramos nossa verdadeira fome e anseios.

Tal como acontece com muitos dos arquétipos, o Guerreiro pode trazer grandes dádivas, mas também pode nos humilhar se ficarmos presos em sua forma e esquecermos do que estamos nos esforçando para alcançar ou ganhar. Se tivermos a coragem de fazer perguntas primordiais a nós mesmos quanto ao que desejamos em um nível visceral, o arquétipo do Guerreiro pode nos ajudar a encontrar o foco, a habilidade e o impulso para realizar esse desejo.

Só Quero um Pouco de Respeito!

A energia básica do Guerreiro é um sentimento de orgulho e dignidade. O vaqueiro, insultado pelo bandido, encontra-se com ele ao meio-dia para acertar as contas. O que está em jogo é a honra de cada um. Para o Guerreiro, é vergonhoso permitir-se ser desrespeitado. Também é desonroso permitir que outra pessoa – especialmente alguém mais fraco ou indefeso – seja maltratada.

Nas histórias de Camelot, esperava-se que os cavaleiros resgatassem qualquer pessoa em perigo. Aliás, a menos que estivessem salvando alguém, eles não lutavam contra ninguém que não respeitassem, pois isso era considerado vergonhoso. Além disso, eles juravam, ao lutar, lutar de maneira justa. Isso incluía não machucar uma pessoa desarmada. Aproveitar-se de alguém sem condições de se defender mostrava que você não era um verdadeiro cavaleiro.

A nobreza inerente à tradição do Guerreiro é muito importante hoje. Os Guerreiros nos negócios adoram vencer um concorrente digno, o que significa a empresa que lhe oferece uma boa luta. O mesmo acontece no atletismo. As melhores disputas são entre equipes que estão muito próximas em habilidade. Com o tempo, Guerreiros que não lutam de maneira justa perdem o respeito próprio e o respeito dos outros. Na verdade, eles podem se tornar vilões, até para si mesmos.

O arquétipo do Guerreiro fala, também, sobre a disciplina interior. Isso significa que seu Guerreiro interior o ajuda a dizer não à tentação, à trapaça, à preguiça ou à devassidão. Ele mantém os limites contra os aspectos mais negativos de nossos desejos sensoriais. Pense nos sete pecados capitais: preguiça, gula, avareza, luxúria, ira, orgulho e inveja.

Na maioria dos enredos do arquétipo do Guerreiro, o herói passa por uma série de aventuras com risco de vida. Quanto mais difícil a situação, mais fascinante a história. Mas o herói nunca desiste. Em vez disso, ele ou ela demonstra força, coragem e engenhosidade em encontrar uma maneira de triunfar sobre probabilidades aparentemente impossíveis.

DEFENDENDO SEU TERRITÓRIO

Se pensarmos na jornada do Órfão em busca de resgate, podemos apreciar o grande avanço que acontece quando as pessoas param de se identificar com a vítima a ser socorrida e passam a se identificar com o Guerreiro socorrista. Muito mais poderoso se sente! Em termos de desenvolvimento, o Guerreiro ajuda as pessoas a assumir o controle de suas vidas e as capacita a ajudar os outros e a si mesmas. Quando você tiver acesso ao seu Guerreiro interior, fará o que for necessário para prevalecer.

O Guerreiro é o detetive caçando o criminoso, o super-herói dos quadrinhos lutando contra o mal (pela verdade, pela justiça e pelo jeito americano), o soldado indo para a guerra. O arquétipo também se expressa em esportes competitivos, na selva corporativa, nas campanhas políticas, nos movimentos de libertação, nos sindicatos e nas lutas de poder entre colegas de trabalho, amigos e amantes.

A estrutura do cérebro humano mostra evidências de nossa história evolutiva; partes dele são identificáveis hoje como semelhantes ao cérebro de nossos ancestrais reptilianos e mamíferos. O arquétipo do Guerreiro sobrepõe as tendências agressivas e territoriais que compartilhamos com os répteis com traços distintamente humanos no atendimento das necessidades básicas de segurança, alimentação e sexo; adicionalmente estão objetivos como aprender e receber uma educação, alcançar o sucesso na carreira e, basicamente, lutar por uma existência distintamente humana (*versus* reptiliana) realizada e satisfeita. Qualquer meio agressivo de atingir esses objetivos, no entanto, tem um lado reptiliano.

O Guerreiro também nos ajuda a superar o instinto natural de sobreviver a qualquer custo. Ser plenamente humano é saber que, às vezes, é necessário suportar o sofrimento ou morrer por uma causa. O estudioso Joseph Campbell observou as tradições sagradas dos guerreiros em várias culturas em que os lutadores mais fortes às vezes eram torturados até a morte. Sua capacidade de suportar a dor sem vacilar demonstrava as mais elevadas virtudes do Guerreiro – coragem, fortaleza e resistência. As pessoas com espírito do Guerreiro que procuram um psicoterapeuta podem ficar perplexas porque são encorajadas não apenas a sentir, mas a compartilhar seus sentimentos. Os Órfãos precisam aprender a sentir seus sentimentos para que possam passar por eles e deixá-los ir. Os Guerreiros se esforçam para canalizar seus sentimentos como um recurso para seu poder, permitindo-lhes realizar a ação mais adequada para alcançar o objetivo, seja paz de espírito, sucesso financeiro ou laços familiares desejados.

O Guerreiro dá esperança de que o bem pode triunfar e triunfará sobre o mal, mas ainda mais fundamentalmente, a história nos diz que quando as pessoas têm a coragem de lutar por si mesmas elas podem afetar seus destinos. Qualquer final em que o bem não triunfe, portanto, parece fundamentalmente enfraquecedor porque entendemos que somos impotentes e porque, ao minar o principal sistema de crenças da cultura, reforça o cinismo, a alienação e o desespero. Quando o herói triunfa sobre o vilão, no entanto, reforça nossa fé de que é possível não apenas identificar o dragão, mas matar a fera: podemos assumir o controle de nossa vida, eliminar nossos problemas e tornar o mundo melhor. Ao fazê-lo, resgatamos a donzela em perigo que é a Órfã em todos nós. O Guerreiro diz ao Órfão interior: "Você nem sempre precisa procurar alguém fora de si mesmo para salvá-lo; Eu posso cuidar de você".

O Guerreiro nos ensina a reivindicar nosso poder e afirmar nossa identidade no mundo. Esse poder pode ser físico, psicológico, intelectual ou espiritual. No nível físico, o arquétipo preside a afirmação de que temos o direito de estar vivos. A consciência do Guerreiro inclui autodefesa, disposição e capacidade de lutar quando estamos sendo atacados. No nível psicológico, tem a ver com a criação de limites saudáveis, para que saibamos onde terminamos e onde as outras pessoas começam, e com a capacidade de nos afirmarmos.

Intelectualmente, o Guerreiro nos ajuda a aprender a discernir, a ver qual caminho, quais ideias, quais valores são mais úteis e enriquecedores para a vida do que outros. No nível espiritual, significa aprender a diferenciar entre as teologias: saber quais trazem mais vida e quais matam ou mutilam a força vital dentro de nós. O Guerreiro também nos ajuda a falar e lutar pelo que nutre nossa mente, nosso coração e nossa alma, e a vencer aquelas coisas que minam e esgotam o espírito humano, falando a verdade sobre elas e recusando-se a aceitá-las ou permiti-las em nossa vida.

O desenvolvimento das capacidades guerreiras é essencial para uma vida plena e é um complemento necessário às virtudes associadas ao Altruísta. Inicialmente, os Altruístas se veem como se sacrificando pelos outros, enquanto os Guerreiros, no nível relativamente primitivo, assumem que precisam matar os outros para se proteger. A disposição deles para fazer isso é uma importante expressão de compromisso com eles mesmos e com sua própria autoestima; é a afirmação fundamental de que eles têm o direito de estar aqui e de serem tratados com dignidade e respeito.

Do ponto de vista histórico, as mulheres, as minorias raciais e a classe trabalhadora foram todas culturalmente definidas como inferiores; como tal, o papel delas tem sido servir. Na medida em que esses grupos interiorizaram tais ideias, muito de seu dar e servir está ligado inconscientemente à crença que têm de que eles não têm o direito de estar aqui a menos que sirvam – ou seja, que eles não têm o direito de existir para seu próprio bem. Muitas mulheres podem conceber fazer as coisas só porque querem depois de terem satisfeito as necessidades e desejos de seus filhos, marido, chefe, amigos e assim por diante. Como essas demandas nunca podem ser atendidas por completo, qualquer coisa que elas façam por si mesmas é acompanhado pela culpa – mesmo que o que elas estejam fazendo seja atender às suas necessidades básicas de saúde, como sair para correr. Como resultado, elas podem se sentir profundamente como Órfãos.

Hoje, muitos grupos que antes eram escalados para papéis coadjuvantes começaram a se identificar como Guerreiros – em parte por causa de sua ânsia de competir na selva corporativa e em parte por causa de seu impulso cruzado de lutar por direitos iguais. No entanto, apresentar-se com sucesso como um Guerreiro pode ser complicado pelo medo social de afirmação em mulheres e homens negros. Por exemplo, as mulheres com frequência mascaram suas qualidades de Guerreira sob um afeto maternal ou sedutor, porque as mulheres que são tão diretamente assertivas quanto seus colegas do gênero masculino em geral são descartadas como megeras ou vistas como não naturais e não femininas. Da mesma maneira, alguns homens afro-americanos queixaram-se para mim de que acham que devem ser menos severos, vigorosos e fortes; eles fingem ser competentes de maneira descolada, afáveis e/ou muito calorosos e carinhosos para não despertar o terror com que muitos caucasianos parecem relacionar aos negros raivosos.

Se começarmos a partir de uma posição cultural inferior, nossa energia de Guerreiro se concentra em ganhar reconhecimento como igual. No entanto, mais tipicamente, o impulso do Guerreiro é mais competitivo – para provar que somos "os melhores". Isso pode ser uma motivação econômica poderosa, pois o desejo competitivo leva as pessoas a dar tudo de si para ter sucesso. Nos tempos medievais, os guerreiros disputavam para determinar quem era o melhor lutador. Você também pode pensar em figuras como John Henry, o homem de aço da ferrovia, morrendo no processo de provar que poderia construir mais ferrovias em menos tempo do que a máquina moderna trazida para substituí-lo.

O verdadeiro guerreiro defende uma competição justa. No entanto, muitos Pseudoguerreiros ficam felizes em manipulá-lo. Pseudoguerreiros incluem homens que encontram seu senso de valor próprio principalmente afirmando sua superioridade sobre as mulheres, homens e mulheres da classe alta que assumem uma superioridade inata sobre as pessoas da classe trabalhadora ou brancos que se sentem superiores às pessoas de outras raças. Embora as regras sejam empilhadas a seu favor, esses grupos podem acreditar que são melhores simplesmente porque acabaram no topo; eles podem estar alheios às vantagens que os colocam lá. Nesses casos, o compromisso do Guerreiro de alto nível com o princípio da justiça dá lugar ao princípio menor de "o poder faz o certo".

Quando os adolescentes se sentem humilhados e não têm saída para suas energias guerreiras, eles formam gangues e descontam sua agressão uns nos outros. Ou começam a abusar de drogas e álcool, destruindo o próprio corpo. O arquétipo do Guerreiro está sempre presente em meninos e meninas adolescentes, pois sua tarefa de desenvolvimento é começar a provar a si mesmos no mundo. Idealmente, eles terão oportunidades de se destacar em alguma atividade competitiva, como atletismo, em estudos acadêmicos ou em empreendimentos criativos. Eles também precisam de maneiras significativas de contribuir para a sociedade em geral, como projetos de serviço comunitário por meio da igreja ou escola ou oportunidades para se envolver em atividades empresariais úteis.

Um adolescente se sente oprimido por um pai que parece rígido e autoritário. O filho reclama que o pai dirige sua vida, avalia cada movimento seu e acha que ele mesmo está sempre certo. À medida que o Guerreiro do filho começa a se desenvolver, ele discute com o pai e às vezes até o desafia. No devido tempo, no entanto, seu Guerreiro se torna mais como um pai interior. O filho desenvolve seus próprios padrões, impõe sua própria disciplina a si mesmo e começa a ter sucesso em empreendimentos acadêmicos e atléticos. Ele então percebe que seu próprio pai relaxa e não precisa controlar todos os seus movimentos. E quando o filho discorda do pai, ele diz isso com muita calma, provocando um diálogo, não uma briga.

Se o pai não tivesse notado e apreciado o crescimento do Guerreiro do menino, ele poderia tê-lo feito passar para a clandestinidade, continuando seu controle sobre ele depois que o menino se desenvolveu o suficiente para mostrar autocontrole. O menino pode então começar a agir de maneira autodestrutiva. Se o pai estiver possuído pelo Guerreiro, ele pode sentir uma necessidade compulsiva de competir, vencer e estar certo – o tempo todo. Um homem reconheceu que estava com problemas nessa área quando descobriu que não podia permitir que a filha o vencesse no jogo de damas! Os perigos do arquétipo do Guerreiro são mais fortes para os homens porque eles foram tão socializados para viver a energia do Guerreiro. Alguns homens hoje reconhecem que a pressão para viver de acordo com a imagem do Guerreiro da máquina de desempenho estoica tem um custo muito alto. Eles podem parecer muito privilegiados por causa de seu sucesso no mundo corporativo, mas estão morrendo na mesa em números recordes. Normalmente, damos como certo que os homens morrem cedo – e muitas vezes de ataque cardíaco. Raramente reconhecemos que a morte precoce é um risco da possessão pelo arquétipo do Guerreiro.

UMA CULTURA GUERREIRA

Os Guerreiros mudam seus mundos pelo esforço concentrado. Seja na família, nas escola, no local de trabalho, nas amizades, nas comunidades ou na cultura como um todo, esse arquétipo orienta as tentativas das pessoas de mudarem seus ambientes para atender às próprias necessidades e se adequar aos seus valores.

No entanto, as pessoas que se movem para a fase guerreira antes de encontrar a própria identidade encenam a forma do enredo "matando o dragão", mas sem o significado. Elas podem vencer, mas a vitória é vazia. Elas não sabem o que realmente querem, então não podem obtê-lo. Sem o Altruísta, o Guerreiro compete apenas para obter vantagem pessoal, em vez de proteger ou ajudar os outros. De fato, o Guerreiro é um arquétipo heroico apenas quando sua coragem e foco são empregados para o bem maior.

Quer se trate de um ritual vazio, profundamente satisfatório ou visto como precisando de redefinição para tempos de mudança, o mito do herói/vilão/vítima orientou, e até certo ponto ainda orienta, o sistema básico de crenças seculares de nossa cultura. O ritual subjacente ao mito do Guerreiro é encontrado, é claro, na guerra, mas também é representado culturalmente em nossos esportes, práticas comerciais, religiões – até mesmo em nossa economia (por exemplo, capitalista), científica (por exemplo, seleção darwiniana), e teorias educacionais (por exemplo, curva em forma de sino). Na esfera dos esportes, vimos ao longo dos séculos uma progressão de competições de gladiadores, em que o perdedor realmente era morto, para o futebol americano, o beisebol, o basquete e o futebol, em que o antagonista simplesmente é derrotado.

Na política, igualmente, temos uma interessante progressão. No modelo mais primitivo, o herói mata o velho rei (o tirano) e, ao menos teoricamente, salva o povo. Assim acontece a mudança. Tais práticas prosseguem na era moderna, em diversas partes do mundo, em que a mudança ainda é realizada por meio de golpes de Estado sangrentos ou de revoluções. Nos Estados Unidos, descobrimos uma maneira de evitar tais carnificinas por meio do processo democrático. O velho rei não é ritualmente desmembrado, como em algumas culturas primitivas, nem morto durante o sono, nem tampouco julgado e executado por seus crimes. Mas como somos lembrados a cada ano de eleição, a retórica que serve de fundamento para essas velhas práticas permanece em uso.

O desafiante – seja na política eleitoral ou intraorganizacional – explica como ele ou ela salvará o país ou a organização e como o titular é responsável por todos os seus males. O titular, é claro, retalia descrevendo como ele ou ela, de fato, fez grandes melhorias no país/estado/organização e como a oposição arruinaria as coisas se estivesse no poder. A linguagem é reveladora. Falamos em derrotar a oposição nas urnas. Com uma margem de vitória grande o suficiente, podemos até exultar: "Nós os massacramos!". Essa retórica bélica, é claro, também é básica para os negócios, em que o objetivo é derrotar a concorrência.

Embora a pessoa derrotada nos esportes, na política ou nos negócios já não seja vista como vilã *propriamente dita*, a persistência dessa ideia é evidente no modo como a derrota ainda traz vergonha ao perdedor – uma resposta mais apropriada ao reconhecimento de que alguém é "ruim" do que simplesmente "aquele que perdeu uma disputa". Todos nós conhecemos histórias de depressão econômica em magnatas que, de repente, perderam seu dinheiro e cometeram suicídio porque não podiam enfrentar não estar no topo. Na epidemia de demissões e cortes da força de trabalho no início da década de 1990, muitas pessoas ficaram deprimidas quando perderam o emprego porque se sentiam perdedoras! Mesmo quando não fizeram nada para causar a demissão, muitos ainda sentiram vergonha quando foram demitidos.

Podemos ver que o domínio do Guerreiro está começando a afrouxar um pouco em nosso mundo político. Em 1972, o candidato à presidência Edmund Muskie perdeu qualquer chance de vencer quando chorou na televisão, parecendo assim não ter a resistência necessária para o trabalho. Em 1992, o povo americano elegeu Bill Clinton, um candidato que evitou o alistamento e descaradamente chora na televisão. Depois que Clinton derrotou Bob Dole na eleição de 1996, Dole ganhou uma medida substancial de afeição do público brincando sobre sua perda em discursos e anúncios de TV! Nem Clinton nem

Dole, claro, se safariam de tal comportamento se fossem vistos como um pouco fracotes.

Mesmo quando o Guerreiro está bem equilibrado com outros arquétipos, os Guerreiros devem ser firmes e realistas se quiserem mudar o mundo. Eles precisam ser capazes de olhar seu adversário nos olhos e dizer: "Você é um dragão e eu vou matá-lo". Ou "Eu não me importo com como você se sente, eu quero vencer e isso significa que eu tenho de derrotá-lo". No local de trabalho, particularmente, os Guerreiros testam os colegas para ver se são durões o suficiente. Esse trote pode ser enervante para aqueles com menos Guerreiro na psique. No entanto, seu objetivo é garantir que a equipe seja sólida, sem covardes que decepcionem os outros. Um homem que estava comigo em uma equipe de gerenciamento explicou certa vez que o local de trabalho é como um campo de batalha. "Eu preciso saber que você não vai ficar com medo e fugir quando as coisas ficarem difíceis. Preciso saber que você pode suportar o calor da batalha."

Em *The Golden Bough* (*O Ramo de Ouro*), *Sir* James George Frazer relata um mito que, para mim, descreve a situação dos executivos que estão em organizações controladas por Guerreiros. O rei da floresta não pode baixar a guarda nem por um momento para dormir porque alguém pode matá-lo para se tornar o novo rei. Frazer escreve: "Certamente, nenhuma cabeça coroada ficou mais inquieta, ou foi visitada por mais sonhos ruins do que a dele. Ano após ano, no verão e no inverno, com bom ou mau tempo, ele tinha de manter sua vigilância solitária, e sempre que pegava no sono era perturbado com o perigo de perder a vida. O menor relaxamento de sua vigilância, a menor diminuição de sua força nos braços e pernas ou em sua habilidade de esgrima, o colocava em perigo; os cabelos grisalhos podem selar sua sentença de morte".[1] Para que nossos líderes tenham uma vida longa e saudável, é importante que eles e seus ambientes equilibrem o Guerreiro com os outros arquétipos.

Alcançando o Equilíbrio Arquetípico

Quando algum arquétipo é equilibrado com os demais, tende a se expressar em sua forma mais elevada, mais integrada e positiva. Quando o arquétipo do Guerreiro é integrado a uma consciência equilibrada, trata-se menos de ganância e mais de amor. Podemos pensar nos arquétipos deste livro como camadas de uma cebola. À medida que nos aprofundamos, ganhamos acesso a mais e mais arquétipos. Os Guerreiros que têm acesso apenas a seus Órfãos e Nômades podem ser implacáveis. No entanto, Guerreiros com os arquétipos Altruístas desenvolvidos lutam a serviço dos outros. Se os arquétipos do Inocente e do Mago também são despertados, suas lutas são igualmente orientadas pela espiritualidade. Os soldados podem lutar por seus entes queridos, seu país, suas convicções religiosas e para tornar o mundo um lugar melhor. Líderes políticos, ativistas sociais e voluntários preocupados lutam para melhorar a vida das pessoas ao seu redor. Em *Shambhala: The Sacred Path of the Warrior*,* Chögyam Trungpa argumenta que "A essência da condição de guerreiro, a essência da bravura humana, é se recusar a desistir de alguém ou de alguma coisa".[2] É aqui que se pode ver como as lições de sacrifício e as de maestria trabalham juntas. Ganhar um nível de habilidade mais sofisticado em um, permite o desenvolvimento de um nível de habilidade mais sofisticado no outro.

Os efeitos colaterais prejudiciais da fase guerreira vêm em suas formas mais primitivas. Quando livre do dualismo e do absolutismo, ela se torna um processo humano saudável e positivo: agir para proteger a si mesmo e àqueles que amamos do mal. Seja matando o animal predador, afastando o bando invasor ou identificando a chuva ácida ou a proliferação nuclear como uma ameaça à humanidade, precisamos que os Guerreiros tomem medidas fortes para proteger a todos nós.

---

* *Shambhala: A Trilha Sagrada do Guerreiro*. São Paulo: Cultrix, 1992 (fora de catálogo).

Os níveis que os Guerreiros experimentam, então, também estão relacionados ao quão bem eles aprenderam a enfrentar o medo. Nos estágios iniciais – aqueles em que a única resposta parece ser a morte literal do inimigo – o medo é desenfreado. Pode-se imaginar um general da Guerra Fria que não conseguia conceber armas suficientes para combater a ameaça comunista. Seu mundo foi definido por uma visão de ameaça perpétua em que o vilão é visto como totalmente irracional e determinado a destruir tudo o que o general é ou preza. A única possibilidade que ele vê é matar ou ser morto. A disputa simbólica na política, nos negócios, nos esportes ou na escola é branda em comparação, mas seus medos também são reais: o medo da derrota, de não ser o melhor, de ser inadequado, inferior, um perdedor.

No nível seguinte, o inimigo é visto não como alguém para matar ou derrotar, mas como alguém para converter ao seu lado. O vilão é redefinido como uma vítima a ser salva. Quer estejamos falando de uma Cruzada do cristianismo, do marxismo, do feminismo, ou do capitalismo do tipo "que tenta alcançar o impossível sem ajuda externa", os Guerreiros pegam a verdade que lhes permitiu desenvolver algum senso de esperança e significado na vida e a usam para sair e converter o mundo. Analogamente, na vida privada, os Guerreiros realizam projetos Pigmaleão para melhorar seus entes queridos e amigos.

É difícil aceitar a diferença humana quando você anseia por construir um mundo ideal e humano. Uma das principais maneiras pelas quais os Altruístas tentam tornar o mundo melhor é renunciar a partes de si mesmos que não parecem se encaixar no que os outros querem. Guerreiros, em contrapartida, mudam outras pessoas. Mas em ambos os casos, a mesmice é vista como um pré-requisito para a criação de uma comunidade amorosa. Ou mudamos a nós mesmos ou nos livramos dos *outros* ou o transformamos!

A verdade é que os movimentos utópicos tendem a se tornar autocráticos quando o desenvolvimento psicológico dos indivíduos no interior deles, ou na sociedade mais ampla, não evoluiu para o estágio necessário para sustentar um novo sistema social. Por exemplo, a teoria organizacional contemporânea incentiva estruturas mais planas, menos gerentes de nível médio, mais autonomia do trabalhador e até equipes auto-organizadas. Para que essas estratégias sejam bem-sucedidas, as pessoas que as implementam, no mínimo devem ter algum acesso não apenas a um nível mais alto e menos absoluto de Guerreiro, mas também a seus respectivos arquétipos de Órfão, Nômade e Altruísta.

Embora guerrear, por si só, não produza utopia, ensina um processo muito importante que contribui para a construção de um mundo melhor para cada um de nós. O que os Guerreiros aprendem? Primeiro, a confiar em suas próprias verdades e a agir de acordo com elas com absoluta convicção diante do perigo. Para fazer isso, no entanto, eles devem assumir o controle e a responsabilidade pela própria vida. Os Órfãos se veem como vítimas e os Nômades como forasteiros. Ao se definir como não tendo poder na cultura, eles não precisam assumir qualquer responsabilidade por ela. Identificar-se como um Guerreiro é dizer: "Sou responsável pelo que acontece aqui" e "devo fazer o que puder para tornar este mundo melhor para mim e para os outros". Também exige que você reivindique sua autoridade. Os Guerreiros aprendem a confiar em seu próprio julgamento quanto ao que é prejudicial e, talvez o mais importante, desenvolvem a coragem de lutar pelo que querem ou acreditam, mesmo quando isso exige grande risco – a perda de um emprego, um companheiro, amigos, respeito social, ou mesmo a própria vida.

Além de Matar o Dragão

Com o tempo, o arquétipo do Guerreiro evoluiu. As lutas de gladiadores foram substituídas pelo futebol. O imperialismo foi substituído por aquisições corporativas em que o sangue no chão é figurativo, não real. A mulher que há alguns anos teria criticado um homem por um comentário machista agora diz de uma maneira bastante entediada e desinteressada: "Ah, só pare!". Quanto mais fortes e confiantes os Guerreiros se tornam, menos devem usar violência, mais gentis eles podem ser – consigo mesmos e com os outros. Por fim, eles não precisam definir o outro como vilão, oponente ou mesmo um potencial convertido; em vez disso, o outro torna-se outro possível herói, como eles.

Assim, os enredos do Guerreiro evoluem de herói/vilão/vítima para herói/herói/herói. Apesar de a verdade do Guerreiro agora ser uma entre muitas, não exclui o compromisso – com ideais, pessoas, causas ou crenças. Mesmo em um mundo relativista, os Guerreiros abraçam suas crenças e entendimentos de todo o coração. É, portanto, uma conquista de alto nível no processo do Guerreiro que uma verdade aparentemente antitética seja saudada não como um inimigo, mas como um amigo em potencial: "Aqui está minha verdade. Vou explicá-la a você da maneira mais completa possível, e você pode explicar a sua para mim. A tarefa do herói, então, é *unir*, não matar ou converter.

Na primeira e na segunda edições deste livro, escrevi sobre minha fantasia do fim da Guerra Fria. Tive uma visão de representantes da União Soviética sentados com os dos Estados Unidos. Os representantes soviéticos começariam explicando que sentem que fizeram um bom trabalho ao fornecer equidade econômica para seu povo, mas estão preocupados que isso tenha ocorrido à custa da repressão política e de um certo embotamento à vida. Os embaixadores dos EUA responderiam dizendo que eles também se sentem apenas parcialmente bem-sucedidos. Os Estados Unidos têm muita liberdade pessoal e muita emoção e variedade, mas grandes extremos de riqueza e pobreza humilhantes permanecem. Os dois poderes iriam juntar suas cabeças, compartilhar sua própria parte da verdade, e tentar chegar a um plano que combinasse o melhor dos dois sistemas. Desde então, é claro, a Guerra Fria terminou e a URSS não existe mais.

Venho da geração que se agachou sob as carteiras das escolas na expectativa de um ataque nuclear. Talvez seja muito cedo para reconhecer o descongelamento do sentimento humano que vem de saber que esse tipo de ameaça é improvável hoje. Ainda assim, a Guerra Fria nos ajudou a aprender a viver nossa vida sabendo que o mundo pode acabar – a qualquer momento. O dom de desenvolvimento que vem de confrontar os próprios dragões mais assustadores – seja matando-os ou simplesmente enfrentando-os e iniciando um diálogo – é a *coragem* e uma liberdade correspondente da escravidão aos medos. Na melhor das hipóteses, o Guerreiro finalmente aprende a fazer amizade com o medo por um longo relacionamento. Em vez de ficar imobilizado por ele, agindo como Átila, o Huno, ficando preso a um modo paranoico e simplista de abordar os problemas ou mesmo reprimi-los, o herói passa a ver que o medo pode ser um convite ao crescimento.

Um dos meus exemplos favoritos de herói, que desenvolve uma relação bem positiva com seu medo, vem de *Women and Nature*, de Susan Griffin. Griffin escreve sobre "uma velha que era perversa em sua honestidade" que fazia perguntas ao seu espelho. Quando ela pergunta por que tem medo do escuro, seu espelho lhe diz: "Porque você tem motivos para temer. Você é pequena e pode ser devorada". A mulher decide ficar grande demais para ser devorada. No entanto, uma vez que ela o faz, descobre que tem medo de ser tão grande, e o espelho explica: "Não há como contestar quem você é. E não é fácil para você se esconder". A mulher então para de se esconder. Durante seu ataque seguinte de medo, o espelho lhe diz que ela está com medo "porque... ninguém mais vê o que você vê, ninguém mais pode lhe dizer se o que você vê é verdadeiro". Então ela decide confiar em si mesma.

Muitos anos depois, ela percebe que tem medo de aniversários, e seu espelho lhe diz: "Há algo que você sempre quis fazer, mas tem medo de fazê-lo e sabe que o tempo está se esgotando". A mulher se afasta imediatamente de seu espelho para "aproveitar o tempo". Finalmente, ela e seu espelho se tornam amigos e o espelho chora de compaixão por ela quando seus medos são reais. Por fim, seu reflexo pergunta a ela: "O que você ainda teme?". E a velha responde: "Ainda temo a morte. Ainda temo a mudança". E o espelho dela concorda. "Sim, eles são assustadores. A morte é uma porta fechada... e a mudança é uma porta aberta". "Sim, mas o medo é a chave", riu a velha perversa, "e ainda temos nossos medos". Ela sorriu.[3]

Do Dualismo à Complexidade

Uma vez que recebemos o dom de um arquétipo, ele afrouxa seu domínio sobre nós. Quando ficamos menos assustados, nosso pensamento pode relaxar e se abrir à complexidade; então fica claro quão limitada é a formulação da realidade de herói/vilão/vítima. *Even Cowgirls Get the Blues*, de Tom Robbins, ilustra isso. As vaqueiras do Rancho Rubber Rose assumiram a mentalidade do "tiroteio de O.K. Corral" do Velho Oeste. Elas estão se preparando para atirar contra os agentes que foram enviados pelo governo dos Estados Unidos da América ostensivamente para resgatar os grous-americanos que estão temporariamente residindo no rancho. Na realidade, porém, os agentes do governo planejam matar os pássaros. As vaqueiras se veem como defensoras dos pássaros (e com eles, da natureza) contra as investidas da civilização patriarcal. No último momento, a líder das vaqueiras tem uma visão da própria Grande Deusa, que lhe diz que devem fugir. Por um lado, não há como derrotar os agentes do governo – a disputa é muito desigual. Mas ao mesmo tempo ela também questiona todo o conceito de vilões e heróis. O inimigo das mulheres, explica ela, não são os homens, assim como o inimigo dos negros não são os brancos. O inimigo é "a tirania da mente embotada".[4]

A motivação para pensar de maneira mais complexa e imaginativa na resolução de conflitos vem de uma variedade de fontes. Às vezes, o desafio nos é imposto quando percebemos que o vilão é grande demais para ser enfrentado. Talvez seja por isso que as mulheres não tenham entrado particularmente em combate: os homens são fisicamente mais fortes! Diante da incrível vantagem militar desfrutada pelos britânicos, Gandhi apresentou uma abordagem mais complexa e bem-sucedida para libertar a Índia do que o típico chamado às armas. Derrotá-los em combate não era viável, mas ele poderia vencer sua "guerra" pela independência sendo uma força moral que até os britânicos eram obrigados a respeitar. Nos Estados Unidos, Martin Luther King Jr. usou uma abordagem semelhante. Em vez de ver os brancos como inimigos, ele os convocou a unir forças com os negros contra o inimigo comum do racismo. Ao demonstrar uma não violência corajosa, ele e o movimento dos direitos civis tomaram o caminho moral.

Celebrando a Excelência

Quando saímos da ênfase dualista do Guerreiro em derrotar o inimigo, abrimos a porta para redirecionar essa energia combativa para um foco claro e direto na realização de nossos objetivos.

O guerreiro contemporâneo de alto nível está menos interessado em competir com os outros do que em competir consigo mesmo. Sabemos que com as crianças a autoestima, pelo menos em parte, vem da realização genuína. Quer se destaque na escola ou nos esportes quando criança ou mais tarde nas artes, nas ciências ou em algum tipo de negócio, pensamos bem de nós mesmos na medida em que somos genuinamente bons no que fazemos. Todos nós compartilhamos uma tendência humana natural de querer melhorar. Assim, podemos medir nossa competência contra nós mesmos mais do que contra a dos outros. Ou podemos nos concentrar principalmente em alcançar os resultados que queremos (notas máximas, um negócio de sucesso, melhorando nosso tempo anterior em correr qualquer distância), com atenção apenas periférica às pessoas ou situações que podem nos impedir de chegar lá.

A mudança de paradigma que ocorre na consciência, na política e no local de trabalho exige um maior senso de igualdade entre as pessoas.

Diante disso, não precisamos ser melhores do que ninguém para usufruir de nosso próprio senso de competência. Além disso, a prosperidade social não vem de um grupo superando outro. De fato, podemos ver o que acontece em países que têm incríveis disparidades de riqueza: todos sofrem. O padrão geral de vida diminui, o uso de drogas e a criminalidade aumentam, e os vencedores sociais se sentem prisioneiros em suas próprias casas porque as ruas não são mais seguras. Também vimos no fracasso do comunismo o que acontece quando a necessidade humana de alcançar e aspirar é suprimida em favor da igualdade definida como o menor denominador comum.

No entanto, quando todos são bem-educados e incentivados a se tornarem o melhor que podem ser, a prosperidade econômica aumenta, a qualidade de vida melhora e o uso de drogas e o crime diminuem. Ao concorrer à presidência em 1992, Bill Clinton argumentou: "Não temos uma pessoa para desperdiçar". Em seu livro *Frames of Mind*, o professor de Harvard, Howard Gardner, afirma que o velho paradigma dos "inteligentes" e dos "burros" é anacrônico. Ele identifica oito tipos básicos de inteligência; nenhum de nós tem todos eles. Assim, precisamos literalmente uns dos outros para alcançar uma compreensão completa do mundo.[5]

Os arquétipos evoluem como nós evoluímos. A evolução do Guerreiro, de caçador para lutador e para realizador, cria o potencial para uma prosperidade individual e em massa sem precedentes. As pessoas hoje podem aproveitar a intensa vivacidade desse arquétipo sem serem puxadas para sua desvantagem historicamente opressiva.

O Guerreiro nos ajuda a estabelecer metas e, em seguida, elaborar um plano para alcançá-las. Se você tiver uma sensação de satisfação ao escrever uma lista de "a fazer" e verificar o que fez, seu Guerreiro interior é ativado, especialmente se essa lista refletir o que você realmente deseja realizar. Por vários anos, um colega e eu nos encontramos regularmente no café da manhã para definir nossas metas e apoiar um ao outro para nos mantermos nelas. Nós dois estávamos cientes de que muito do nosso tempo havia sido gasto seguindo os planos de outras pessoas, não os nossos. A responsabilidade incorporada em nossos "cafés da manhã com metas" transformou nossas vidas. Tínhamos formado uma equipe particular de Guerreiros com o propósito de aprimoramento mútuo. Dentro de um ano, cada um de nós se tornou muito mais feliz e animado, pois buscamos de maneira mais consistente viver nossos sonhos e não simplesmente responder às necessidades e demandas dos outros.

Vemos a mesma ética hoje no mundo dos negócios, em que a capacidade de ser um bom membro da equipe é com frequência mais valorizada do que ser a estrela solo. As equipes de trabalho geralmente têm metas que se traduzem em objetivos para cada membro. O sucesso depende de todos alcançarem o seu melhor, em vez de algumas pessoas superarem outras.

Cada vez mais, estamos entendendo que, para as organizações, a qualidade é a chave para a sustentabilidade ao longo do tempo. Essa percepção se traduz em sistemas nos quais cada trabalhador busca um desempenho de alta qualidade todos os dias. Quando desvalorizamos outros estágios arquetípicos, um foco exclusivo na qualidade pode levar à superação do vício em trabalho e ao esgotamento crônico. No entanto, se equilibrarmos o Guerreiro com outros arquétipos, podemos alcançar a verdadeira excelência, que promove o moral elevado. Em *Care of the Soul*, o analista junguiano Thomas Moore afirma que nossa alma encontra grande satisfação sempre que fazemos o nosso melhor.[6] Essa realização pode ocorrer no trabalho ou em casa. Pode trazer renda ou pode ser feita para nós mesmos ou como um presente para outros. Em ambos os casos, um produto ou serviço de qualidade espelha nossa alma e, dessa maneira, reflete de volta nosso verdadeiro valor. Portanto, você não pode encontrar um caminho melhor para a alta autoestima do que um compromisso com a excelência em tudo o que faz.

Imagine um mundo em que cada pessoa acreditasse que era importante e poderia dar uma contribuição que ajudasse a todos nós. Imagine que em casa, na escola e nas atividades recreativas, os dons de cada criança fossem reconhecidos e desenvolvidos. Então, se cada criança também aprendesse a explorar o Guerreiro interior, todos se tornariam adultos produtivos e responsáveis. Em tal mundo, seria possível alcançar uma prosperidade além de qualquer imaginada anteriormente, ao mesmo tempo que se construiria uma sociedade mais justa e humana.

A Conquista da Humildade

O calcanhar de aquiles do Guerreiro é a arrogância. O clássico herói trágico (que é um Guerreiro) cai do poder por "arrogância", ou seja, orgulho. Portanto, é essencial que o herói aprenda a humildade. Em uma das minhas histórias favoritas de Camelot, o Rei Artur se deixa seduzir pelo vinho, pelas mulheres e pela música. Ele acorda na prisão sem saber que Excalibur, a espada que garantiu sua invulnerabilidade, foi roubada e substituída por uma réplica impotente. Artur é informado de que pode ser libertado da prisão se lutar contra um grande antagonista (que agora tem a Excalibur). No duelo, Artur leva a pior até se lembrar de que seu poder vem do divino. Quando ele ora, a Dama do Lago, que originalmente lhe deu sua espada, aparece e magicamente envia Excalibur de volta para ele pelo ar.

Em uma versão mais moderna dessa trama arquetípica, Tom Brown Jr. escreve em *The Search* sobre ir para a floresta por um ano apenas com as roupas do corpo e uma faca. Ele foi preparado para esse empreendimento solitário por Stalking Wolf, um professor nativo americano, que o ensinou a ser um rastreador. Brown conseguiu não apenas sobreviver a um inverno muito árduo e frio, mas também aproveitar (pelo menos a maior parte) do tempo.

A experiência mais paradoxalmente recompensadora veio perto do fim de sua estada, quando ele fez um longo jejum. Depois de doze dias, ele estava prestes a começar a comer novamente, mas algo estranho aconteceu. Nenhuma de suas habilidades lhe serviu. Por mais sete dias, cada animal que ele tentou perseguir o iludiu, e ele temeu morrer de fome. Ele ficou muito fraco e começou a ter desmaios. Então ele teve uma chance clara de matar um pequeno animal, mas sua mão parou e não se moveu. Nesse ponto, ele desistiu e apenas se rendeu a um senso místico de confiança no universo e unidade que lhe trouxe uma alegria deliciosa. No instante seguinte, um cervo quase caminha até ele. Ele mata, cozinha e come em uma festa de ação de graças.

Esse momento de desapego nem sempre é tão transcendente. Às vezes, é motivado por uma reviravolta nos negócios, um ataque cardíaco, a perda de um ente querido ou um acontecimento trágico, e não podemos fazer nada além de aceitá-lo. Às vezes, é apenas a maturidade e o conhecimento de que nenhuma das habilidades do Guerreiro é eficaz contra a morte que forçam o Guerreiro a "ceder" a uma vida melhor.

Os Guerreiros ficam esgotados porque vivem a vida como uma luta contra os outros e contra partes de si mesmos que consideram indignas. Tenho visto muitos homens e mulheres finalmente perceberem como a luta para se tornarem melhores que outro estava acabando com eles – a alma e o coração deles e, às vezes, o corpo também.

Guerreiros que uma vez sentiram tanto orgulho e exuberância justificáveis por alcançar a capacidade de assumir o controle da própria vida e fazer as coisas acontecerem anos depois começam a se sentir exaustos e esgotados. A transformação para muitos ocorre quando eles começam a olhar para todas as estratégias que estão usando apenas para continuar: vício em cafeína, drogas ou álcool ou simplesmente mobilizando seu medo do fracasso para mantê-los correndo para a frente e para cima. Neste último caso, um desejo saudável de realização tornou-se obsessivo e viciante. O que eles devem fazer então é admitir sua vulnerabilidade humana comum e sua necessidade de amor, por outras pessoas e pelo sustento e nutrição espiritual e física.

Guerreiros primeiro desenvolvem confiança provando sua superioridade sobre os outros, porque assumiram mais controle sobre a própria vida do que a maioria e podem fazer as coisas acontecerem enquanto os outros parecem esperar passivamente que as coisas aconteçam com eles. Uma das dádivas, então, quando o controle falha é o reconhecimento de que fundamentalmente não somos tão diferentes uns dos outros. Estamos todos no mesmo barco e, em última análise, todos somos interdependentes: precisamos de outras pessoas; precisamos da terra; precisamos de Deus.

Quando os Guerreiros cedem o controle – como Tom Brown faz em *The Search* – vão além da visão da vida de um para cima/um para baixo. A única razão para querer ser melhor que o outro é a crença de que não é bom ser apenas comum. Anteriormente, não ser especial ou diferente era equiparado à impotência do Órfão e, portanto, parecia desprezível para os Guerreiros. Ao reconhecer a unidade com a terra e a interdependência com outras pessoas, eles passam a honrar a humanidade naqueles que estão no controle da própria vida, bem como naqueles que cederam o controle ou em que o controle foi arrancado deles. Quando os heróis desistem da necessidade de ser "melhor do que", eles param de ter de provar a si mesmos o tempo todo e podem, pelo menos ocasionalmente, *ser*.

Nas primeiras vezes que os Guerreiros tentam afirmar os próprios desejos, eles inevitavelmente se envolvem em exageros e, portanto, não obtêm resultados muito bons. No entanto, no estágio seguinte, eles aprendem a ser mais sutis e políticos e conseguem o que querem com mais frequência. Em última análise, no entanto, os Guerreiros devem abrir mão do controle do resultado e se afirmar como parte da dança da vida. O processo de afirmação torna-se então sua própria recompensa, porque os torna mais eles mesmos.

É então que os milagres começam a acontecer. Muitas vezes, depois de deixarem de lado seu apego a um resultado específico, quando colocarem a si mesmos e seus desejos para fora, sem nenhum desejo de manipular as pessoas ou fazer com que elas os satisfaçam, os Guerreiros descobrem que os resultados são melhores do que ousaram esperar. É nesse ponto que as noções budistas de desapego e as crenças místicas judeu-cristãs sobre transcender o ego começam a fazer sentido e a ser úteis para o herói.

Simbolicamente, é importante que no final do antigo mito heroico, depois de enfrentar seu medo matando o dragão, o Guerreiro volte para casa e se case. A recompensa por sua batalha é que ele se torne, finalmente, um amante. Sem as habilidades de afirmação e estabelecimento de limites, nenhum relacionamento real de amor entre pares é possível – apenas um em que uma pessoa simplesmente conquista e a outra apazigua. Essas habilidades permitem a criação de uma relação positiva com outro ser humano, com as instituições e com o mundo em geral. Em última análise, eles tornam possível amar e saborear a própria vida.

Muitos dos grandes amantes da literatura começam brigando uns com os outros – por exemplo, Beatrice e Benedict em *Much Ado About Nothing* (*Muito Barulho por Nada*) de Shakespeare e Darcy e Elizabeth em *Pride and Prejudice* (*Orgulho e Preconceito*) de Jane Austen. Cada um tem a força, o respeito próprio e a facilidade de afirmação que lhes permite negociar um relacionamento mutuamente satisfatório. A intimidade saudável exige a afirmação diária e a cada hora de quem você é e o que você quer e uma vontade de ver como os desejos conflitantes podem se unir para criar uma vida mutuamente enriquecedora.

Assim, também, nos negócios. Você tem apenas parte da equação se inventar uma ratoeira melhor, mas não consegue comercializá-la. Ser bom em seu trabalho é apenas um passo para a satisfação no trabalho. A próxima é criar um senso de comunidade humana em que funcionários, clientes e outras partes interessadas se sintam vistos e apreciados.

FAMILIARIZANDO-SE COM O ARQUÉTIPO DO GUERREIRO

Para se familiarizar com o arquétipo do Guerreiro, faça uma colagem de fotos de revistas que se assemelhem ao Guerreiro; faça listas de músicas, filmes e livros que expressem o Guerreiro; junte fotos suas, de parentes, de colegas e de amigos no modelo do Guerreiro. Pratique perceber quando você está pensando ou agindo como um Guerreiro.

Exercícios de Guerreiro

Passo Um: Respire fundo com o diafragma e pergunte a si mesmo o que você realmente deseja. Isso é mais profundo e primordial do que você "quer", mas também não precisa ser só impulsos básicos. Até que ponto sua vida atual está satisfazendo esses desejos?

Passo Dois: Quais são seus valores? Que princípios você se sente comprometido a defender? Até que ponto você está, atualmente, vivendo de acordo com seus padrões éticos?

Passo Três: Defina suas metas para os próximos anos. Em seguida, identifique o que você precisa fazer – e quando – para realizá-las. Crie um sistema de responsabilidade para que possa acompanhar seu progresso. (Se obtiver novas informações que sugiram que você altere seu plano, faça isso.)

Passo Quatro: O que está acontecendo em sua vida que parece estar dando errado? O que você pode fazer sobre isso? Projete e implemente um plano de ação para remediar esse erro.

CAPÍTULO 5

Mostrando Generosidade: o Altruísta

> Ainda que eu fale as línguas dos homens e dos anjos, se não tiver amor, serei como o sino que ressoa ou como o prato que retine. Ainda que eu tenha o dom de profecia, saiba todos os mistérios e todo o conhecimento e tenha uma fé capaz de mover montanhas, se não tiver amor, nada serei. Ainda que eu dê aos pobres tudo o que possuo e entregue o meu corpo para ser queimado, se não tiver amor, nada disso me valerá... Assim, permanecem agora estes três: a fé, a esperança e o amor. O maior deles, porém, é o amor.
>
> — 1 CORÍNTIOS 13:1-3, 13

O herói se compromete com algo maior do que ele ou ela mesmos.

O que você ama o suficiente para morrer por isso? Seu filho? Seu cônjuge ou parceiro? Seus pais? Você daria sua vida para garantir a paz mundial, acabar com a fome ou preservar a liberdade? Além de morrer, o que você sacrifica para tornar este mundo um lugar melhor? Você está tão interessado no efeito de seu trabalho no mundo quanto está em quanto dinheiro ou *status* ele lhe traz? O que você valoriza? O que você quer dar ao mundo? Qual você quer que seja o seu legado?

Heróis desde tempos imemoriais viveram para algo maior do que eles mesmos. Eles podem viver por seu país, pela história, pela família, por princípios, por amor ou por Deus. As motivações diferem, mas por definição os heróis têm uma função transcendente, trazendo vida renovada não apenas para si mesmos, mas para o mundo. Vivemos um momento de imensos desafios e oportunidades. As escolhas que fazemos hoje como indivíduos criam coletivamente o mundo que todos habitaremos amanhã. O progresso não é automático. Em vez disso, resulta das decisões agregadas de indivíduos que consideram não apenas seu próprio bem, mas o bem maior da sociedade, da humanidade e do planeta.

O arquétipo Altruísta* sobrepõe o cérebro mamífero com características distintamente humanas, assim como o arquétipo do Guerreiro faz com o cérebro reptiliano. Os mamíferos não apenas amamentam

---

* Nas duas primeiras edições deste livro, referi-me ao arquétipo do zelo e do sacrifício como o Mártir. Ao escrever esta edição, concluí que a palavra "mártir" assumiu uma conotação tão pejorativa que tive de usar outro nome para ajudar as pessoas a se conectarem com a parte de cada um de nós que vive para algo além de nós mesmos. No entanto, mesmo com essa mudança de terminologia, o arquétipo ainda nos pede para dar não apenas o que é fácil, mas o que, às vezes, é muito difícil. De fato, há momentos que exigem que abramos mão de algo ou que demos aos outros o que poderíamos ter guardado para nós mesmos. Além disso, a vida segue uma progressão natural. Por exemplo, as pessoas que são muito bem-sucedidas nos negócios podem se concentrar em provar a si mesmas e acumular riqueza no início da vida e depois se voltar para atividades de caridade. Ademais, a vida tem um equilíbrio embutido, mesmo no início, se você tiver uma família. Você pode ser um Guerreiro ferozmente competitivo no trabalho, mas em casa pode sacrificar seus desejos de bom grado para apoiar seu cônjuge, parceiro ou filhos.

seus filhotes, eles também gostam de se aconchegar uns com os outros e formam laços duradouros. Quando os predadores atacam os rebanhos de mamíferos, os velhos, os fracos e os doentes vão para o lado de fora da matilha, sacrificando-se pelo bem dos outros. Nossa herança mamífera nos dá a capacidade de amor e devoção e um instinto de nos sacrificar quando necessário. O arquétipo Altruísta nos ajuda a trazer essas virtudes à consciência, para que possamos escolher não apenas quem amamos, mas também se e quando estamos dispostos a nos sacrificar pelos outros.

Quando o arquétipo Altruísta emerge em nossa vida, ele nos ajuda a nos conectar com toda a gama de nossos ancestrais mamíferos e humanos. Tal como acontece com outros arquétipos, a expressão do Altruísta evolui de muito concreta para mais abstrata. Nas sociedades primitivas, sacrifícios humanos eram oferecidos para agradar os deuses. Culturas mais avançadas reverenciavam grandes heróis e santos religiosos e mártires que estavam dispostos a morrer por seu país ou sua fé. Em nosso próprio tempo, isso se expressa em nossa disposição de renunciar às conquistas individuais para ser um bom jogador de equipe, sacrificarmo-nos por nossos filhos e doar aos menos afortunados.

O termo "mártir" costumava impor grande respeito. Referia-se a alguém que estava disposto a morrer ou sacrificar algo de valor por princípios, por amor ou para ajudar os outros. Ironicamente, o sacrifício saiu de moda. Num momento em que os sem-teto enchem as nossas ruas, as crianças e os idosos são muitas vezes negligenciados e o abismo entre ricos e pobres continua a aumentar, poucos de nós parecem dispostos a dar generosamente por meio de impostos, doações para instituições de caridade privadas, ou presentes de nosso próprio tempo, para corrigir essas desigualdades. A literatura contemporânea de autoajuda muitas vezes agrupa os atos mais nobres de cuidar sob a rubrica de codependência (que tem a ver com dar inadequadamente àqueles que usarão sua ajuda para continuar uma prática viciante). Isso deixa muitos com a ideia bizarra de que sempre pensar em si mesmo primeiro é saudável, enquanto cuidar dos outros é inerentemente um sinal de que você está doente.

Altruísmo e Êxtase

Nas civilizações antigas, não apenas as divindades ofereciam modelos de martírio, suas mortes e ressurreição estavam ligadas ao erotismo. Por exemplo, o deus grego Dioniso era visto como irresistível para as mulheres. Nos ritos dionisíacos, os seguidores se aglomeravam ao redor dele (como *groupies* seguindo estrelas do *rock*), agarrando qualquer parte que pudessem tocar. Eventualmente, eles atingiriam tais níveis de intensidade apaixonada que o despedaçariam em um frenesi de êxtase, mas ele sempre retornava, renascido no ano-novo.

Os mistérios gregos de Elêusis explicavam a origem das estações por meio do mito de Deméter, a deusa dos grãos, e sua filha, Perséfone. Perséfone foi sequestrada por Hades, o senhor do submundo, que estava apaixonado (ou pelo menos tinha desejo) por ela. Deméter ficou tão triste com o sequestro de Perséfone que ficou sentada chorando em vez de fazer as plantações crescerem. À medida que a fome se espalhava por toda a terra, Zeus interveio e a amada filha de Deméter voltou para ela. Quando ele fez isso, as plantações e flores floresceram mais uma vez. No entanto, como Perséfone havia comido uma semente de romã enquanto estava no submundo, ela tinha de voltar para lá uma vez por ano; aquele período do ano em que ocorre o inverno na Terra.

O conhecimento de que a morte e o sacrifício são pré-requisitos para o renascimento é básico para toda religião da fertilidade. Essa é uma lei básica dos mundos natural e espiritual. Os mistérios de Deméter e Perséfone provavelmente se originaram com o desenvolvimento da agricultura. Por milhares de anos, as pessoas se reuniram em Elêusis e em outros lugares para aprender os processos de agricultura, sexo, nascimento e morte. Na agricultura, a semente é plantada no solo; por um tempo nada parece estar acontecendo, até que finalmente brota. Com o sexo, o óvulo é fertilizado pelo espermatozoide e plantado no útero, onde gesta por nove meses até o nascimento do bebê. Quando morremos, somos enterrados na terra, e parece que partimos para sempre. No entanto, as sacerdotisas de Elêusis explicariam que, tão certo quanto a semente produz o grão e o sexo leva a bebês, a morte é seguida pelo renascimento e pela nova vida.

Enquanto o Órfão busca o resgate do sofrimento e da perda, o Altruísta os aceita como potencialmente transformadores. Nossas principais religiões modernas também exaltam a qualidade transformadora do sacrifício. Como Carol Ochs argumenta em *Behind the Sex of God*, as histórias centrais do judaísmo e do cristianismo – a disposição de Abraão de sacrificar Isaque e a disposição de Deus, o Pai de sacrificar Cristo – dramatizam o poder de cura do martírio. Se o amor pelo filho é grande, oferecê-lo é o sacrifício final, maior ainda do que sacrificar a si mesmo.[1]

Tomada metaforicamente, a vontade de sacrificar um "filho" pode representar um passo além do egocentrismo narcisista do Órfão que exige que aprendamos a dar e cuidar não só quando é fácil, mas também quando é difícil, quando parece que dar nos custa caro demais.

Da mesma maneira, a prática budista nos ensina a encontrar a felicidade deixando de lado nossos desejos. Paradoxalmente, podemos encontrar satisfação não obtendo o que queremos, mas sacrificando o apego ao ego pelo bem maior da bem-aventurança transcendente.

Sacrifício e martírio podem estar fora de moda em um mundo em busca de prazer, mas dificilmente uma alma deixa de acreditar neles. Na base deles está o reconhecimento de que "não sou a única pessoa no mundo". Às vezes, escolhemos fazer algo não tanto porque queremos, mas porque será bom para outra pessoa ou porque acreditamos que é certo. Algum sacrifício é necessário se desejamos interagir amorosamente com outras pessoas. E, embora isso não nos deixe extasiados, todos conhecemos a sensação de alegria e autoestima que resulta quando agimos para ajudar os outros. A pesquisa científica até sugere que isso fortalece nosso sistema imunológico.[2]

Aceitação da Mortalidade

Compreender que a morte é básica para a natureza também faz parte da aceitação do aspecto sacrificial da vida. As folhas caem da árvore a cada outono, possibilitando as flores da primavera. Toda vida animal, incluindo os humanos, vive comendo outras formas de vida. Por mais que tentemos negar, os humanos fazem parte da cadeia alimentar. Comemos plantas e animais e excretamos substâncias que fertilizam o solo para que mais plantas possam crescer. Todo fôlego de vida depende de nossa relação simbiótica com as plantas, com as quais trocamos oxigênio e dióxido de carbono. Na morte, nossos corpos se decompõem e fertilizam o solo. Essa é a sabedoria que as religiões da fertilidade nos ensinam.

Nossa vida é nossa contribuição para o universo. Podemos dar esse presente de modo livre e amoroso, ou podemos nos conter como se fosse possível, recusando a vida para evitar a morte. Mas ninguém pode. Quão pior é morrer sem nunca ter vivido! A lição final do Altruísta é escolher dar a própria vida por dar, sabendo que a vida é sua própria recompensa e lembrando que todas as pequenas mortes, as perdas em nossa vida sempre trazem consigo transformação e nova vida, que as mortes reais não são finais, mas apenas uma passagem mais dramática para o desconhecido.

Até que estejamos dispostos a nos entregar à vida, sempre seremos possuídos pela morte. Podemos rejeitar o sacrifício do ponto de vista filosófico, mas descobriremos inevitavelmente que nos martirizamos por nossa peregrinação, por nossa luta, até mesmo nossa magia. Acredito que os seres humanos têm uma necessidade inata de se sacrificar por algo além de si mesmos. Enquanto escrevo, minha filha de 21 anos está enfiada em uma sala de edição, trabalhando de modo desumano longas horas para terminar um vídeo educacional projetado para ajudar jovens usuários de drogas a permanecerem vivos. Ela nunca conseguiria trabalhar tanto por ambição, mas consegue por amor.

Em ambientes organizacionais, conheço muitas pessoas cujo trabalho é motivado por uma incrível sensação de querer fazer a diferença no mundo; essas pessoas poderiam estar ganhando muito mais dinheiro e/ou tendo mais tempo de lazer, mas em vez disso estão comprometidas com o trabalho que acham importante. Porque sabem que o que fazem ajuda as pessoas, elas suportam reuniões interminavelmente entediantes, papelada enfadonha e longas horas.

Em seu clássico de gerenciamento *Deep Change*, Robert Quinn argumenta que os heroicos líderes organizacionais de hoje devem se preocupar mais em contribuir com o mundo do que em sua própria ascensão na escada corporativa. O que o mundo precisa agora, diz ele, é de liderança visionária. Trabalhando com uma equipe de gerenciamento no processo de desenvolvimento de uma declaração de visão, ele pergunta se eles estariam dispostos a morrer por essa visão. (É claro que ele não quer dizer literalmente morrer. Ele quer dizer perder o emprego.) O sucesso, nesse novo paradigma, não se baseia em quanto dinheiro você ganha, mas em sua capacidade de contribuir com o mundo. O que ele quer dizer é que a mudança de paradigma que ocorre em nossa vida econômica e social requer uma liderança que coloque o bem da organização e da comunidade mais ampla à frente do ganho pessoal.[3]

A maioria de nós sabe que, em nossa vida privada, o estabelecimento de uma família saudável exige a disposição de deixar de lado seus desejos imediatos pelo bem dos outros. Qualquer pai que fica acordado a noite toda com uma criança doente sabe que, por mais exausto que se sinta no dia seguinte, não deixaria de estar lá para aquela criança. Qualquer pessoa envolvida em um relacionamento amoroso sério e comprometido sabe que você só precisa deixar de lado a necessidade de sempre seguir seu próprio caminho para que esse relacionamento funcione. A maioria dos casais passa por um período Guerreiro, em que ambas as partes, em uma batalha de vontades, tentam refazer o outro à sua própria imagem. Quando esse projeto Pigmaleão falha, como quase sempre acontece, torna-se possível deixar de ser dois indivíduos em conflito e estabelecer um senso de "nós" como um casal. Quando isso acontece, fazemos escolhas não necessariamente porque são melhores para "mim", mas porque são boas para "nós".

Muitas tendências autodestrutivas e viciantes em nosso mundo "eu primeiro" podem ser atribuídas ao nosso fracasso em honrar em nós mesmos a necessidade humana de nos sacrificarmos por algo maior do que nós mesmos. Se não nos sacrificarmos conscientemente por algo em que acreditamos, seremos possuídos pela sombra do mártir – comportamentos que ameaçam tirar nossa vida, mas não trazem redenção.

O sacrifício pode ser gratificante quando alimentado por uma paixão genuína. Por exemplo, a literatura de cavalaria exalta o sofrimento do cavaleiro que faz o que for necessário para provar seu amor por sua amante. Eventualmente, seus esforços valem a pena, não apenas ganhando o favor dela, mas também desenvolvendo disciplina, coragem e honra. Esses cavaleiros também encontram satisfação em jurar lealdade absoluta ao rei, morrendo, se necessário, por seu país.

Muitas pessoas aceitam empregos que não pagam bem e oferecem poucas oportunidades de promoção. Eles podem trabalhar em creches, em asilos para idosos, em organizações comunitárias ou em outros lugares que fazem uma grande diferença na vida daqueles a quem atendem. Poucos de nós podem saber quem são, mas diariamente fazem do mundo um lugar melhor. Embora as recompensas possam não se traduzir em riqueza ou poder material, se eles sabem que realmente estão ajudando os outros, sentem com razão que suas vidas têm significado e valor.

A ressonância do arquétipo Altruísta no mundo de hoje foi demonstrada pela manifestação de tristeza após a morte da princesa Diana da Inglaterra. Diana poderia ter passado todo o seu tempo sendo uma dondoca. Em vez disso, passou inúmeras horas no que considerava "seu trabalho", prestando apoio público às organizações que cuidam de pessoas necessitadas. E as pessoas a amavam por isso. Em particular, elas responderam à sua preocupação inicial com os pacientes de AIDS e sua campanha pessoal para divulgar os danos contínuos a civis, muitos deles crianças, causados por minas terrestres.

Os heróis com os quais as pessoas se identificam hoje não são lendários. Eles estão lutando com os mesmos dilemas comuns que todos nós enfrentamos. As pessoas amavam a princesa Diana porque ela as deixava entrar, compartilhando com o mundo suas lutas com a bulimia e sua decepção com o que parecia ser a fantasia de toda garota (casar com o príncipe). Desse modo, ela era apreciada como uma companheira humana, com tristezas e pontos fortes. Os heróis não esperam para ajudar o mundo até terem tudo resolvido. O herói dá vida a uma cultura moribunda, em parte sendo ao mesmo tempo carinhoso e real. Todos nós podemos fazer isso vivendo nossa vida plenamente. Nossa capacidade de fazê-lo está psicologicamente relacionada à nossa disposição de dar o que ela exige de nós: amar o máximo que pudermos, mesmo sabendo que isso nos abre à dor e à tristeza; viver nosso propósito vocacional, fazer nosso trabalho, mesmo correndo o risco de fracasso, pobreza ou receber pouca ou nenhuma valorização; e finalmente morrer, pois esse é o preço que pagamos por ter vivido.

PORQUE O SACRIFÍCIO TEM UMA MÁ REPUTAÇÃO

Embora amplamente praticado em suas variações positivas e negativas, o sacrifício ganhou uma má reputação porque no passado foi muitas vezes prescrito, não escolhido. Se você foi socializado por seus pais, pela igreja/sinagoga ou por sua educação para sacrificar a essência de sua individualidade para ser "bom", não há como se doar livremente. Antes de aprender a se doar apropriadamente, é necessário dizer não ao sacrifício gratuito, definido por papéis.

O sacrifício não pode ser redentor se for necessário! Espera-se que os homens compitam em um mercado metaforicamente imaginado como uma "selva" e lutem quando necessário para proteger o lar e o sustento. As mulheres foram ensinadas a criar um ambiente doméstico marcado pelo zelo e pela gentileza. A existência de um santuário tão privado à parte da tempestade dependia dos sacrifícios das mulheres – não apenas os sacrifícios necessários exigidos pela criação dos filhos, mas mais do que isso. Como os homens abdicaram do mundo do zelo optando pelo mundo da realização, esperava-se que as mulheres fornecessem esse cuidado para ambas as partes. Na prática, isso significava que as mulheres tinham de sacrificar sua expressão criativa e seu desejo de realização para cuidar dos outros. Esse arranjo tem prejudicado as mulheres porque, em vez do sacrifício ser apenas uma tarefa de desenvolvimento, definiu a vida delas. Além disso, o mito do amor e do sacrifício tem sido usado para manter as mulheres em papéis tradicionais e limitados.

Embora não se espere que os homens abdiquem da realização pessoal para cuidar, a cultura lhes atribuiu o papel de provedor, o que significa que eles teriam de assumir um trabalho perigoso ou tedioso, se fosse necessário colocar comida na mesa. Além disso, o arquétipo do Guerreiro, para o qual o papel masculino foi escalado, também alimenta o arquétipo Altruísta, com sua exigência de que os indivíduos estejam dispostos não apenas a lutar para vencer, mas, se necessário, morrer por sua causa. Ademais, guerreiros estoicos sacrificam todo o resto para se tornarem máquinas de desempenho. Às vezes penso que homens que morrem de ataque cardíaco causado por estresse relacionado ao trabalho podem ser vistos como morrendo de coração partido por acreditar que ninguém se importa com o que eles sentem, desde que ganhem dinheiro para a empresa e a família.

Se você pensar nos estereótipos da mãe americana ou da mãe judia, verá como o papel feminino tradicional e altruísta pode distorcer a humanidade plena de uma mulher, em vez de trazer à tona sua nobreza inata. Seus resultados são amargura, manipulação e comportamento que leva à culpa. Você também pode ver que quando os homens são forçados a assumir o papel de provedor sem permissão para considerar seus próprios desejos ou preocupações mais profundos, podem desenvolver um sentimento machista de direito, que se resume a querer um tributo para compensar o fato de não ter uma vida real. Quando as pessoas são forçadas por expectativas de papéis a desistir da própria vida por outra pessoa, elas inevitavelmente exigirão que a outra pessoa pague. Vemos isso com esposa amarga que repreende o marido; mães e pais que criam uma sensação de culpa nos filhos; e o homem num emprego degradante que volta para casa e dá ordem à sua família.

Na maioria das vezes, o sacrifício não é recompensado. A esposa pode sacrificar a carreira (ou o avanço na carreira) ou, simplesmente, sacrificar o que ama fazer para ajudar o marido ou os filhos, mas descobrir que é cada vez mais subestimada. Ela também pode interiorizar essa autovalorização negativa, apresentando-se socialmente como "sou apenas uma dona de casa". Um marido pode trabalhar como catador de lixo para sustentar a família e descobrir que eles têm vergonha do que ele faz, mesmo que esteja fazendo isso por eles. Um funcionário pode desistir de seus fins de semana e de suas noites pela empresa e mesmo assim ser demitido. Pessoas em profissões de "cuidadores", como professores ou enfermeiros, pagam um preço por serem desvalorizados e receberem mal (a menos que invoquem o Guerreiro e formem um sindicato). Na verdade, muita gente que observa com frequência outras pessoas se sacrificarem para fazer o bem aos outros, assumem que elas não têm autoestima e as trata de acordo.

Pessoas de bom coração organizam programas governamentais e de caridade para ajudar os pobres. A maioria dos beneficiários usa esses programas de maneira correta para se reerguer. Ao fazer isso, eles honram os sacrifícios feitos em seu nome. Claro, alguns sempre encontram uma maneira de usar o sistema para lucro pessoal, vendo os de "coração mole" que apoiam esses programas como idiotas. Outros abusam de seus subsídios para financiar comportamentos viciantes e autodestrutivos. Na medida em que a intenção altruísta de estabelecer tais programas não é equilibrada pelo realismo e pela obstinação, indivíduos e sociedades inteiras podem deixar de dar aos destinatários inteiramente ou tão cuidadosamente monitorados que a dignidade deles é prejudicada. Pseudoaltruístas usam os inevitáveis fraudadores como uma desculpa para se afastar da responsabilidade social, enquanto indivíduos mais nobres empregam sua inteligência para ajustar sua capacidade de fazer uma diferença de "amor exigente" para aqueles que precisam.

O SACRIFÍCIO GRATUITO ACABA AQUI

A decisão de cuidar, mesmo à custa do autossacrifício, é uma escolha pela vida e contra o desespero. É também a lição espiritual dominante na qual as pessoas vêm trabalhando há milhares de anos e, como vimos, é a essência do cristianismo e do judaísmo, do pensamento existencial moderno, bem como de grande parte da política progressista. Heróis em todos os tempos e lugares sempre foram aqueles indivíduos que viveram para algo além de si mesmos.

Há pouco tempo, eu estava conversando com um amigo sobre este livro, e ele disse que o herói é alguém que suportou as provações e tribulações da vida. Quando pressionado, explicou que na verdade queria dizer algo mais do que isso. Os heróis, continuou ele, não apenas suportam dificuldades, mas mantêm seu amor pela vida, sua coragem e sua capacidade de cuidar dos outros. Não importa por quanto sofrimento passem, eles não o transmitem. Eles o absorvem e declaram: "O sofrimento acaba aqui!".

Na moralidade do Altruísta primitivo, é apropriado que as mães sacrifiquem o crescimento pessoal e a sua realização pelos filhos. As filhas, por usa vez, se sacrificarão pelos filhos. Espera-se que pais e filhos deem a vida voluntariamente, se chamados, por seu país. Todos se sacrificam a Deus ou, mais precisamente, sacrificam a serviço do bem aquelas partes de si mesmos que consideram erradas ou pecaminosas. Nada está acontecendo além de sacrifício. Tornou-se um fim em si mesmo; portanto, não faz nada para melhorar o mundo. Na verdade, isso geralmente aumenta a dor cumulativa do mundo.

Em um nível mais alto, a consciência entra em ação e, com ela, o poder transformador da escolha pessoal. No romance *Catch-22* (*Ardil-22*), de Joseph Heller, Yossarian, o personagem central, reconhece que o sistema social em que vive (o exército durante a Segunda Guerra Mundial) é definido inteiramente pelo sofrimento, com cada vítima vitimizando outra: "Alguém tinha de fazer algo em algum momento. Cada vítima era um culpado, cada culpado uma vítima, e alguém tinha de se levantar em algum momento para tentar quebrar a péssima cadeia de hábito herdado que estava colocando em perigo todos eles".[4] Embora tivesse sido dito a ele que está voando nessas missões de bombardeio para salvar sua casa e seu país, ele descobre que sua missão secreta era simplesmente para preservar negócios internacionais. Então ele para de voar. Yossarian sabe que não pode ser necessariamente livre, pois o exército pode levá-lo à corte marcial. No entanto, em vez da aflição sem sentido de voar mais missões, sua recusa pode ter algum efeito positivo. No mínimo, ele está vivendo de acordo com seus próprios valores e recuperou sua integridade. No máximo, seu exemplo pode levar outros a se recusarem também a realizar mais missões de bombardeio. Assim, a cadeia do sofrimento pode ser quebrada.

Yossarian passa a entender que os sacrifícios que ele foi forçado a fazer são ativamente destrutivos para ele mesmo e para os outros. Enquanto continuar voando em missões de bombardeio, sujeita-se às forças de ambos os lados que estão matando pessoas desnecessaria-mente. A escolha de dizer não também exige sacrifício – talvez ele te-nha de desistir de uma dispensa honrosa e, portanto, perder o respeito e as oportunidades de carreira ao voltar para casa; no entanto, esse sacrifício é transformador porque é uma resposta correta e corajosa às necessidades reais de sua situação específica.

Como você pode dizer se está se dando corretamente? Quando você está, parece compatível com sua identidade, uma consequência de quem você é. Em última análise, sabemos quem somos pelo que morreríamos. Grandes mártires como Martin Luther King Jr. e Yitzhak Rabin, por exemplo, acreditavam tanto em si mesmos e em sua causa que conscientemente arriscaram a morte em vez de suportar a morte em vida prejudicial à alma de serem menos do que poderiam ser. Assim, também, para Madre Teresa. Ela trabalhou com os sem-teto e moribundos porque essa era sua vocação. Para muitos de nós, tomar decisões sobre quando e quanto sacrificar nos ajuda a aprender quem somos.

A DIGNIDADE DE RECEBER

Dar não pode ser transformador a menos que seja recebido. Se alguém nos dá e nós recusamos o presente, nenhum mal necessariamente é causado, mas também nenhum grande bem é realizado. Se alguém nos dá e nós usamos o que eles dão para permitir nossos vícios ou outro mau comportamento, o resultado é um dano real. Se desenvolvermos uma atitude de direito, podemos receber uma quantia enorme, mas nunca notamos. O resultado pode ser que os outros parem de nos dar porque seus presentes parecem tão invisíveis e sem valor.

Uma vez que nos definimos como os doadores em uma determinada situação ou relacionamento, podemos não perceber o quanto também recebemos. Isso é particularmente verdadeiro para os pais. Lembro-me de uma vez, quando minha filha, Shanna, tinha apenas 4 ou 5 anos. Cheguei em casa depois de um dia particularmente intenso no trabalho, fiz um lanche rápido para ela e corri para levá-la e a uma amiga para a aula de ginástica. O local era muito longe de casa para voltar, então esperei, faminta e cansada, por uma hora e meia, mordi minha língua enquanto ela brincava depois do treino, corri para casa, dei banho nela, vesti-a para dormir e li uma história. Eu ainda não tinha tido tempo para comer ou trocar minhas roupas de trabalho.

Quando minha filha me pediu para cantar para ela dormir, eu disse um tanto irritada: "Estou cansada. Você também tem de pensar em mim às vezes". Ao se virar para dormir, estendeu a mão, tocou meu rosto com a mãozinha e disse: "Mãe, sempre penso em você". Havia tanto amor em sua voz que me senti plenamente vista e amada por ela. Ao seu toque, minha energia retornou. Certamente isso foi um presente tão grande quanto eu fazer o jantar para ela e levá-la para a aula. Mas se eu estivesse apegada à ideia de ser a mãe que dá tudo, não poderia ter deixado entrar o amor dela da maneira simples e honesta que ela me deu. Como é bom quando uma criança abre os braços para cumprimentá-la, pulando para cima e para baixo de felicidade, gritando "Mamãe chegou!" ou "Papai chegou!"

Ao criar Shanna, eu me reconectei com a garota em mim, aprendi a brincar novamente e experimentei deleite e amor diários. Quando deixo isso entrar por completo, sei que ela trouxe pelo menos tanto para mim quanto eu compartilhei com ela. Muito poucos de nossos relacionamentos precisam de fato ser unilaterais. Os terapeutas aprendem com seus pacientes; os professores aprendem com seus alunos; pastores aprendem com suas congregações. Quando a energia não está fluindo nos dois sentidos, algo está errado. Se o dar e o receber acontecem sem bloqueio, ambos recebem mais do que dão – porque o processo intensifica e enriquece a energia trocada. Aprender a dar ou sacrificar apropriadamente certamente é tão difícil quanto aprender a jogar beisebol. Nossas primeiras tentativas são sempre muito desajeitadas. As pessoas podem interpretar mal nossa doação e pensar que queremos algo em troca. Ou, como a mãe que abandona a carreira ou o pai que trabalha em uma área que odeia para sustentar a família, exageramos. Mas com a prática vem o aperfeiçoamento; nosso dar e receber assume a facilidade demonstrada por verdadeiros profissionais jogando bola. Tudo parece fácil – jogar, pegar e soltar novamente.

Para algumas pessoas, dar é doloroso porque sentem que precisam controlar ou manipular tudo para que a bola volte para elas. E se pensarem que – depois de jogar a bola na primeira base, elas precisam recuperá-la da primeira base – podem ficar muito desapontadas. Mas mais cedo ou mais tarde – da terceira base ou do campo esquerdo – a bola volta.

Quanto mais damos de maneira gratuita, mais recebemos, porque a natureza abomina o vácuo; ela nos preenche. Isto é, isso acontece a menos que tenhamos entendido mal o sacrifício e vejamos o estado de esvaziamento como um bem estático e não apenas um estágio no processo. Então obtemos o que pedimos – vazio, esgotamento.

Quando aprendemos a receber e a dar, podemos passar para um fluxo de dar e receber que é a essência do amor – reciprocidade. Desse modo, o fluxo de energia não segue apenas um caminho, mas ambos. Eu dou a você e você a mim e nós dois recebemos a energia completamente. Cristo disse para "amar o próximo como a si mesmo". O sacrifício, no entanto, tem sido mal interpretado como amar o próximo *em vez de* amar a si mesmo.

Para que o amor seja transformador, é preciso deixá-lo entrar. É por isso que Cristo pediu a seus discípulos na Última Ceia que comessem o pão e bebessem o vinho "em memória de mim". É também por isso que os hebreus foram ordenados a comer alimentos especiais da Páscoa para celebrar o êxodo do Egito. Comer é um símbolo poderoso para receber um presente, pois nada é verdadeiramente um presente até que seja recebido. O acolhimento consciente levanta a difícil questão da escolha e da responsabilidade por ter escolhido deixar entrar uma coisa e não outra. Sim, eu vou me casar com você, mas não você. Sim, eu trabalharei com você, mas não você.

Às vezes não podemos receber presentes porque tememos que, ao recebê-los, nos obrigaremos a retribuir ao doador. Esse tipo de doação contratual pode ser um tipo de manipulação. Podemos usar nossa intuição e recusar presentes que têm amarras inadequadas, mas também devemos estar cientes de que às vezes simplesmente projetamos nossos medos no doador.

A comunicação nos relacionamentos melhora muito quando deixamos nossas expectativas explícitas para nossos entes queridos. Quase todo mundo dá o que gostaria de receber, sem perceber que a outra pessoa pode querer algo muito diferente. Certa vez eu estava em um relacionamento com um homem que achava que eu realmente não o amava porque não fazia pequenas coisas para ele, como pregar botões em sua camisa. Quando ele me disse isso, fiquei com raiva porque pensei que ele estava sendo machista. Mais tarde, percebi que não era tanto que ele queria que eu fosse convencionalmente feminina, mas que sua ideia de como você demonstra amor era fazer pequenas coisas assim um pelo outro. Como minha ideia de demonstrar amor é dizer "eu te amo" e compartilhar os segredos do coração, não me senti amada por ele – não reconhecendo que ele demonstrou seu amor por mim devolvendo meus livros atrasados da biblioteca! Para ficarmos juntos, teríamos de aprender o vocabulário um do outro. O mesmo acontece no trabalho.

COMPROMISSO, EQUILÍBRIO E VIDA NOBRE

Para muitos, até mesmo a ideia de assumir um compromisso importante com outra pessoa gera grandes medos. Por exemplo, pode ser bom casar com essa pessoa, mas e se eu encontrar alguém mais tarde de quem eu goste mais? Ou se ele me deixar? E se ele não tiver sucesso? E se ela for como a mãe? E se ela tiver câncer e eu tiver de cuidar dela? Comprometer-se é arriscar o desconhecido, mas, ainda mais do que isso, requer sacrificar a ideia do companheiro perfeito para amar um ser humano real e imperfeito. Quando o fazemos honesta e livremente, por clara preferência, o resultado pode ser transformador. Se o compromisso for recíproco, pode criar uma relação mágica de proximidade e alegria. Se não for, ainda pode ser pessoalmente transformadora, porque por meio dela aprendemos a habilidade de amar plenamente e não nos retrair dessa experiência. E aprendemos que podemos sobreviver à perda do que mais amamos.

O mesmo é válido para a vida. O compromisso de viver esta vida significa renunciar a ideias rígidas sobre o que o mundo deveria ser e amar o que ele é. Isso, é claro, não significa que não trabalhamos para tornar o mundo um lugar melhor ou para melhorar nossos relacionamentos. Significa que podemos desistir da pose de idealistas decepcionados e nos deixar saber que bênção é estar vivo. Nós nos permitimos deixar tudo entrar. Isso também significa desistir da noção de escassez – que não há o suficiente para todos e que eu não sou suficiente, você não é suficiente, e o mundo não é suficiente. Ao aceitar a vida, podemos acreditar que muito amor, bens e espaço estão disponíveis para nos fazer felizes.

Em nossa era tecnológica, podemos ter telefone celular, telefone no carro, correio eletrônico aonde quer que formos. Como resultado, podemos continuar trabalhando muito depois de teoricamente "irmos para casa". As pessoas de consciência também querem passar um tempo de qualidade com o cônjuge ou parceiro, os filhos, pais e amigos, e dedicam tempo ao autoaperfeiçoamento, introspecção, adoração e esclarecimento de valores – sem mencionar fazer exercícios necessários e serviço comunitário.

Muitos de nós hoje somos afligidos pela "ganância da vida". No final da década de 1980 e início da década de 1990, estava na moda aprender a habilidade do Guerreiro de imaginar o que você quer e correr atrás disso. Em parte isso foi bom porque muitos de nós descobrimos que poderíamos ter e ser mais do que pensávamos ser possível. No entanto, durante esse mesmo período, a lacuna entre os que têm e os que não têm cresceu exponencialmente. Algumas pessoas realizaram seus sonhos mais loucos, enquanto outras perderam a casa e foram viver na rua. O Altruísta nos convida a cuidar não apenas de nossa própria família, mas de nossa comunidade; não apenas daqueles que se parecem conosco e agem como nós, mas também daqueles que não são como nós.

A vida para os relativamente favorecidos tornou-se cada vez mais agitada, mesmo quando parecia possível ter e ser qualquer coisa. Hoje, o arquétipo do Altruísta nos ajuda a sacrificar nosso perfeccionismo, reconhecendo que é improvável que tenhamos filhos perfeitos, mantenhamos uma casa imaculada, escrevamos o grande romance americano *e* subamos a escada corporativa, pelo menos não imediatamente. Também pode nos ajudar a gastar menos tempo em conquistas e mais tempo cuidando dos outros, menos esforço em manter as aparências e mais em conhecer nossos vizinhos para criar uma comunidade real ou trabalhar com eles para resolver problemas sociais.

Em uma cultura Guerreira, a realização pessoal pode parecer significar e ser tudo na vida. No entanto, o que ganhamos se alguns de nós têm cada vez mais engenhocas enquanto outros passam fome? A atenção plena (*mindfulness*) e a escolha consciente ajudam imensamente a encontrar um equilíbrio adequado entre ambição pessoal e generosidade. Em última análise, sabemos mais sobre quem somos pelas escolhas que fazemos. Por exemplo, um pai que decide recuar na carreira para cuidar de um adolescente problemático pode sentir alguma inveja anos depois, quando os colegas o superaram em realizações. No entanto, se se lembrar que ele mesmo tomou essa decisão e tirar um momento para comemorar o benefício para a criança, pode acabar se sentindo enobrecido, em vez de enganado pela vida.

Ama o Teu Próximo Como a Ti Mesmo

Depois de matar o dragão, o herói arquetípico geralmente encontra a mulher (ou homem) de seus sonhos e se apaixona. O verdadeiro altruísmo resulta do amor. Nossos primeiros grandes amores são nossos pais, depois parentes e amigos. Em algum momento, podemos desenvolver uma queda por um professor ou outro adulto mais velho. Mais tarde, à medida que crescemos, experimentamos o amor romântico. Então podemos ter nossos próprios filhos. Quando realmente amamos alguém, dar a essa pessoa é um grande prazer. Não sentimos isso necessariamente como um sacrifício. Observe como as criancinhas ficam satisfeitas quando fazem algo que deixa seus pais felizes. Observe também como os pais ficam satisfeitos se puderem ajudar seus filhos a prosperar e crescer. Ao fazer amor com alguém muito especial, temos tanto prazer em dar prazer ao nosso parceiro quanto em sentir o nosso.

Você pode se tornar parte de uma equipe de trabalho na qual todos acreditam fortemente em sua missão. Talvez a equipe passe por um momento difícil. Em vez de lutar, vocês ficam juntos. Cria-se um vínculo que pode durar para sempre. Se você precisa trabalhar até tarde ou fazer algo que realmente não é seu trabalho, você não se importa. Você está feliz em ajudar.

Durante os desastres naturais, as pessoas em geral deixam a competitividade de lado e simplesmente ajudam umas às outras, como os povos da mesma nação costumam fazer em tempos de guerra. Eles estão conscientes de um vínculo comum e da necessidade um do outro, e também da fragilidade da vida humana. Normalmente, quando se pergunta às pessoas o que fariam se uma bomba nuclear estivesse prestes a ser lançada em sua cidade, elas respondem que ligariam para alguém para dizer que o ama. Além disso, quando compartilhamos experiências difíceis com as pessoas, é natural baixarmos nossas defesas e ficarmos mais íntimos, até mesmo contando coisas sobre nós mesmos que normalmente seriam muito particulares para serem compartilhadas.

A expressão mais autêntica do altruísmo vem do amor. E quando realmente amamos alguém, não nos sentimos separados. Em uma cultura Guerreira, a ênfase está em provar a nós mesmos; portanto, quanto dinheiro, aprovação e atenção recebemos depende de como nos comparamos com os outros. Em uma cultura Altruísta, as pessoas merecem dinheiro, aprovação e atenção simplesmente porque nos importamos com elas. Elas não precisam ser especialmente dotadas ou trabalhar duro demais. Elas só precisam ser elas mesmas.

Em seu estudo sociológico pioneiro, *The Female World*, Jessie Bernard descreveu a diferença entre o mundo historicamente privado das mulheres e o mundo público dos homens. O mundo privado opera de acordo com o arquétipo do Altruísta e o mundo público pelos padrões do arquétipo do Guerreiro. Assim, Bernard e outros sustentam que nossas teorias econômicas são baseadas apenas na experiência masculina no mundo masculino. Portanto, assumimos que as pessoas tomam decisões econômicas e de carreira por interesse próprio, trabalhando duro para ganhar mais dinheiro, maior *status* e poder. Não que essa análise esteja errada, está apenas incompleta.

As mulheres, observa Bernard, viveram de acordo com regras muito diferentes. No lar e nas comunidades, o trabalho delas não era remunerado e não havia possibilidade de ascensão. Mesmo que as mulheres trabalhassem na economia salarial, seus ganhos eram baixos e as oportunidades de aumentar o salário e *status* eram mínimas. Portanto, elas trabalhavam por amor e dever, e não por vantagem pessoal. Neste mundo feminino, você dava às pessoas não para conseguir mais, mas porque as amava ou podia ver que elas precisavam de sua ajuda.[5]

Em *The Chalice and the Blade* (*O Cálice e a Espada*), Riane Eisler traça a origem desses dois mundos coexistentes até o momento em que bandos de guerreiros conquistaram povos agrários adoradores de deusas. Ela as chama de sociedades de parceria e dominação, observando a natureza relativamente igualitária de uma e a natureza hierárquica da outra.[6]

O legado da mulher tem sido subvalorizado e geralmente ignorado por estudiosos e teóricos até recentemente. Às vezes é difícil perceber o que está acontecendo quando não é estudado na escola ou coberto pela mídia. No entanto, muitas mulheres (e alguns homens) ainda vivem de acordo com os preceitos de uma cultura Altruísta. Estou pensando em duas mulheres, ambas muito importantes para mim e para minha compreensão da abordagem Altruísta da vida. Uma mulher extremamente talentosa passou muitos anos viajando com o marido, perdendo a oportunidade de desenvolver sua própria carreira. No entanto, em todos os lugares que ela ia, ela simplesmente atendia às necessidades das pessoas – ela as aconselhava, dava massagens e conselhos nutricionais, decorava suas casas, pintava murais em suas paredes e preparava refeições. Ela apenas dava o que podia como modo de contribuir com os anfitriões que visitava em suas rondas. Às vezes ela era paga, às vezes não. Mas ela sempre teve tudo o que precisava. Esse modo de vida parecia natural para ela. O único problema surgia quando os outros a viam como menos talentosa do que alguns de seus contemporâneos porque ela não estava seguindo uma carreira identificável.

A outra mulher trabalha incansavelmente para ajudar pessoas de diferentes raças, mulheres e pessoas com deficiência. Sempre que alguém precisa de ajuda, ela está lá. Essa mulher em particular, costuma trabalhar para organizações sem fins lucrativos de baixa remuneração, é voluntária e gosta (em seu tempo livre) de fazer favores às pessoas e comprar presentes (que quase sempre são feitos à mão, de modo que ela também está apoiando artistas). Ela não é codependente e não está fazendo tudo isso por causa de alguma neurose profunda. Ela faz isso gratuitamente, por amor.

Ambas as mulheres vivem de acordo com as regras do mundo feminino. É claro que os homens sempre fizeram parte desse reino mais Altruísta, mesmo enquanto participavam do mundo público do Guerreiro. Eles têm sido ativos no trabalho de caridade, ajudaram as pessoas no quarteirão e se envolveram em igrejas, sinagogas ou comitês do *ashram*. Assim como as mulheres levavam panelas para os vizinhos, os homens ajudavam a construir ou consertar o que fosse necessário. No oeste americano, a criação de celeiros comunitários fazia parte da vida na fronteira tanto quanto fazer colchas de retalhos. Um consultor de muito sucesso que conheço me confidenciou que seu sucesso vem de nunca se preocupar muito com dinheiro. Quando ele vê algo que precisa ser feito, ele faz. Às vezes ele é muito bem pago. Outras vezes ele contribui com seus serviços. O resultado é que ele não é apenas rico, mas muito respeitado.

Nas últimas duas décadas do século XX, as mulheres entraram no mundo público em maior número. Ao mesmo tempo, habilidades de comunicação e inteligência interpessoal tornaram-se essenciais para liderança e trabalho em equipe, em vez da abordagem autoritária de cima para baixo que costumava ser a norma. Programas governamentais foram instituídos para ajudar os necessitados. E mesmo que, nos Estados Unidos, o presidente Lyndon Johnson tenha usado a linguagem do Guerreiro para lançar sua "guerra contra a pobreza", a intenção veio do espírito Altruísta, não do Guerreiro. Cada vez mais, nossos soldados são tão propensos a entregar comida a pessoas famintas quanto a se envolver em combate mortal com um inimigo.

Pode ser que, por causa da ameaça de aniquilação nuclear, as pessoas em número cada vez maior tenham percebido que, nas palavras do poeta W. H. Auden: "Devemos amar uns aos outros ou morrer". Na nova economia global, e com nossa força de trabalho cada vez mais diversificada, aprender a cuidar de pessoas que parecem muito diferentes de nós – qualquer que seja nossa formação – é o desafio de hoje. A foto tirada do espaço sideral do nosso belo globo – brilhando como uma joia no céu, mas sem sinal de fronteiras nacionais – é um símbolo poderoso de como todas as nossas jornadas estão e foram interconectadas.

Aqueles em quem o arquétipo do Altruísta se expressa se preocupam plenamente com os outros em todo o mundo, não simplesmente como um ato virtuoso de caridade, mas porque realmente acreditam que somos uma família. Ficando cara a cara com uma pessoa de outra raça, de pele diferente, vestida com roupas desconhecidas, expressando ideias que parecem estranhas ou até mesmo desconfortáveis, o Altruísta vê, por baixo de tudo isso, o irmão ou irmã.

Para o Altruísta, o desafio do nosso tempo é levar o amor, o cuidado, o compartilhamento e o espírito cooperativo que sempre caracterizaram a esfera privada (pelo menos dentro de grupos homogêneos) e expressá-los em nossa vida pública e empresarial pluralista também. Ao mesmo tempo, os Altruístas de hoje reconhecem que o desequilíbrio entre os arquétipos do Guerreiro e do Altruísta levou a um colapso no tecido social de nossos bairros. Embora mais mulheres tenham se juntado à força de trabalho (e adotado mais características de Guerreiras), não vimos uma mudança equivalente na quantidade de energia masculina reorientada para o cuidado.

Em *The Death and Life of Great American Cities*, a urbanóloga Jane Jacobs explica que os bairros eram muito mais seguros quando as mulheres mais velhas se sentavam na varanda da frente ou perto da janela e ficavam de olho nas coisas.[7] Ainda assim, mesmo sem voltar aos papéis de gênero anteriores, nossos bairros podem ser seguros novamente. Podemos torná-los seguros quando nosso valor cultural para o cuidado alcança nosso respeito pela competição e conquista – em suma, quando os valores do reino feminino tradicional são tão respeitados quanto os do mundo masculino. Quando isso acontecer, o núcleo de nossa família e comunidades parecerá tão importante quanto o local de trabalho para homens e mulheres.

No passado, o desenvolvimento psicológico exigido das pessoas era bastante simplificado pela atribuição de papéis a diferentes grupos que usavam apenas parte de sua capacidade potencial como seres humanos. A crescente complexidade da vida atual e o colapso dos papéis de gênero tradicionais nos forçam a nos tornarmos mais complexos e equilibrados psicologicamente.

No entanto, quando os gêneros são socializados de maneira muito diferente, há um limite inerente à intimidade que os casais podem alcançar. Homens e mulheres hoje podem alcançar uma maior proximidade do que em outros tempos, justamente porque estamos aprendendo a compartilhar mais experiências e perspectivas. Os homens não precisam sentir que as mulheres são uma espécie alienígena e vice-versa. Tanto homens quanto mulheres têm acesso ao Guerreiro e ao Altruísta interior.

À medida que mulheres e homens equilibram as exigências de "provar a si mesmo" com "viver generosamente", nossas comunidades, negócios e sociedades podem funcionar mais harmoniosamente juntos. O Guerreiro nos leva parte do caminho para a prosperidade, ensinando-nos disciplina, habilidade e foco na qualidade da realização. O Altruísta nos leva à abundância, encorajando-nos a compartilhar a riqueza.

DOAÇÃO E PROSPERIDADE

O Guerreiro vive em um contexto de escassez. O arquétipo do Altruísta nos ajuda a fazer a transição para a abundância. Quando aprendemos a dar e receber apropriada e habilmente, o resultado é verdadeiramente milagroso. Há alguns anos, tive a oportunidade de participar de uma cerimônia de doação inspirada nas praticadas por vários povos nativos norte-americanos. Isso me mostrou como deixar de lado aquilo de que você não precisa mais e dar aos outros aquilo de que eles precisam, pode se unir de modo mágico e indolor. Disseram-nos de antemão para levar algo de que fosse muito valioso para nós (embora não necessariamente de valor monetário), algo que também estávamos psicologicamente prontos para desistir e seguir em frente. Colocamos esse item em um altar. Então todos passamos e pegamos qualquer item que nos chamasse. O milagre, descobrimos quando discutimos isso mais tarde, foi que todos receberam o presente certo. O que aprendi com essa experiência foi que milagres de sincronicidade (coincidências significativas) ocorrem – regularmente!

Todos nós podemos ter o suficiente se não acumularmos. Nosso trabalho é apreciar completamente e valorizar o que realmente queremos que já temos e, ao mesmo tempo, desistir de tudo de que não precisamos mais. *Nossa capacidade de doar fala ao universo de nossa vontade de receber.* Não temos de nos agarrar às coisas, protegendo-nos contra um tempo difícil. Se dermos de graça, também receberemos de graça aquilo de que precisamos.

Na década de 1970, os Estados Unidos passaram por uma série de "crises" de energia. Acreditávamos que a gasolina era escassa, embora ainda tivéssemos um suprimento adequado. As pessoas estocaram por medo. Ironicamente, esse medo de que não teríamos o suficiente se tornou uma profecia autorrealizável. Quando as pessoas acreditam que têm o suficiente e compartilham livremente, há o suficiente. O que Franklin Roosevelt disse em 1933 permanece verdadeiro: "A única coisa que devemos temer é o próprio medo".

Quando nos assustamos, acumulamos. Um dólar, mantido trancado, vale apenas um dólar – por mais tempo que o tenhamos. Se esse dólar for gasto, investido ou doado, pode mudar de mãos dez vezes naquele dia e, portanto, valer dez dólares. Ao longo do ano, mesmo que alguns dias fossem menos ativos, esse dólar poderia ser usado para transações no valor de mais de três mil dólares. Muito literalmente, a riqueza acontece quando mantemos o dinheiro circulando. O mesmo acontece com as mercadorias. Se todos nós acumulamos bens de que não precisamos em nosso sótão e porão, muitas pessoas ficam sem. Se todos nós transmitirmos aquilo de que não precisamos mais, há mais para todos compartilharem. Além disso, atingimos tal estado de interdependência internacional que um colapso financeiro em qualquer lugar do mundo nos afeta. Todos nós nos beneficiamos se todas as sociedades estiverem indo pelo menos minimamente bem. Quanto mais ricos forem os povos de todas as nações, mais terão a perder indo para a guerra. Bons parceiros comerciais são menos propensos a se tornarem inimigos.

Muitas igrejas ensinam as pessoas a dar o dízimo, dizendo-lhes que o dízimo lhes trará prosperidade. Para que essa verdade tenha efeito, não precisamos necessariamente dar o dízimo às igrejas. O mesmo princípio pode funcionar igualmente bem se dermos dinheiro para causas filantrópicas ou políticas. Ao longo dos anos, duas pessoas me enviaram dinheiro com um cartão explicando que davam o dízimo toda semana para alguém que os nutria espiritualmente. O dízimo funciona porque desencadeia a sensação de prosperidade. Se tenho o suficiente para doar uma porcentagem de minha renda, sinto-me psicologicamente abundante e, portanto, fico aberto para receber a abundância do universo.

Espera-se que todos nós demos o dízimo ao governo – na verdade, para a maioria de nós, a conta de impostos chega a significativamente mais de dez por cento. Quando o arquétipo do Nômade está ativo em nossa vida, isso tende a parecer uma grande imposição. O Guerreiro suporta impostos para os militares e outras funções governamentais que ajudam o país a manter uma vantagem competitiva. No entanto, o Altruísta está perfeitamente disposto a pagar uma quantia razoável em impostos, acreditando que temos tanta responsabilidade coletiva quanto direitos pessoais. O Altruísta sabe que as sociedades não funcionam a menos que a riqueza seja compartilhada. Se os fortes continuam vencendo e os fracos continuam perdendo, o resultado final é um mundo cheio de crime, pobreza, doenças, desastres ambientais e a ameaça contínua de rebelião causada pelo aumento da repressão política. Em vez de reclamar dos impostos, o Altruísta simplesmente quer que eles sejam usados para o benefício coletivo, para fornecer estradas, escolas e ajuda para aqueles que não podem se ajudar.

Quando todos têm aquilo de que precisam para desenvolver todo o seu potencial, os recursos combinados da sociedade são surpreendentemente altos. Quando há dinheiro disponível para investimento, a inovação aumenta e a produtividade dispara. Certificar-se de que todos tenham a oportunidade de fazer uma contribuição real para o mundo retribui com a prosperidade universal.

Embora as pessoas se queixem do mercantilismo da época do Natal, essa ainda é uma época de dar e compartilhar. Assistimos a filmes como *It's a Wonderful Life* (*A Felicidade não se Compra*) ou lemos *A Christmas Carol* (*Uma Canção de Natal*), de Charles Dickens, e a mensagem é clara: quando nos apegamos à riqueza com força, nossa vida seca. Quando passamos a vida dando aos outros, estaremos cercados por uma comunidade amorosa. Todo esse foco no amor e no zelo, é verdade, faz com que as pessoas comprem presentes para seus entes queridos. A verdade é que todos esses gastos impulsionam a economia. Por mais que alguns desejem uma observância espiritual mais autêntica da estação, ela nos ensina sobre a relação entre cuidado e prosperidade.

Enquanto os Guerreiros pensam no dinheiro como uma maneira de marcar pontos em um jogo competitivo com vencedores e perdedores, o Altruísta vê o dinheiro como uma nota de agradecimento de uma pessoa ou da sociedade por um trabalho bem feito. Esse dinheiro pode ser gasto ou usado para agradecer aos outros pelo que eles estão dando ao mundo ou pelo que significam para nós pessoalmente. O dinheiro pago está completando o ciclo de dar e receber que ajuda nossa autoestima e nossos relacionamentos a crescerem. Assim, na visão de mundo do Altruísta, não precisamos da ameaça da pobreza para manter as pessoas produtivas. Você já teve a experiência de acreditar que sua contribuição para uma empresa era muito importante? Se sim, você sabe o quão motivado e produtivo você pode ser. Quanto mais livre e destemidamente damos, parece menos um sacrifício e mais uma maneira de gerar uma abundância incrível para todos nós.

FAMILIARIZANDO-SE COM O ARQUÉTIPO DO ALTRUÍSTA

Para se familiarizar com o arquétipo do Altruísta, faça uma colagem de fotos de revistas que se assemelhem ao Altruísta; faça listas de músicas, filmes e livros que expressem o Altruísta; junte fotos de si mesmo, de parentes, de colegas e de amigos no modelo do Altruísta. Pratique perceber quando você está pensando ou agindo como um Altruísta.

Exercícios do Altruísta

Passo Um: Procure oportunidades para ser gentil e atencioso com os outros. Todos os dias, tente ajudar alguém. Faça questão de abrir continuamente seu coração para dar não apenas àqueles que você ama, mas também a estranhos. Em cada situação, pense qual é a coisa mais amorosa que você pode fazer neste encontro. Esteja particularmente atento às pessoas que dependem de você: cônjuge ou parceiro, pais, filhos, amigos e funcionários. Esteja atento ao que eles precisam de você.

Passo Dois: Preste atenção em todas as pessoas, atividades e lugares que você ama. Observe especialmente quando o amor simplesmente o ilumina ou lhe dá energia. Tire um tempo para ser grato por essas experiências. Observe como apenas prestar atenção aumenta a satisfação que você recebe deles (à medida que você para de simplesmente tomá-los como garantidos). Comece a aumentar o tempo que escolhe para passar fazendo coisas e estar com pessoas que você valoriza.

Passo Três: Pense em si mesmo como um filantropo. Preste atenção em como você pode contribuir com seu tempo, dinheiro e experiência para beneficiar a sociedade em geral. Preste atenção em quais problemas, causas e organizações tocam seu coração. Decida qual porcentagem de seu tempo e dinheiro você está disposto a doar. Considere como seus próprios talentos e habilidades podem ser usados para beneficiar a sociedade. Aja sobre isso com o melhor de sua capacidade.

Passo Quatro: Lembre-se, com todos esses esforços, de começar amando e nutrindo a si mesmo. Observe como dar aos outros, de uma maneira que vem de seu verdadeiro altruísmo, aumenta sua autoestima e qualidade de vida. Descontinue quaisquer modos que atualmente não lhe dão satisfação. Substitua-os por modos de doação mais autênticos.

CAPÍTULO 6

Alcançando a Felicidade: o Retorno do Inocente

Ela era a única artífice do mundo
Em que cantava. E, ao cantar, o mar,
Fosse o que fosse antes, se tornava
O ser do canto dela, a criadora. E nós,
Ao vê-la esplêndida e sozinha, compreendemos
Que nunca houve para ela outro mundo
Senão aquele que, ao cantar, ela criava.

— WALLACE STEVENS, *A Ideia de Ordem em Key West*

O herói encontra o tesouro.

Você está sempre ansiando por uma vida melhor? Você acredita que a vida não precisa ser difícil? Se esses sentimentos são fortes em você, ou se você tem muitos momentos de verdadeira paz e contentamento, está pronto para o retorno à inocência. Isso significa que você pode ter a felicidade que sempre desejou – isto é, se estiver disposto a se permitir ser transformado no processo.

Antes da jornada, o Inocente vive em um mundo não caído, um Éden verde onde a vida é doce e todas as necessidades são atendidas em uma atmosfera de zelo e amor. Os equivalentes comuns mais próximos dessa experiência ocorrem na primeira infância – para pessoas com infância feliz – ou mais tarde, nos primeiros estágios do romance ou em experiências místicas. Mesmo quando as pessoas não tiveram tais experiências idílicas, elas podem ser impelidas pela esperança de alcançar uma vida pacífica, feliz e segura.

Histórias que nos ensinam que podemos ser cuidados podem ser muito reconfortantes. Na premiada história infantil de Shel Silverstein, *The Giving Tree* (*A Árvore Generosa*), um menino brinca nos galhos de uma árvore e come suas maçãs. Quando ele cresce, ela lhe dá seus galhos para construir uma casa. Muitos anos depois, quando ele anseia por navegar pelos sete mares, ela lhe dá seu tronco para ele fazer um barco. Finalmente, quando ele volta para ela na velhice, ela fica triste porque não tem mais nada para dar, mas ele explica que só precisa de um lugar para se sentar. Então ele se senta no toco dela e, como todas as outras vezes que ela deu a ele, "Ele está feliz e ela está feliz".

Se ao menos a vida fosse tão fácil! Os céticos entre nós podem questionar se alguém é tão bem cuidado ou se a árvore é realmente tão feliz. Ela de fato quer se sacrificar pelo garoto? Desse ponto de vista, também podemos nos perguntar sobre o narcisismo do menino. Ele não tem consciência do custo de seu comportamento para a árvore?

Inocência e Dependência

Antes da jornada, a inocência é vivida de maneira infantil, o que significa que envolve uma boa dose de dependência inconsciente ou mesmo consciente. É apropriado que bebês e crianças simplesmente assumam que outros cuidarão deles. Mesmo quando adulto, o Inocente que não experimentou a Queda toma a terra e seus recursos como garantidos e imagina Deus como um Pai (ou Mãe) todo-poderoso cujo propósito é manter a pessoa segura – isto é, se ela for boa.

Essa inocência é um estado natural para bebês e crianças pequenas, e ao longo da vida uma parte do *self* precisa se apegar à experiência de estar totalmente seguro, cuidado e amado. Muitas pessoas acreditam que podem manter esse tipo de inocência seguindo todas as regras estabelecidas pelos pais, autoridades religiosas, professores e chefes sobre o que devem ser. Ironicamente, a própria tentativa de manter a inocência acaba por subvertê-la. Algumas pessoas ficam amarguradas quando se esforçam tanto e outras que quebram todas as regras pegam as garotas (ou garotos), ganham mais dinheiro ou recebem mais atenção. Pior ainda, eles podem achar que todo esse foco em serem perfeitos calcifica a vida deles.

Se fizermos nossa jornada, no entanto, haverá momentos em que retornaremos ao Éden: naqueles preciosos momentos em que estamos apaixonados por um novo amigo ou um novo amor, quando a vida brilha com possibilidades, ou quando ficamos maravilhados com a beleza de um lago cristalino, uma montanha imponente ou uma linda rosa. Também podemos vivenciar novamente como é para uma criança pequena se sentir segura e cuidada – com um amigo ou ente querido, em um ambiente terapêutico ou grupo de discussão, ou naqueles momentos espirituais em que parece que estamos sendo segurados pelas mãos de um Deus ou Deusa benevolente.

No geral, no entanto, crescer – durante grande parte da jornada – exige que conheçamos a vida em um mundo mais decadente, em que muitos outros não se importam com nosso bem-estar, em que até nossos amigos e amantes podem nos trair ou nos decepcionar, em que pessoas predatórias tentam tirar vantagem de nós, em que podemos ser seriamente feridos e prejudicados, e no qual às vezes sentimos que Deus está muito distante ou não existe. No entanto, apesar de tudo isso, algo em cada um de nós rejeita a mensagem persistente de que é um mundo difícil. Parte de nós, pelo menos, continua a buscar possibilidades mais utópicas.

A promessa de um retorno ao mítico estado edênico é uma das forças mais poderosas da vida humana. Muito do que é prejudicial no que fazemos – e no que deixamos de fazer – é definido por ela. Objetificamos a terra e uns aos outros em uma tentativa frenética de conseguir o que achamos que precisamos para ser felizes. A ironia é que *podemos retornar e retornamos à segurança, ao amor e à abundância, mas apenas como resultado de nossa jornada.* Compreensivelmente, a maioria das pessoas parece querer pular a jornada e ir direto para a recompensa!

A criança em nós imagina o Paraíso como o lugar onde todos os nossos caprichos narcísicos são satisfeitos. Crescer exige que abandonemos essa fantasia para que possamos fazer o trabalho árduo de adquirir competência tanto no mundo interno quanto no externo. A recompensa no final da jornada é a experiência de entrar na terra prometida. No entanto, isso não significa que temos todos os brinquedos que sempre quisemos. Em vez disso, é um estado de consciência que requer um profundo reconhecimento e reverência por nós mesmos e pelos outros.

Esse retorno cura a criança interior ferida e nos liberta de uma mentalidade de vítima. Nenhum programa que busque curar disfunções ou capacitar estudantes, trabalhadores ou cidadãos terá sucesso a menos que esse retorno seja alcançado. Além disso, não pode ser realizado quando o espírito é negado. Somente quando começamos a nos ver como seres espirituais podemos confiar no universo o suficiente para assumir a responsabilidade de curar a nós mesmos e ao planeta.

O Dom do Espírito

Praticamente todas as religiões do mundo têm uma maneira de descrever um estado de unidade com o divino, cuja realização inspira esse tipo de confiança. Os budistas chamam isso de iluminação; os cristãos chamam isso de conversão. A maioria das religiões prescreve práticas destinadas a nos ajudar a alcançar esse estado. Os escritos cabalísticos judaicos, por exemplo, ensinam práticas de meditação que levam à união com o divino. Além disso, muitas pessoas experimentam isso espontaneamente. Você pode ter tido esse despertar de uma das seguintes maneiras:

- uma conversão religiosa
- uma experiência mística
- uma sensação de "Aha!" em que o significado do universo ou sua própria vida é revelado
- um súbito jorro de alegria ou paz
- um sentimento de que o divino está dentro de você ou de outra pessoa
- um sentimento de admiração pela maravilha da natureza, do universo ou da própria vida
- uma sensação de estar absolutamente onde deveria estar

Esses são exemplos do tesouro que o herói procura. Nas histórias de Camelot, os cavaleiros e damas não procuram o Santo Graal por causa de seu valor material. Em vez disso, eles empreendem a busca porque um encontro com o graal provoca um momento visionário que muda radicalmente a vida daqueles que o vivenciam. Lancelot fica tão emocionado ao encontrá-lo que entra em coma por vinte e quatro horas.

Nos mitos do Rei Pescador, que estão intimamente relacionados com as histórias de Camelot, o objeto que o herói encontra é um peixe sagrado. A identificação do peixe como o tesouro lança uma nova luz sobre o uso do peixe pelos primeiros cristãos como uma espécie de sinal secreto. (Eles, por exemplo, desenhavam um peixe no chão para se identificarem uns aos outros.) Assim como os peixes vêm do fundo do mar, o momento visionário sai das profundezas do inconsciente para transformar nossa vida consciente. Se pensarmos nisso de uma perspectiva religiosa, tais momentos nos conectam com o divino (em um contexto cristão, com Cristo).

Em muitos contos de fadas e lendas, o herói encontra um tesouro enterrado. Após uma longa busca, Santiago, o herói de *O Alquimista: Uma Fábula Para Seguir seus Sonhos* de Paulo Coelho, descobre um baú de moedas de ouro espanhol escondido nas raízes de um sicômoro. A árvore está crescendo na sacristia da igreja em ruínas onde sua própria jornada havia começado. Santiago se pergunta, como muitos heróis antes e depois de encontrarem seus tesouros em seus próprios quintais, por que a jornada foi necessária. Então ele percebe que sua peregrinação, que o levou às pirâmides, era o tesouro. Enquanto as moedas o tornam rico, não é o dinheiro que o faz feliz. A jornada encheu sua vida de alegria. Na verdade, ele só encontra o dinheiro depois de ter alcançado a felicidade.[1]

Histórias de heróis espirituais nos ajudam a encontrar aquele lugar intocado de onde vem toda invenção, criatividade e vida. Nessa quietude, podemos vivenciar o deus dentro de nós mesmos. Dessa vez, porém, encontramos o sagrado não como crianças, olhando para uma figura paterna, mas como adultos, percebendo que somos, de fato, parte do divino.

Quando crescemos, começamos a nos ver como parceiros na criação contínua de nosso mundo. Não agimos mais como dependentes infantis. Na verdade, assumimos a responsabilidade de cuidar dos outros e do planeta. Esse retorno exige o reconhecimento da interdependência, que exige não apenas a reivindicação da responsabilidade pessoal pela manutenção de nosso paraíso terrestre, mas também o conhecimento de que algumas dores e sofrimentos fazem parte até mesmo da vida edênica.

Tentando Parecer Bem

O retorno pode ser prejudicado se o Inocente tentar ser bom pelos padrões convencionais. Nossa cultura está cheia de mensagens de que, se formos virtuosos ou realizados o suficiente, seremos poupados das provações e dores que outras pessoas são forçadas a suportar.

À medida que os Inocentes aprendem que é preciso mais da vida do que esperar passivamente pelo resgate, eles tendem a buscar algum programa que lhes prometa sucesso ou felicidade – seja nesta vida ou, na falta dele, na próxima. Assim, os Inocentes trabalham arduamente para agradar a Deus, seu patrão, seu cônjuge. O que eles querem é a recompensa do amor e da estima. Se a vida não funcionar dessa maneira, eles podem se sentir no direito de fazer qualquer coisa que precisem para obter o resultado que acreditam merecer.

O filme *Amadeus* ilustra essa tendência ao extremo patológico. Salieri, o protagonista do filme, barganha com Deus ainda menino, dizendo que dará sua destreza, obediência e castidade se Deus o fizer um grande compositor. Em suma, ele será virtuoso para que possa ser grande. Ele se torna um excelente compositor e fica muito satisfeito consigo mesmo e com Deus – até conhecer Mozart. Mozart é desobediente, desrespeitoso, indisciplinado e certamente não casto, mas quando compõe, nem precisa fazer correções. Salieri, que se vê como um homem ideal, conclui que Deus fez do infame Mozart, em vez do virtuoso Salieri, um instrumento divino. A injustiça é demais para Salieri suportar, então ele declara guerra a Mozart e a Deus e rouba o réquiem de Mozart em seu leito de morte.

A verdade, porém, é que, embora Mozart possa não parecer bom para Salieri, ele é verdadeiramente um Inocente – ou seja, ele simplesmente confia na inspiração que recebe. Apesar de toda a sua aparente imoralidade, ele realmente vive para uma missão maior do que ele mesmo. Ele não consegue parar de compor, mesmo em seu leito de morte. No caso dele, isso não é vício em trabalho, mas a compulsão do gênio criativo para expressar a arte pela qual vive.

A virtude muitas vezes é usada para camuflar a covardia. Muito do apelo do dogma na religião é que ele dá a seus seguidores regras a serem seguidas que os livram de ter de descobrir quem são e o que realmente pensam. Abordagens de desenvolvimento organizacional que oferecem uma resposta certa fácil atraem seguidores prontos, assim como livros que prometem sucesso instantâneo ou esclarecimento. Da mesma maneira, muitas pessoas estão apegadas a papéis tradicionais de gênero e trabalho porque fornecem uma identidade substituta que faz com que a incerteza da jornada pareça desnecessária.

Se uma mulher está tendo problemas em sua carreira – se ela teme o fracasso, por exemplo, tem problemas com a cultura Guerreira que encontra no mundo do trabalho masculino, ou está exausta porque está fazendo todo o trabalho doméstico além de seu trabalho – ela tem a opção de uma fuga aparentemente virtuosa. Ela sempre pode decidir desistir e ficar em casa para o bem dos filhos, porque o papel tradicional ainda é identificado como virtude em nossa cultura. Embora em alguns casos seja certamente correto decidir ficar em casa com uma criança ou cuidar de parentes idosos ou enfermos, é desonesto usá-los como desculpas para o medo do fracasso, para não afirmar suas próprias necessidades e valores no local de trabalho, ou por não insistir que o companheiro ou a família compartilhem a responsabilidade pelas tarefas domésticas.

Em Washington, D.C., hoje em dia praticamente todo homem que se demite de um alto cargo anuncia piedosamente que quer voltar à vida privada para passar mais tempo com a família. Ocasionalmente isso pode ser verdadeiro. Também é fato que essa declaração dos "valores e crenças tradicionais norte-americanos" o libera de ter de declarar os reais motivos de sua saída, sejam eles desacordos com a Casa Branca, desgosto com a política, incapacidade de estar à altura da ocasião e fazer o trabalho de maneira correta, ou não conseguir afirmar que os homens no governo também têm o direito a uma vida equilibrada.

Se tentarmos ser bons com base nas noções de virtude de outras pessoas, também podemos acabar perdendo nossa chance de reentrar no Paraíso. Gertie, a protagonista do romance *The Dollmaker*, de Harriette Arnow, é uma caipira de 1,80 metro de altura que é extremamente sábia, mas habitualmente descarta sua sabedoria. Sua ideia de Paraíso é comprar o Tipton Place, uma fazenda da família, e trabalhar com sua família enquanto ela também exerce seu talento como escultora. Embora ela tenha economizado dinheiro suficiente para a compra, permite que outras pessoas lhe digam o que deve fazer. Como resultado, ela lentamente perde quase tudo o que ama.

Primeiro, Gertie ouve a mãe, que diz que o dever da mulher é estar com o marido. O marido de Gertie mudou-se para Detroit para encontrar trabalho e, quando ela se junta a ele, perde a oportunidade de comprar a Tipton Place. Então ela perde sua filha favorita porque acredita que um vizinho lhe diz que não deve deixar Cassie brincar com a boneca que é sua amiga imaginária. Então Cassie foge para brincar com a boneca e é atropelada por um trem.

Gertie é uma escultora talentosa, mas não leva sua vocação a sério, chamando-a de "uma tolice". Como uma pobre mulher dos Apalaches, ela não recebe nenhum incentivo para ver seu próprio chamado interior como importante. Sua visão é esculpir um "Cristo risonho" que comunique sua própria visão de Jesus para melhorar a vida, em contraste com os crucifixos de sofrimento que representam para ela o legado puritano de sua mãe. O último ato de desrespeito de Gertie para consigo mesma, é cortar um bloco de madeira de cerejeira para fazer estatuetas e crucifixos baratos – porque eles vão vender. Esse ato é equivalente a matar ou mutilar a si mesma.

O "Cristo risonho" é uma imagem da divindade dentro de Gertie e de todos nós. No início do livro, Cassie ordena que sua mãe termine a estátua e "deixe-*a* sair". "Ela", é claro, é Gertie. O momento em que ela corta o bloco de cerejeira é verdadeiramente trágico, porque ao fazer isso ela negou a si mesma e sua própria visão. No entanto, mesmo assim, ela não está sem esperança. Todos nós temos momentos de covardia quando negamos nossa sabedoria, integridade e divindade. Embora o romance termine nesse ponto, a última linha nos permite saber que o ato autodestrutivo de Gertie a forçou a um novo nível de compreensão. Sua desculpa para cortar o bloco de cerejeira quando sua família precisava de dinheiro era que ela não conseguia encontrar o rosto certo para Cristo. No final do romance, ela alcança a visão do Inocente retornado ao exclamar: "Eles são milhões e milhões de rostos bastante bons... alguns dos meus vizinhos lá no beco – eles teriam bastado".

Gertie sempre trabalha muito para fazer o certo. Isso é parte da ironia de sua história. Quanto mais ela trabalha nisso, pior sua vida se torna. A questão não é ela provar seu heroísmo lutando contra sua natureza, mas reivindicar sua nobreza confiando no que realmente ama. Gertie entende no final que se tivesse simplesmente se permitido ser ela mesma e ir atrás do que queria honestamente, seus sonhos poderiam ter se tornado realidade. Muito provavelmente, ela teria sido a dona da Tipton Place, cercada por sua família, completando sua escultura. Ela percebe em retrospecto que teve muito apoio para permanecer naquela fazenda, mas em sua autodesconfiança, ela ouviu aquelas vozes que a prejudicaram. Até mesmo seu marido explica que ele a teria apoiado se ela confiasse nele o suficiente para lhe dizer o que estava fazendo. Assim, também, com todos nós. Um final feliz pode nos esperar se tivermos a coragem de confiar em nossa própria jornada.[2]

Seria fácil descartar essa história como simplesmente uma expressão de noções antiquadas de que o papel feminino exige sacrifício e os pobres não têm talento que valha a pena cultivar. No entanto, quem de nós não tem um pouco de Gertie dentro de si? Geralmente, não somos derrotados de maneira dramática e perceptível. Em vez disso, somos derrotados por uma série de pequenos atos de autotraição disfarçados de virtude que se somam, com o tempo, a uma vida inautêntica.

O dilema de Gertie é um que praticamente todos nós podemos vivenciar, mesmo nas circunstâncias mais vantajosas. Um homem em um de meus seminários reclamou que estava muito ocupado ganhando mais um milhão de dólares para encontrar sua própria felicidade. Ele sacrificou sua alma para se tornar o ideal do homem de sucesso, tão certamente quanto Gertie fez para cumprir o ideal das pessoas da mulher abnegada. Além disso, como a vida de Gertie ilustra, muitas vezes são as pessoas que mais nos amam – pais, amante, cônjuge, filhos – que mais desencorajam a vida autêntica. Isso acontece porque queremos agradar as pessoas que amamos e porque tendemos a olhar para elas como espelhos para nos ajudar a saber quem somos e o que estamos aqui para fazer. Devemos lembrar que ninguém mais pode nos dizer sobre o que é nossa vida. Só nós podemos saber. Muitas vezes, nosso chamado heroico deixará os outros ao nosso redor desconfortáveis.

Embora seja importante não confundir autoindulgência ou narcisismo com um chamado autêntico, é igualmente importante não entregar nosso poder a outros que estão muito felizes em nos dizer o que "deveríamos" estar fazendo. Retornar ao Paraíso, portanto, exige que assumamos a responsabilidade de sermos os autores de nossa própria vida.

CRIATIVIDADE E NOMEAÇÃO

Toda cultura tem uma história sobre a criação do mundo: um deus põe o ovo cósmico ou um deus fala as palavras mágicas, criando a luz. Deus o Criador falando no vazio para criar a vida é uma imagem profundamente ativa da criação. Deus diz: "Haja luz", e há luz. Deus nomeia a realidade, e então ela existe. Se pensarmos em nós mesmos como cocriadores de nossa vida, podemos interpretar essa história como um lembrete da necessidade que todos temos de encontrar nossas verdadeiras vozes. Quando temos uma visão do que queremos e verbalizamos essa visão, começamos o processo de manifestar uma vida perfeita para nós.

A deusa dando à luz fornece um símbolo feminino complementar de como é a criatividade para muitas pessoas. Quando a deusa dá à luz a algo do nada, sua criação sai de seu corpo, não de sua mente. Do mesmo modo, podemos trabalhar muito para dar à luz alguma coisa, sem ter certeza do que estamos dando à luz. Nossa vida pode nos parecer não tanto algo que escolhemos, mas algo que nos escolheu, e podemos temer que o processo falhe. Poucas coisas são certas e, uma vez que o processo está em andamento, ele ganha vida própria.

Quem escreve, pinta ou compõe sabe que recebe ajuda da musa. A sensação não é tanto de que você está criando arte, mas de que a arte está sendo criada por seu intermédio. Se você não tem uma forma de arte criativa, pense em seus sonhos. Alguma parte de sua psique cria histórias e imagens maravilhosas para edificar e iluminar você. Algumas pessoas não se lembram de seus sonhos, mas todos nós os temos, todas as noites. O fato de sonharmos significa que cada um de nós tem o potencial imaginativo de criar histórias maravilhosas sem nenhum esforço consciente. Todos nós também conhecemos momentos em que vivenciamos o que significa seguir o fluxo: as ideias de que precisamos chegam a nós na hora certa; nós "acidentalmente" encontramos as pessoas certas; portas abertas, aparentemente por magia. Quando isso acontece, voltamos ao Inocente em um nível mais profundo e sofisticado. Agora, quando as coisas dão errado, confiamos que algum aprendizado pode ser obtido com a experiência.

Quando somos Órfãos, não nos identificamos com os criadores. Podemos ver Deus como um criador, mas muito acima de nós e distante. Podemos imaginar pessoas especialmente talentosas como criativas, mas não nos consideramos participantes do processo criativo. De fato, podemos nos ver à mercê do destino ou de pessoas com poder. Como Nômades, fugimos para nos salvar daqueles que definiriam nosso destino e, como Guerreiros, lutamos para proteger nossos limites contra eles. Como Altruístas, participamos do processo cósmico de destruição e criação, permitindo-nos ser sacrificados, se necessário, para garantir o renascimento. Somente quando passamos por todas essas etapas, o Inocente pode ressurgir com a certeza de que somos cocriadores de nossa vida. Quando isso acontece, estamos prontos para o retorno da jornada.

O RETORNO AO PARAÍSO

Todos os anos, os judeus de todo o mundo celebram o Sêder de Pessach. Durante o culto, eles relatam como o povo hebreu escapou da escravidão no Egito para encontrar a terra prometida. No final, eles afirmam "No próximo ano em Jerusalém", expressando solidariedade com todas as pessoas, em todos os lugares, que desejam ser livres. Os cristãos fundamentalistas oram pela segunda vinda de Cristo para estabelecer o céu na terra. As pessoas do movimento da Nova Era preveem uma transformação da consciência. O lendário cavaleiro do Graal transforma o reino do deserto para que floresça novamente. Dorothy espera que o grande mágico de Oz possa ajudá-la a encontrar o caminho de casa e, eventualmente, descobrir o segredo em seus sapatinhos de rubi. Ela os une e imediatamente é transportada de volta para o Kansas.

A maioria de nós deseja encontrar um lugar onde finalmente nos sintamos em casa. Buscamos e buscamos e buscamos, até que um dia percebemos que o segredo está dentro de nós. Na jornada, aprendemos que temos escolhas sobre que mundo desejamos habitar. Quando fazemos nossa jornada, começamos a saber quem somos, o que valorizamos e como nos sentimos. Então, à medida que expressamos nossa verdade no mundo, atraímos para nós outros como nós mesmos que querem viver o mesmo tipo de experiência mais feliz. Juntos, formamos um minirreino, uma comunidade de pessoas com ideias semelhantes que experimentam novas formas de vida. Esse processo parece milagroso – como o reino transformado no final da jornada do herói.

Embora a informação sempre tenha estado disponível para nós, muitas vezes não registramos a existência de todas essas pessoas, grupos ou livros simpáticos – até que estejamos psicologicamente prontos para experimentá-los. Pense no que acontece quando você aprende uma nova palavra. Você nunca teve consciência dela antes, mas depois de aprender, a ouve o tempo todo. Sempre esteve lá, é claro, mas não para você. Você não a percebeu porque ela não existia em seu mundo. Do mesmo modo, no início de nossa busca, nos sentimos solitários e alienados, assumindo que, para nos encaixarmos, temos de nos conformar com o que acreditamos ser a "realidade". À medida que mudamos, no entanto, a realidade também muda. A recompensa por fazer a jornada é encontrar comunidades que não exigem que cortemos partes de nós mesmos para pertencer.

Você deve se lembrar de exemplos da trama clássica em que o herói é um órfão ou oprimido e desvalorizado na família e busca seu verdadeiro lar. À medida que nos tornamos cada vez mais quem somos e, portanto, nos ligamos a outras pessoas com quem sentimos uma conexão profunda, temos relacionamentos cada vez mais satisfatórios. A recompensa para a jornada inevitavelmente solitária do herói, então, é a comunidade – a comunidade consigo mesmo, com outras pessoas e com a natureza e o espírito. No final da jornada, o herói se sente e *está* em casa.

Isso não acaba com os problemas. Fazer nossa jornada não nos isenta da vida; doença, mortalidade, decepções, traições e até fracassos fazem parte da condição humana. Contudo, se tivermos fé em nós mesmos e no universo, eles são muito mais fáceis de suportar. Além disso, porque os heróis confrontam seus horrores, eles não são limitados tanto por seus medos. Podemos agir sem a voz contínua em nossa cabeça questionando se estamos fazendo a coisa certa, se alguém vai desaprovar ou se alguém está querendo nos pegar. Se imaginarmos Deus distante e julgador, também podemos nos preocupar que Deus nos abandone. Como Gerald Jampolsky explica em *Love Is Letting Go of Fear*, todas essas camadas de medo nos impedem de sentir o amor que está por baixo.

Quanto mais somos capazes de abandonar nossos medos, mais podemos explorar a energia da força da vida que nos mantém saudáveis, vitais e vivos. Isso também nos permite sentir alegria.[3]

Uma mulher muito espiritual e criativa confidenciou-me que não teve formação religiosa quando criança. Ela perguntou a um vizinho sobre Deus e ele lhe disse apenas uma coisa: "Deus é amor". Essa era toda a teologia de que ela precisava. Ela fundamentou sua vida e suas ações no amor e, ao fazê-lo, encontrou Deus dentro de si mesma. Como resultado, sentiu-se em casa no mundo. Na mesma linha, a peça de Ntozake Shange para *meninas negras que consideraram o suicídio quando o arco-íris é suficiente* encerra um solilóquio de partir o coração com a frase "Encontrei Deus em mim e a amei ferozmente".[4]

Em uma versão ligeiramente diferente do mito heroico, o herói se torna o rei ou a rainha. Atualizado para termos contemporâneos, significa que o herói muitas vezes gravita para papéis de liderança. A jornada aumenta nosso nível de habilidade, tornando mais provável que subamos a posições de poder e autoridade e tenhamos sucesso em nossos empreendimentos. À medida que fazemos nossa jornada, torna-se natural assumir mais responsabilidade – não apenas por nossa realidade interior, mas pela maneira como nosso mundo exterior reflete essa realidade.

Normalmente, temos a confiança e a capacidade, nesse momento de nossa vida, de liderar o mundo. Essa atitude empoderada também significa que entendemos a natureza cíclica da jornada. Assim, sempre que nosso reino parece um deserto, reconhecemos que podemos estar nos sentindo confortáveis demais e parado de crescer. Então sabemos que é hora de pegar a estrada e continuar nossa busca.

O Inocente como Nomeador

Sempre achei interessante que Deus encarregou Adão e Eva da tarefa de nomear todas as criaturas da terra – incluindo plantas, animais e sua própria prole. A Queda ocorreu quando eles comeram da maçã da Árvore do Conhecimento do Bem e do Mal. A humanidade caiu em desgraça no minuto em que começamos a nomear algumas de nossas experiências como más. Voltamos ao Paraíso quando recuperamos a capacidade de nomear (sem negar) todas as nossas experiências como boas.

O sábio Inocente sabe que nossa vida é definida não pelo que nos acontece, mas por como pensamos sobre o que nos acontece. *O Alquimista* de Paulo Coelho, mencionado anteriormente neste capítulo, oferece uma maravilhosa parábola que ilustra essa verdade. Os pais de Santiago querem que ele se torne padre, mas ele prefere viajar, então se torna pastor. Essa vida lhe convém por vários anos, até que ele tem um sonho recorrente de ir às pirâmides e encontrar um tesouro. Confiando na verdade de seu sonho, ele vende suas ovelhas e pega um barco para Tânger, onde alguém rouba todo o seu dinheiro. Ele adormece em desespero e acorda em um mercado vazio, completamente sem um tostão. Ele se sente como qualquer um se sentiria – zangado, sem esperança, vitimizado.

Refletindo sobre sua situação, ele percebe que deve "escolher entre pensar em si mesmo como a pobre vítima de um ladrão e como um aventureiro em busca de seu tesouro. [...] 'Sou um aventureiro, em busca de tesouros', diz para si mesmo.[5]

Os Inocentes Sábios entendem que muitas realidades existem simultaneamente. Nem sempre podemos controlar os acontecimentos na nossa vida. No entanto, escolhemos o mundo em que viveremos por nossa interpretação desses acontecimentos. Santiago utiliza princípios espirituais quando afirma sua verdadeira natureza e seu destino para encontrar um tesouro. Podemos fazer o mesmo criando e repetindo frases positivas como: "Estou cheio de alegria e luz", "Saúde perfeita e energia abundante estão fluindo através de mim" ou "Tenho o trabalho perfeito para mim agora".

Santiago também usa o princípio espiritual da negação. A negação espiritual não deve ser confundida com a negação psicológica – isto é, fingir que as coisas são diferentes do que são. Santiago não finge que o ladrão não roubou seu dinheiro. Em vez disso, ele afirma corretamente que a ação do ladrão não tem poder para determinar quem ele é. Santiago pode estar temporariamente atrasado por sua perda, mas ele se recusa a pensar em si mesmo como pobre. De fato, ele afirma que está no processo de encontrar um tesouro.

Quando estamos trabalhando para criar a vida perfeita para nós mesmos e para aqueles que amamos, podemos usar essas duas técnicas diariamente. Podemos afirmar a vida que queremos ter e declarar que as exigências sobre nós que são inconsistentes com nossa jornada não têm poder sobre nós. Nossa vida também irá aliviar o minuto em que pensamos, como Santiago pensa, em nossas experiências em termos de aventuras em vez de obrigações e como uma *fonte de aprendizado potencial* em vez de distrações frustrantes da vida que acreditamos merecer.

Em sua jornada pelo deserto em direção ao Egito, Santiago viaja por um tempo com um alquimista que lhe ensina que o propósito próprio da alquimia não é criar ouro, mas compreender a alma do mundo e, por meio desse estudo, encontrar o sagrado. Santiago preocupa-se por não ter acesso aos grandes textos alquímicos. Seu companheiro lhe assegura que cada um de nós sempre tem acesso às verdades de que necessitamos em nossa jornada:

> Talvez, se você estivesse em um laboratório de alquimia, este seria o momento certo para estudar a melhor maneira de entender a Tábua de Esmeralda. Mas você está no deserto. Então mergulhe nele. O deserto lhe dará uma compreensão do mundo; na verdade, qualquer coisa na face da Terra fará isso. Você nem precisa entender o deserto; basta contemplar um simples grão de areia e verá nele todas as maravilhas da criação.[6]

O alquimista conclui lembrando a Santiago que escute seu coração. Porque seu coração é parte da alma do mundo, ele também conhece todas as coisas. Assim, quando seguimos nosso cora*ção* e nos comprometemos com o caminho que realmente nos atrai, aprenderemos tudo que precisamos saber para sermos sábios.

Em *Knowing Woman*, Claremont de Castillejo explica que quando uma aldeia na Índia passa por uma seca, eles mandam chamar o fazedor de chuva. Os fazedores de chuva não fazem nada para que a chuva aconteça; eles simplesmente vão para a aldeia e ficam lá – e a chuva vem. Eles não fazem a chuva vir, eles a permitem, ou, mais exatamente, sua atmosfera interior de permitir e afirmar o que é, cria um clima em que o que *precisa ser*, acontece.[7] Talvez você tenha conhecido pessoas assim. Não é que eles façam o sol brilhar, a chuva cair ou as pessoas em seu escritório trabalharem mais, mas quando estão lá, as coisas funcionam bem – e, aparentemente, sem esforço.

SOFRIMENTO, EROS E CRIATIVIDADE

Na base da vida está Eros – paixão, energia vital. Essa energia está presente quando permitimos que ocorra o processo natural de criação espontânea. Para fazer isso, precisamos ser corajosamente abertos. Às vezes, porém, somos atingidos por verdadeiras tragédias. Para continuar a metáfora do nascimento, os acontecimentos que mais nos mudam podem parecer mais estupro do que amor. Embora a dor e o sofrimento envolvidos não sejam convidados ou merecidos – simplesmente pode ser o preço que todos pagamos por viver em um mundo ainda em um estágio muito primitivo de desenvolvimento – as catástrofes podem ser usadas pela psique para crescimento e, eventualmente, para nos trazer tesouros, se permitirmos que esse crescimento ocorra.

A maior tentação do Inocente é ignorar a dor e o sofrimento. Joanna, a personagem-título do romance *Joanna and Ulysses*, de May Sarton, aprende a reformular o sofrimento sem fingir que não é real. Ela escolhe comemorar seu trigésimo aniversário saindo sozinha pela primeira vez em sua vida. Embora sempre tenha desejado ser artista, ela é escriturária e viaja de Atenas para a ilha de Santorini na esperança de poder pintar lá. Seu objetivo é realmente ver os objetos como eles são, para que possa pintá-los. Para sua surpresa, ela descobre que, ao fazê-lo, rompe seus sistemas de negação e vê mais do que tem consciência de querer ver.

Em Santorini, Joanna faz amizade com um menino, que lhe pergunta por que ela nunca se casou. Ao responder, ela conta uma história que nunca tinha contado a ninguém. Sua mãe tinha sido uma lutadora da resistência. Capturada pelos fascistas, ela foi forçada a assistir enquanto os guardas enfiavam cigarros nos ouvidos de seu filho até que ele ficasse surdo. O tempo todo, o filho gritava: "Mãe, não fale". Então eles a torturaram até ela morrer, mas ela nunca falou. O filho foi liberado e contou a história à família. Joanna adiou suas esperanças de se tornar uma artista para cuidar de todos eles. Enquanto seu pai ficava sentado sozinho a maior parte do tempo em uma sala escura, ela aceitou um trabalho tedioso. Toda a família passou a vida entorpecida pela tragédia, avançando um pé de cada vez.

Aos 30, chegando a Santorini, a primeira coisa que Joanna vê é um burro coberto de feridas e cheio de bagagens, sendo espancado. Essa cena é a gota d'água para ela. Ela não suporta mais desumanidade e corre gritando para que os donos do burro parem. Eles explicam que são pobres e não têm o luxo de mimar os animais. Eles só querem que o burro chegue ao topo da colina antes de morrer. Por fim, exasperada, ela compra o animal por um preço ridiculamente inflacionado. É assim que ela começa suas férias – liderando um burro moribundo, que ela batiza de Ulysses.

Para Joanna, Ulysses representa a parte de si mesma que é artista, a parte que passou fome, foi negligenciada e maltratada. Ela escolhe o nome porque reconhece seu próprio potencial para o heroísmo, mas também ri da adequação de seu *self* reprimido ser simbolizado para ela por um animal tão ignóbil, especialmente porque considera suas aspirações tão ridículas que tem medo de falar sobre elas.

Ela começa a pintar e cuida de Ulysses até ele recuperar a saúde. Quando conta ao menino sua história trágica, ela espera que ele fique chocado ou magoado, mas em vez disso ele reage com exultação, dizendo: "Estou tão orgulhoso de sua mãe! Estou tão orgulhoso do seu irmão"! A resposta dele a leva a ver as coisas de maneira diferente, a lembrar como sua mãe era apaixonada, como ela amava flores e como amava a liberdade o suficiente para morrer por ela. Na verdade, contar a história e ouvir a resposta libertadora do menino faz com que ela se sinta como se "finalmente estivesse sendo trazida para fora de uma cela úmida e escura, onde tudo em que conseguia pensar era sofrimento, a cadeia interminável de sofrimento".

Quando volta para Atenas, Joanna traz Ulysses com ela e o esconde no porão, mas ele mastiga sua corda e surpreende a ela e a seu pai no andar de cima. Joanna e seu pai falam francamente pela primeira vez desde a morte da mãe, e ela lhe mostra suas pinturas. Falam de sua mãe, e ela exclama: "Se você exclui a dor, você exclui tudo, papai!... Você não vê como tudo parou – minha pintura se tornou banal, minha vida também. Eu não conseguia me lembrar de mamãe como ela era. Nós a bloqueamos como bloqueamos a própria vida!". Negar a dor era prender-se a ela. Somente passando por ela, permitindo-a, sentindo-a, falando em voz alta sobre isso, Joanna poderia aprender com isso e passar a sentir alegria e poder de uma nova maneira.

Igualmente importante para Joanna honrar e afirmar tanto a dor quanto a alegria é seu compromisso com sua arte e o que essa arte significa para ela. Para ser uma grande artista, ela deve ser capaz de ver toda a extensão do que é real. Mas a repressão tira nossa vida e nos prende em nossas ilusões. Joanna compartilha o dom do artista tanto quando mostra suas pinturas ao pai quanto quando lhe explica o que aprendeu. Ao expressar sua verdade, ela muda não apenas sua própria realidade, mas também a dele.[8]

A criatividade de Joanna é liberada pelo poder de "nomear" – primeiro pela inocência espontânea do menino, que imediatamente vê o que é glorioso em uma situação trágica, e depois por sua própria inocência mais madura enquanto ela conscientemente transforma sua vida mudando o modo como a visualiza.

PEÇA E RECEBERÁ

Em *Collections 1978*, a psicoterapeuta Shirley Luthman argumenta que nós escolhemos nossa vida. Para ilustrar as consequências psicológicas dessa ideia, ela compartilha reflexões sobre como reagiria se descobrisse que tem um tumor no cérebro. Ela ficaria bastante abalada, obviamente. No entanto, ao mesmo tempo que permite esses sentimentos, ela afirma que não faria nada até que pudesse se concentrar em si mesma e ficar limpa o suficiente para entender o que estava acontecendo. Ela tinha decidido que era hora de morrer? Ou, se não, o que o tumor estava tentando dizer a ela? Somente quando tivesse certeza sobre para onde estava indo, ela determinaria o que fazer. Isso pode significar decidir que era hora de morrer. Pode significar encontrar algum tratamento alternativo.[9]

Fundamental para a abordagem de Luthman é uma forte crença de que no nível mais profundo da alma de nosso ser (que nem sempre é acessível à nossa mente consciente), nós escolhemos o que nos acontece – incluindo escolher nossas doenças e nossa morte. Fazemos essas escolhas, diz ela, não por masoquismo, mas porque elas vão nos ensinar o que precisamos aprender. Portanto, é importante respeitar tudo o que nos acontece como modo de honrar nossas escolhas como professores de lições necessárias.

Agora, a Órfã não vai concordar com essa perspectiva do arquétipo do Inocente porque, para ela, escolha significa culpa: se eu escolho ser uma mulher espancada, isso significa que sou culpada pelo meu próprio sofrimento. Mas para o Inocente, a culpa é irrelevante, e a busca por um culpado é uma diversão inútil. "Quem é o culpado?" não é uma pergunta útil. As melhores são "O que posso aprender com essa experiência?" e "Dada a sabedoria que ganhei com isso, o que quero escolher agora?".

Do ponto de vista do Inocente, uma mulher pode entender a horrível experiência de ser abusada pensando que há muito tempo tinha um agressor em sua própria cabeça, dizendo-lhe que era muito gorda, muito egoísta, muito agressiva. Ao entrar em uma situação em que é física ou emocionalmente agredida por outra pessoa, ela por fim chega ao ponto em que diz: "Basta. Posso ser ruim, mas não sou ruim o bastante para merecer esse tipo de tratamento". Então ela encontra ajuda, sai do relacionamento e trabalha sua autoestima de modo a não passar tanto tempo à mercê de seu agressor interior. Embora a situação externa seja dolorosa, ela produz uma crise que lhe impõe a oportunidade de optar pelo crescimento, pela mudança e, eventualmente, por menos dor em sua vida. Assim, atrair uma relação de espancamento a longo prazo pode ser visto como trazer sua saúde. Desse modo, os Inocentes sábios consideram até mesmo suas experiências mais difíceis como exemplos do desdobramento do Éden.

Em "My Own Journey – New Life", um capítulo autobiográfico de *Energy and Personal Power* (sequência de *Collections 1978*), Luthman conta sobre a dor que sofreu quando perdeu o marido. Eles tiveram um relacionamento profundo e gratificante, e quando ele morreu ela ficou angustiada. Ela ainda acreditava que nós escolhemos nossa própria vida, mas mesmo assim se sentia vítima. Mais tarde, ela confronta a ideia de que "em um nível profundo de minha consciência eu posso ter sabido que estava me casando com um homem que iria morrer e me deixar, mesmo que não tivesse consciência cognitiva dessa possibilidade". Perguntando-se por que faria tal coisa, ela conclui: "Minha capacidade de estar viva, intensa e de me relacionar profundamente está ligada a mim e não depende de uma determinada pessoa ou lugar, de qualquer coisa externa a mim".[10]

Quando o Inocente é ativado, algumas pessoas acreditam, como Luthman, que em um nível profundo da alma nós escolhemos nossa vida. Outros acreditam que as perdas como ela descreve acontecem por razões que nada têm a ver com nossas escolhas, mas que podem ser usadas para estimular o crescimento. Outros ainda resistem à ideia de escolha, mas veem um padrão de coincidência significativa no universo.

Sincronicidade é um termo cunhado por C. G. Jung para descrever tais conexões causais. Enquanto o Guerreiro aprende as lições da causalidade, o Inocente confia na sincronicidade. "Sabe aquelas vezes em que você vai a uma livraria e exatamente o livro de que você precisava (mas nunca tinha ouvido falar) praticamente cai na sua mão? Ou quando você encontra apenas a pessoa de que você precisa, aparentemente por acidente? Esses são exemplos de sincronicidade."[11]

Espelhar – quando o mundo exterior espelha o nosso mundo interior – é outro aspecto do mesmo fenômeno. Em parte, como ilustrado pela mulher espancada, o mundo exterior tende a dramatizar o que está acontecendo interiormente para que percebamos. O espelhamento também funciona de outra maneira. Ou seja, muitas vezes quando mudamos nosso mundo interior, o exterior também muda. Por exemplo, conheço homens e mulheres que se desesperam por não encontrar o amor verdadeiro. Mas uma vez que eles fazem sua própria jornada e desenvolvem sua própria capacidade de amar, com frequência ficam surpresos com quantas pessoas fascinantes e completamente admiráveis de repente mostram interesse por eles.

Quando estamos no estágio do Nômade, o mundo está cheio de sofrimento. Quando passamos para o estágio do Guerreiro, então o mundo milagrosamente muda conosco e nos confronta não tanto com catástrofes, mas com desafios. No estágio Altruísta, encontramos-nos cercados por pessoas que precisam de amor e cuidado a cada momento. Ao entrarmos no estágio do Mago, encontramos situações e pessoas que precisam ser transformadas. O Inocente verá isso como um espelhamento. Outros arquétipos podem explicar de maneira diferente – por exemplo, que notamos as partes de nosso ambiente que se encaixam em nossa programação.

Quando, como Inocentes, não gostamos do que está acontecendo conosco, a primeira coisa que fazemos é nos voltar para dentro para ver que mudança interna pode produzir uma mudança externa; nossa suposição é que o Paraíso é possível e está próximo. Sempre podemos fazer algo para melhorar nossa situação. Mudamos o mundo mudando a nós mesmos. Se essa ideia não for equilibrada pelas perspectivas de outros arquétipos, pode ser levada longe demais ou mesmo usada de maneira controladora. Por exemplo, se você trabalha com uma pessoa que o maltrata, ir para casa e fazer afirmações pode não ajudar, a menos que as afirmações sejam projetadas para fortalecer sua autoestima para que você aja em seu próprio nome. No entanto, perceber um padrão anterior em sua vida de relacionamentos abusivos pode ajudá-lo a ver que esse relacionamento pode ser sua oportunidade de se libertar. O problema inicialmente pode ser que você precise chamar seu Nômade para sair ou seu Guerreiro para se defender. Simultaneamente, você pode afirmar sua prontidão para um relacionamento de trabalho saudável. O arquétipo do Inocente pode ajudá-lo a reconhecer esse padrão e confiar no processo em que você está. Pode não ser capaz de ajudá-lo a mudar a pessoa que o está maltratando. Essa pessoa tem sua própria jornada, com seu próprio tempo. No entanto, seu Inocente pode confiar que você tem o poder de sair dessa situação e encontrar uma melhor.

À medida que os Órfãos aprendem a permitir a dor; os Nômades, a solidão; e os Guerreiros, o medo, os Inocentes aprendem a permitir a fé, o amor e a alegria. E quanto mais eles deixam entrar, mais eles atraem para si mesmos. Em *Whee!, We, Wee All the Way Home* (um título que sugere sua perspectiva Inocente), o teólogo Matthew Fox argumenta que a oração final é receber a vida plenamente:

Um amigo que me dá um disco fica satisfeito ao saber do meu prazer em tocá-lo. Afinal, meu deleite era exatamente o objetivo que ele pretendia ao me dar o presente. O Criador não pode ser diferente. Nosso agradecimento pela criação, nossa oração fundamental, portanto, é nosso gozo e deleite nela. Esse deleite é chamado de êxtase quando atinge uma certa altura, e também é oração. Como toda oração, ela toca o Criador e somos tocados pelo Criador nesse ato de êxtase e agradecimento.[12]

Essa atitude é importante não apenas para recebermos as delícias do mundo, mas também para realizarmos nosso potencial para nossa própria riqueza interior.

No entanto, o processo do Inocente não é simplesmente receber passivamente. É uma questão de pedir, com a expectativa de que teremos aquilo de que precisamos. A escritura cristã que mais ressoa para a consciência do Inocente é Mateus 7:7-8:

Peçam, e lhes será dado; busquem, e encontrarão; batam, e a porta lhes será aberta. Pois todo o que pede, recebe; o que busca, encontra; e àquele que bate, a porta será aberta.

É igualmente importante ser grato pelo que recebemos. Uma parte particularmente tocante do Sêder da Pessach é a recitação de uma longa lista de coisas que Deus fez pelo povo hebreu durante o êxodo (por exemplo, tirá-los do Egito, fornecer maná no deserto etc.). À medida que cada instância de ajuda divina é lembrada, os participantes exclamam "Dayenu!" – literalmente, "Teria sido suficiente". Teria sido suficiente mesmo que Deus não tivesse realizado o milagre seguinte. No entanto, Deus realizou todos eles. Coletivamente, esse catálogo de intervenções inspira admiração.

Um romance que ilustra o processo de retorno é *The Realms of Gold*, de Margaret Drabble. Sua personagem central, Frances Wingate, relembra sua vida com um humilde sentimento de admiração por tudo o que recebeu. Frances tem uma capacidade muito incomum de confiar em si mesma e em sua visão; o resultado é que ela habitualmente pedia o que queria – e conseguia. Ela está ciente de que nunca fez as coisas acontecerem; elas apenas aconteceram. Ela é uma arqueóloga que ficou muito famosa quando descobriu as ruínas de uma cidade antiga no deserto. Na verdade, um dia em um aeroporto ela percebeu que simplesmente sabia onde a cidade estava. Claro, esse conhecimento foi fundamentado em todo o seu estudo da cultura antiga dos fenícios, mas foi o lampejo intuitivo que fez a diferença. Além disso, ela seguiu inquestionavelmente seu palpite e depois encontrou e escavou o local. Ela se pergunta:

> Se eu não tivesse imaginado, não teria existido. Durante toda a sua vida, as coisas tinham sido assim. Ela se imaginara indo bem na escola, e se saíra bem. Casar, e se casou. Ter filhos, e os tinha dado à luz. Ser rica, e tinha ficado rica. Ser livre, e era livre. Encontrar o amor verdadeiro, e o havia encontrado. Perdê-lo, e o havia perdido. O que ela deveria imaginar em seguida?

A enormidade desse poder a assusta. Ela teme que possa imaginar algo assustador, e isso aconteceria também. Assim, ela fica cara a cara com seu senso de responsabilidade por sua própria vida e suas contribuições para o mundo. Também é verdade que Frances está olhando para trás em sua vida com a consciência do Inocente enquanto pondera. Os acontecimentos podem não parecer tão fortuitos e fáceis quando estão em andamento. No entanto, se ela não tivesse aprendido as lições do Guerreiro, não poderia ter seguido seu palpite com tanta confiança, organizado uma expedição e começado a cavar. Da mesma maneira, ela não teria a independência de espírito e a coragem de levar sua carreira a sério numa época em que não se esperava que as mulheres fossem capazes de combinar uma carreira com um marido e uma família.

Sua vida é um exemplo interessante da consciência do retorno, e muito humano. Ela não é "perfeita". Na verdade, bebe demais e de outras maneiras é propensa à autoindulgência. Mas isso é parte da questão: ela *não* é melhor do que as outras pessoas e sabe como criar o paraíso em sua vida. Ela visualiza o que quer e age para obtê-lo com uma confiança simples e relaxada de que isso acontecerá, sem cair em negação ou escapismo. Por exemplo, ela envia um cartão postal para um amante de quem se separou dizendo que o quer de volta. O cartão demora para chegar até ele, e sua reação quando ela não tem notícias dele é perplexidade. Afinal, ele sempre disse que voltaria se ela pedisse, e ela acreditou nele. Por fim, ele recebe o cartão e volta para o lado dela, e ela realiza seu desejo – um relacionamento verdadeiramente satisfatório e íntimo.[13]

O perfeccionismo pode atrasar nossa jornada. Para muitas pessoas hoje, a vida é um projeto de autoaperfeiçoamento após o outro. Acreditamos que não podemos ganhar o tesouro até que tenhamos tudo resolvido. De modo algum a questão é essa. O retorno pede que reconheçamos o bem que sempre esteve em nossa vida. Em *O Mágico de Oz*, Dorothy vê o Kansas de maneira muito diferente no final da história do que no início, quando ela se sentia vitimizada e alienada. Seus companheiros representam simbolicamente o potencial dentro dela que é realizado em sua jornada: o Leão covarde, que desejava coragem, salva o dia; o Espantalho, que queria um cérebro, faz todos os planos; e o Homem de Lata, que queria um coração, chora tanto, comove-se com tanta facilidade que enferruja sua armadura. A própria Dorothy quer ir para casa e descobre que poderia ter feito isso a qualquer hora que quisesse – pelo menos a qualquer momento depois de matar a bruxa malvada e ganhar seus sapatinhos de rubi. Enquanto bate os calcanhares, ela afirma: "Não há lugar como o lar", e se encontra de volta com sua tia Em.

Quando Dorothy deixou o Kansas, o lugar parecia um terreno baldio para ela, simplesmente porque estava infeliz lá. Quando volta, o Kansas foi transformado na terra prometida – não porque o Kansas realmente mudou, mas porque ela mudou. A experiência a ajudou a apreciar o que antes ela subestimava. Ela acorda, é claro, cercada por pessoas que a amam – como sempre fizeram.

O arquétipo do Inocente nos ajuda a mudar o filtro através do qual vemos nossa vida. A maioria de nós aceita tudo de bom em nossa vida como direito nosso, focando, portanto, em coisas que nos frustram, incomodam ou decepcionam. Se fizermos a escolha de apreciar o que temos e ressoar com acontecimentos e circunstâncias positivas, de repente nos tornaremos muito mais felizes.

Essa sabedoria está influenciando a teoria e a prática da administração hoje. O consultor David L. Cooperrider ajuda as organizações a deixar de lado seus problemas por tempo suficiente para descobrir seus pontos fortes e seus valores. Ele chama essa abordagem de "investigação apreciativa", observando que os sistemas organizacionais têm sua própria lógica, assim como as almas individuais. Ele explica que "qualquer sistema ou sociedade floresce apenas enquanto tiver uma imagem positiva de si mesma – seu passado, presente e futuro". A abordagem da Cooperrider nos ajuda a encontrar a alma da organização, seus valores e compromissos mais profundos. Qualquer desejo de mudar uma organização que não honre sua verdade central e que não confie em seu próprio valor e no de suas pessoas, no decorrer do tempo causará mais mal do que bem.[14]

O sábio Inocente entende e aprecia os sistemas organizacionais, familiares e sociais em seus próprios termos. Em vez de tentar fazer a mudança ocorrer, podemos promover resultados positivos incentivando, por meio de nossa atenção e apoio, as forças positivas que podem ser encontradas em toda e qualquer situação.

Em nossa vida pessoal, o arquétipo do Inocente pode nos ajudar a alcançar a felicidade mesmo quando ainda não temos o que queremos. Ele nos dá a fé de que sempre teremos tudo de que precisamos para crescer. Captamos da cultura uma pressão constante para viver de acordo com certos padrões de normalidade e sucesso. Só podemos relaxar na vida se formos capazes de confiar que cada vida tem sua própria lógica e cada dom tem seu próprio tempo.

O Inocente nos diz que podemos reentrar no Paraíso sempre que estivermos prontos para fazê-lo. Fazemos isso não controlando o que nos acontece, mas aprendendo a reconhecer possibilidades que não vimos anteriormente. O Guerreiro acredita que temos de forçar as pessoas a se mudarem para o novo mundo; o Altruísta acredita que a mudança social exige sacrifício; o Mago explora os limites de nossas habilidades para redimir o mundo. O Inocente, no entanto, sabe que só precisamos de uma opção. As pessoas são atraídas pela expansão da vida. Deixadas por si mesmas, elas vão gravitar para ela.

O clássico de ficção científica de Mary Staton, *From the Legend of Biel*, descreve uma civilização que cresce lentamente para abranger a maior parte do universo, mas nunca trava uma batalha. A civilização é pacífica, igualitária e complexa. Outros grupos se juntam a ela não porque são forçados, mas porque sua curiosidade sempre os leva a isso. Ao chegar lá, eles se encontram no Salão das Mil Câmaras, onde vivenciam muitas aventuras. No processo, eles evoluem e descobrem quem são em um nível mais profundo, passando da consciência dualista, hierárquica e patriarcal para uma perspectiva mais complexa, multidimensional e igualitária. Uma vez que tenham avançado para esse nível, não podem imaginar voltar às suas antigas formas de fazer as coisas. Isso seria como engatinhar depois de aprenderem a andar – ou voar.[15]

Os Inocentes não tentam forçar a mudança social nos outros, porque reconhecem que as pessoas precisam fazer a jornada para poder viver em um mundo humano e pacífico. Por outro lado, também reconhecem que muitas coisas na cultura retardam artificialmente as pessoas e as mantêm presas desnecessariamente. Os Inocentes atuam como ímãs que atraem e galvanizam a energia positiva para a mudança. Eles fazem isso identificando os lugares onde o crescimento pode ocorrer para indivíduos, instituições ou grupos sociais e, em seguida, promovendo-o.

Embora possam ou não ser os líderes de um determinado movimento político, religioso ou intelectual, eles agem como os fazedores de chuva. Quando eles estão lá, o crescimento ocorre.

Como muito do que acreditamos a respeito do mundo realmente é projeção, os Inocentes Sábios são capazes de inspirar esperança nos outros porque sabem que é possível ter um mundo pacífico, humano, justo e solidário. Afinal, eles aprenderam a ser pacíficos, atenciosos e respeitosos com os outros e consigo mesmos! Além disso, eles atraem o que são, de modo que também têm muitas áreas na vida nas quais experimentam esse mundo como sua realidade.

Os Inocentes Sábios confiam que quando abrimos nosso coração, sempre temos amor suficiente; quando paramos de acumular talentos, ideias, bens materiais, sempre somos prósperos. Eles sabem que criamos escassez por meio de nossos medos. Mas quando relaxamos na vida, experimentamos a plenitude de nossa verdadeira natureza – o que sempre é bom. O resultado é a felicidade.

FAMILIARIZANDO-SE COM O ARQUÉTIPO DO INOCENTE

Para se familiarizar com o arquétipo do Inocente, faça uma colagem de fotos de revista que se assemelhem ao Inocente; faça listas de músicas, filmes e livros que expressem o Inocente; junte fotos suas, de parentes, de colegas e de amigos no modelo do Inocente. Pratique perceber quando você está pensando ou agindo como um Inocente.

Exercícios do Inocente

Passo Um: Todos os dias, gaste o máximo de tempo que puder apreciando o que você tem. Agradeça às pessoas que são úteis para você.

Passo Dois: Quando você tiver um problema, afirme o resultado que deseja como se já estivesse presente em sua vida. Mantenha a visão do seu resultado ideal. Escreva uma frase que descreva o que você quer, mas expresse-a no tempo presente. Quando pensamentos de medo ou sorte começarem a deixá-lo ansioso, negue o poder deles sobre você e volte seu foco para palavras ou imagens mais esperançosas.

Passo Três: Confie em sua orientação interior. Pratique a oração e/ou meditação para ouvir a orientação. Permaneça aberto para ouvir essa voz interior ao longo do dia.

Passo Quatro: Mantenha um registro de seus sonhos, tratando-os como cartas enviadas de sua mente inconsciente para torná-lo consciente do que sua mente consciente pode estar perdendo.

CAPÍTULO 7

Transformando sua Vida: o Mago

... Além das sombras de nosso velho pensamento, um mundo totalmente diferente aparece. Um mundo que se deleita com nossas explorações, nossos desejos, nossa necessidade de nos unirmos aos outros. Um mundo que acolhe e apoia nossos esforços. O mundo sabe como crescer e mudar. Tem feito isso por bilhões de anos. A vida sabe como criar sistemas. A vida sabe como criar maior capacidade. A vida sabe como descobrir significado. Os movimentos que procuramos lutar contra o controle da vida estão disponíveis para apoiar nossos desejos se pudermos deixar de ter tanto medo.

– MARGARET J. WHEATLEY E MYRON
KELLNER-ROGERS, *A Simpler Way*[*]

---

[*] *Um Caminho Mais Simples*. São Paulo: Cultrix, 1998 (fora de catálogo).

O herói retorna a um reino transformado.

Sua vida parece fora de controle? Você está tendo dificuldade em acompanhar as exigências do trabalho, suas responsabilidades com a família e amigos e suas próprias necessidades de exercício físico, bem como desenvolvimento espiritual/psicológico? Você se sente como se estivesse sendo dirigido por sua vida? Você está cercado de pessoas e situações que precisam de transformação? Mesmo que você seja muito sofisticado e bem-sucedido, às vezes sente que precisa de um milagre?

A vida moderna é rápida e complexa. As pessoas em todos os lugares estão tendo dificuldade em simplesmente acompanhar suas exigências. Além disso, você não pode fazê-lo se se sobrecarregar tentando agradar totalmente seu chefe ou professor, preparar-se adequadamente para sua próxima mudança de carreira ou tarefa escolar, satisfazer seus pais, ser um pai/amigo/parceiro perfeito e atingir o ideal de beleza física e espiritual, enquanto também tenta encontrar a si mesmo.

O arquétipo do Mago está associado à vontade humana, à capacidade de livre escolha e à decisão de assumir o controle da própria vida. É apenas humano dar desculpas, culpar os outros ou reclamar dos momentos em que estamos lutando para recuperar o atraso em nossa vida, mas o Mago em todos nós sabe que qualquer falta de equilíbrio em nosso mundo exterior reflete o desequilíbrio interior. Para fazer magia devemos concentrar nossas energias para que não se dissipem.

Quando nossa vida parece fora de controle, um ou mais arquétipos estão dominando os outros. Por exemplo, estamos desequilibrados em:

- ◆ o Inocente, se tentarmos ser perfeitos e agradar a todos;
- ◆ o Órfão, se estamos distraídos das tarefas em mãos por nossos medos e ansiedades (para que nos preocupemos em vez de progredir);

- o Nômade, se passarmos horas intermináveis em projetos de autoaperfeiçoamento na esperança de um dia sermos "bons o suficiente" para fazer tudo;

- o Guerreiro, se somos levados a realizar, e simplesmente não podemos deixar de nos esforçar para sermos os melhores;

- o Altruísta, se gastamos tempo fazendo pelos outros o que eles poderiam e deveriam fazer por si mesmos;

- o Mago, se estamos tão inflados que pensamos que podemos fazer tudo e qualquer coisa.

A maioria de nós nem percebe que podemos fazer escolhas para ter o tipo de vida que queremos. Não temos de seguir o conselho (ou agradar ou impressionar) os especialistas, parentes e amigos, por mais bem-intencionados que sejam. Muitas pessoas hoje são como um motorista que se senta no banco do passageiro de seu carro porque todo um grupo de pessoas está monopolizando o banco do motorista, lutando pelo controle do volante. O carro, é claro, cambaleia por toda a estrada com tantas pessoas dirigindo. O motorista reclama de vez em quando que está cada vez mais longe de seu destino, mas ninguém no banco do motorista parece notar.

Talvez ele finalmente os expulse e consiga sentar-se no banco do motorista. Ele pisa no acelerador, mas nada acontece – o carro ainda está em ponto morto. Somente quando ele engata a primeira marcha e, ao mesmo tempo, dirige o carro, ele começa a se mover em direção ao destino desejado.

Do mesmo modo, quando o arquétipo do Mago é ativado, você se sente confiante de que sabe o que deve ser feito para transformar sua vida ou seu mundo. Você para de deixar que os outros tomem suas decisões e desenvolve uma visão para onde quer ir. Você também está disposto a arriscar a ação – para ficar atrás do volante de sua vida. Você ativa a mudança de marcha da magia quando começa a agir de acordo com seus valores e seu propósito de vida. É como se você se colocasse exatamente naquela posição mágica que permite que as engrenagens do universo se alinhem com você e apoiem seus esforços. Quando você faz isso, descobre que coincidências fortuitas começam a ocorrer que abrem um caminho para você.

A moderna teoria do caos nas ciências sociais e naturais afirma que tudo no universo está interconectado e, portanto, profundamente interdependente. Por exemplo, para dramatizar a complexidade radical da previsão do tempo, os caóticos dizem que o bater das asas de uma borboleta em Tóquio afeta o clima em Nova York. Muitos de nós gostamos de pensar que algum equivalente de um grande mago está puxando as cordas do mundo, mas a realidade é que cada um de nós administra sua própria central de comando. O universo não é uma coisa estática. Está em processo de ser criado o tempo todo – por todos nós.

Experimentamos a interdependência social em sua forma negativa o tempo todo. Por exemplo, se trabalhamos tanto que negligenciamos nossos filhos, é provável que outras pessoas estejam tendo o mesmo problema. Se esse padrão continuar sem controle, toda a sociedade enfrentará o desafio de lidar com toda uma geração de jovens problemáticos. Se sua empresa está tão obcecada em obter lucro que o faz à custa de danos ambientais, o desequilíbrio ecológico resultante pode afetar toda a comunidade. No entanto, é bastante fácil para a maioria de nós permanecer alheio às maneiras como estamos ajudando a criar problemas sociais.

O arquétipo do Mago nos ajuda a assumir a responsabilidade pela escolha existencial. Você pode pensar em si mesmo como um xamã pisando no centro de uma roda de cura, ou círculo mágico, para fazer magia. Praticamente todas as tradições mágicas ensinam que cada indivíduo é um microcosmo do universo. Se queremos mudar o mundo, devemos começar por nós mesmos. Os cientistas nos dizem que vivemos em um universo relativista onde nenhuma pessoa, planeta ou estrela é mais central ou intrinsecamente importante do que qualquer outra.

Nenhum é superior ou inferior também. Entramos no ponto de poder dentro de nosso próprio círculo mágico quando agimos com o conhecimento de que temos tanto direito quanto qualquer outra pessoa de determinar o futuro do mundo. Há muitos resultados possíveis para a humanidade. Nada está fechado. Votamos pelo mundo que preferimos para nós e nossos filhos com cada escolha que fazemos todos os dias.

O melhor do aconselhamento de carreira contemporâneo incentivar as pessoas a confiarem que a vida delas – não importa quão difícil tenha sido – a prepararam para fazer algo que só elas podem fazer. Quando você encontra um trabalho que usa toda a sua experiência anterior, parece incrivelmente mágico, como se você fosse uma peça de quebra-cabeça se encaixando. À medida que mais e mais peças encontram seus espaços certos, surge uma estrutura que outros podem usar para se orientar, assim como o padrão emergente torna um quebra-cabeça progressivamente mais fácil de completar. Além disso, ao fazer o trabalho de que mais gosta, sem dúvida o fará muito bem. À medida que você se torna mais bem-sucedido, aumenta sua contribuição para uma economia próspera.

A busca por um senso de propósito autêntico muitas vezes põe as pessoas de joelhos – ou em suas almofadas de meditação – buscando se conectar com alguma sabedoria mais elevada ou mais profunda. Alguns falam sobre buscar a vontade de Deus, outros sobre encontrar a verdade dentro deles, outros ainda sobre estar em sintonia com "a força" ou os processos do universo.

O arquétipo do Mago existe em todas as grandes religiões que têm histórias de figuras sagradas que fazem coisas milagrosas. Nas tradições indígenas, a presciência e as habilidades de cura demonstram um chamado ao xamanismo. As figuras religiosas dominantes do mundo eram todas milagreiras; Jesus, por exemplo, curou os doentes, alimentou as multidões e ressuscitou os mortos. O Mar Vermelho se abriu para Moisés, e o maná veio do céu para ele. Krishna, o Buda, a Deusa Tara – todos são creditados com milagres. Além disso, em praticamente todas as tradições espirituais, pessoas com poderes especiais de cura ou psíquicos são vistas como particularmente próximas do divino.

A maioria das pessoas comuns é capaz de encontrar equilíbrio e significado na vida precisamente porque acredita que está recebendo ajuda sobrenatural. Quando temos fé, não é tão importante dirigir um carro caro, impressionar os vizinhos ou ganhar um Prêmio Nobel. Está tudo bem apenas ser quem somos. Viver em harmonia com Deus e nossa própria natureza nos permite simplificar nossa vida.

Em nossa cultura, tendemos a buscar respostas "mágicas" e esperamos que sejam fáceis. Assim, o Órfão vê o Mago como alguém que faz a dificuldade ir embora – como "Poof!" e ela desaparece. No entanto, na maioria das tradições espirituais, as habilidades mágicas são resultado de estudo disciplinado e práticas destinadas a ajudar os indivíduos a alinhar suas vontades com o divino. Na tradição alquímica, o ideal de transformar chumbo em ouro (por uma espécie de telecinese, ou mente sobre a matéria) não era tanto sobre a química, mas era um sinal de que a consciência do alquimista havia se tornado dourada como resultado de uma prática longa e disciplinada.

Dessa perspectiva, podemos pensar em nossas experiências difíceis como fornecendo caldeirões que ajudam a refinar nossa consciência. Várias pessoas com quem trabalhei reclamaram inicialmente sobre o ritmo acelerado de suas vidas altamente bem-sucedidas. Uma mulher disse que não tinha tempo para escrever discursos com antecedência ou se preparar para reuniões. Ela simplesmente tinha de estar pronta para estar "ligada/conectada" a qualquer momento. Em parte, ela podia fazer isso porque sua experiência anterior a havia preparado muito bem para seu trabalho energético e dinâmico. No entanto, também percebeu que esse estilo de vida significava que ela tinha de renunciar ao controle. Na verdade, ela agora orava pedindo ajuda divina antes de cada grande evento – e a ajuda sempre parecia estar lá. Ela apenas sabia o que fazer.

O Mago compartilha uma visão de mundo básica com o Inocente, mas reivindica uma quantidade maior de poder. Os Inocentes seguem o fluxo e confiam em Deus, no universo e/ou no processo da história. Os Magos assumem a responsabilidade de maneira mais ativa e imediata pelo estado de sua vida ou do planeta. Isso significa que eles muitas vezes adicionam uma consciência revolucionária à jornada do herói. Eles dizem: "Quando as coisas não estiverem bem, ficarei de pé e podem contar comigo".

CORRIGINDO O MUNDO

Quando o arquétipo do Mago está ativo em sua vida, você pode sentir um chamado interior para fazer a diferença no mundo – de maneiras que podem parecer arriscadas. Você pode até se sentir inadequado para a tarefa. Martin Luther King Jr. é o exemplo de um Mago moderno que todos conhecem. Pensar na história dele pode ajudar a ativar seu próprio potencial mágico. Alimentado por uma forte fé em Deus e no processo da história, mas confrontado com a realidade do racismo na América, King disse "Não!". A segregação não era aceitável. Simplesmente tinha de acabar. O seu próprio "não" pode ser sobre algo muito diferente. Se você está com raiva de um problema familiar, escolar, organizacional ou social de qualquer tipo – especialmente se se sente apaixonado por essa questão em particular – este é o seu chamado à ação. Lembre-se, os Magos mudam a história quando se recusam a deixar sua própria vida e a vida dos outros serem determinadas pela inércia social. Em vez disso, eles exigem que a mudança ocorra – agora!

Os Magos são capazes de efetuar mudanças aparentemente mágicas precisamente porque não entregam seu poder. A maioria de nós imagina que outras pessoas estão dirigindo o carro da história. Certamente, Martin Luther King Jr. tinha todos os motivos para pensar que estava no banco de trás, se não completamente do lado de fora do carro. Quando ele escreveu sua famosa "Carta de uma Prisão em Birmingham", as pessoas tentaram desacreditá-lo como um agitador externo, já que Birmingham não era sua cidade natal.

Como afro-americano em uma época de segregação, teria sido fácil para ele se identificar como "outro", como o forasteiro e, portanto, alguém incapaz de fazer a diferença. Mas King se identificava como central em todos os lugares em que estava. Ele foi central como afro--americano, como patriota americano e como pastor cristão. Portanto, poderia falar e liderar a comunidade negra. Ele poderia apelar a todos os americanos para cumprir a promessa da democracia e a todos os cristãos para agir na confiança de que todos nós somos filhos de Deus e, portanto, uma família. Igualmente importante, ele não fez de ninguém o inimigo (como um Guerreiro poderia ter feito). Em vez disso, convocou pessoas de todas as origens a serem fiéis aos valores que já defendiam. A magia acontece quando defendemos não apenas a nós mesmos e ao nosso próprio grupo, mas também à promessa que há em cada um de nós.

Ao desafiar o povo americano a pôr fim à segregação, King não apenas incitou outros a mudarem seu comportamento, ele assumiu o volante e começou a dirigir, iniciando um processo que mudou a nação e o mundo. O movimento dos direitos civis não acabou somente com a segregação, mas também desencadeou, por seu exemplo, o movimento das mulheres, o movimento antiguerra, o movimento dos homens e o movimento dos direitos dos homossexuais. Seu impacto se espalhou além de nossas fronteiras, no devido tempo levando ao fim do *apartheid* na África do Sul. É claro que esse efeito cascata começou muito antes. Martin Luther King Jr. foi influenciado por Gandhi, que foi influenciado pelo transcendentalista americano Henry David Thoreau. King também não poderia ter tido o impacto que teve sem o trabalho prévio de vários outros ativistas dos direitos civis que ajudaram a criar seu momento. A questão é que qualquer pessoa que defenda a justiça em qualquer lugar, em nome de qualquer outra pessoa, contribui para nossa libertação da ideia insidiosa de que algumas pessoas são intrinsecamente melhores que outras.

O arquétipo do Mago exige que saiamos da alienação e assumamos o volante de nosso próprio destino. Isso, por sua vez, exige que pensemos em nós mesmos como sendo o centro da vida, determinando o futuro. Portanto, para ser um Mago, é essencial saber o que você representa. Você pode começar com o que o incomoda no mundo. Atente para o que você reclama e saberá o que o chama para usar sua magia para corrigir.

É tarefa do Mago corrigir quando erramos e, ao fazê-lo, restaurar o equilíbrio de nossa vida e de nosso mundo. Em *The Tempest* (*A Tempestade*), sua declaração dramática final, Shakespeare nos forneceu um estudo de caso para corrigir o mundo quando as coisas dão errado. No início da peça, encontramos Próspero, o ex-duque de Milão, exilado com sua adorável filha Miranda. Próspero perdeu sua coroa quando foi deposto pelo irmão, Antônio, que, com o apoio do rei de Nápoles, o baniu para uma ilha distante. Próspero poderia ter passado a vida chorando debruçado sobre sua cerveja, pois certamente tinha o direito de se sentir muito magoado. No entanto, ele assume a responsabilidade por sua própria parte nesse destino aparentemente injusto. Em retrospecto, ele vê que negligenciou seus deveres como duque para prosseguir seus estudos das artes mágicas, deixando Antônio no comando. Em sua preocupação, ele criou um vácuo que Antônio preencheu.

A situação de Próspero ilustra dois princípios. Primeiro, violamos a ordem do universo quando deixamos de ser fiéis ao nosso propósito de estar aqui. Em segundo lugar, criamos desordem quando permitimos que outros nos prejudiquem. Próspero assume a responsabilidade de ter cometido ambos os erros e, assim, consegue perdoar Antônio. Então ele habilmente põe em movimento uma série de acontecimentos que restauram os papéis apropriados no mundo externo.

Uma vez que a consciência interna de Próspero mudou, circunstâncias que ocorrem aparentemente de maneira acidental, fornecem a oportunidade para ele definir acontecimentos externos em curso. O destino leva um barco que tem Alonzo, o rei de Nápoles, seu filho, Ferdinando, Antônio e outros para perto da ilha de Próspero. Contando com a ajuda do espírito Ariel, Próspero usa seus poderes mágicos para criar uma tempestade que os deixa ilhados. De maneira muito complicada para detalhar aqui, Próspero faz Alonzo e Antônio acreditarem que Ferdinando está morto e planta a noção de que essa pode ser sua punição por prejudicar Próspero. Os dois conspiradores então se arrependem de seus erros e falam de seu desejo de consertar as coisas. No final da peça, Alonzo e Próspero se reencontram, e Miranda e Ferdinando ficam noivos. O conflito entre os irmãos e o exilado terminou e eles se preparam para embarcar juntos de volta a Milão.[1]

Embora a maioria de nós não tenha os poderes atribuídos a Próspero, podemos restaurar a ordem correta em nossa vida fazendo o que pudermos para consertar as coisas quando erramos. A maioria das religiões fornece algum ritual para ajudar nessa tarefa. No judaísmo, o período de dez dias entre Rosh Hashaná e Yom Kipur são reservados para que as pessoas expiem qualquer coisa que fizeram de errado e corrijam. No catolicismo, a função da confissão regular a um padre é permitir que as pessoas retornem ao alinhamento com sua natureza espiritual. Nas religiões protestantes, a confissão é feita em oração diretamente a Deus. Em muitas religiões orientais, a meditação como prática regular mantém as pessoas conectadas ao seu próprio conhecimento interior, para que ajam com atenção plena, de maneira a corrigir as coisas. Nos círculos feministas da Deusa, as mulheres são ensinadas a nunca fazer nada que prejudique outra, pois o que fazemos volta para nós três vezes. A única maneira de nos proteger das consequências indesejadas de comportamentos negativos é consertar as coisas o mais rápido possível.

O reverendo Eric Butterworth, autor de *Discover the Power Within You*, compara o retorno ao espírito a ligar um interruptor de luz. "Pecado" significa simplesmente estar "fora do rumo". Quando nos desviamos, diz Butterworth, não é necessário implorar o perdão de Deus. O espírito, ele aponta, é como a eletricidade. Costumamos sair do rumo quando nos esquecemos de ligar o interruptor. Não precisamos implorar para que a luz volte a acender, basta notar que ela está apagada e ligá-la novamente. Reconectar-se com o espírito é assim. À medida que nos alinhamos mais uma vez com nossa natureza espiritual, saberemos intuitivamente o que fazer, e o mal que causamos por nossa falta de consciência geralmente é corrigido, pelo menos com o passar do tempo.[2]

O *I Ching* chinês foi concebido como uma ajuda aos líderes. Não dizia às pessoas o que fazer, mas as ajudava a permanecer alinhadas com o Tao. Assim como antigamente, agora a leitura do *I Ching* permite que as pessoas façam escolhas consistentes com a ordem espiritual do universo em um determinado momento.

Usando termos mais psicológicos, muitas pessoas hoje endireitam sua consciência centrando-se. Quando perdemos o contato com nosso centro, sentimos-nos desequilibrados – porque estamos. Podemos até estar saindo do curso a uma velocidade vertiginosa, puxados em todas as direções pelo magnetismo das exigências de outras pessoas e pela atração do mais novo aparelho eletrônico, brinquedo ou experiência.

É importante reconhecer, assim como Próspero, que perturbamos a ordem do universo não apenas quando prejudicamos alguém, mas também quando permitimos que alguém se aproveite de nós. Vejo, com frequência, gerentes dispostos a ignorar o comportamento improdutivo e não profissional dos funcionários – especialmente se esses supervisores têm medo de serem acusados de racismo, machismo ou injustiça geral, ou se temem desafiar alguém com conexões com pessoas poderosas. Esses funcionários ineficazes, portanto, nunca aprendem a ser produtivos e bem-sucedidos no local de trabalho. Também sabemos como é fácil ativar os vícios de outras pessoas, com o resultado de que elas não enfrentam as consequências lógicas de seu comportamento – consequências que motivam as pessoas a buscar a recuperação. É por isso que os programas de doze passos fazem com que os participantes realizem regularmente um inventário moral e façam reparações a qualquer pessoa que tenham prejudicado. Se fazer isso pode ajudar a manter alcoólatras e viciados em drogas sóbrios, imagine o que isso pode fazer por pessoas que não são, ou ainda não são viciadas em nada. O ponto é que as pessoas são projetadas para serem morais. Se não fizermos o que é certo com nossa própria luz, não apenas estragamos nossa própria vida, mas também estragamos o mundo. Certamente, somos mais propensos a abusar de drogas ou álcool – para não mencionar ser vítimas do vício em trabalho ou da codependência – se tivermos motivos para querer nos distrair de enfrentar a verdade sobre nós mesmos.

Há uma magia em consertar as coisas que tende a colocar nossa vida em ordem. A maioria dos empregadores valoriza muito os funcionários que simplesmente mostram vontade de assumir a responsabilidade por seus erros e aprender com eles. De fato, pessoas bem-sucedidas não são necessariamente mais capazes do que outras; elas apenas estão mais dispostas a ver seus erros como oportunidades para crescer. Pessoas mágicas não ficam simplesmente sentadas culpando os outros. Elas reconhecem sua própria parte em qualquer situação difícil e mudam o que são capazes de mudar – elas mesmas.

INTEGRAÇÃO DA SOMBRA

Quando o arquétipo do Mago emerge, o aspecto da sombra nunca está longe. Esse pode ser um momento perigoso, porque podemos ser possuídos por sua negatividade e vivê-la. O Mago possuído pelas sombras pode ser verdadeiramente mau, usando o poder do carisma para seduzir, manipular e destruir, em vez de elevar. A intenção faz uma grande diferença. Se sua intenção é usar seu poder para ganância ou ambição, o surgimento do arquétipo do Mago muda o equilíbrio e o leva a fazer o mal. No entanto, se sua intenção for positiva e você tiver comprometido sua vida com o bem, poderá enfrentar e integrar o lado sombra.

Essa jornada transformadora começa quando ocorrem problemas que nos ajudam a ver qualidades em nós mesmos e nos outros que preferiríamos não ver. O movimento do arquétipo do Guerreiro para o Mago depende da capacidade de parar de considerar o inimigo lá fora como "não sou eu" e começar a ver a sombra em si mesmo. Na grande trilogia *Star Wars*, quando Luke Skywalker finalmente tem a oportunidade de matar seu inimigo, Darth Vader, ele descobre que o inimigo é seu próprio pai (um parente, alguém como ele, que não pode matar ou punir facilmente). Mais tipicamente, na jornada, temos de encarar o fato de que temos o mal dentro de nós. Acontece algo que revela nossa culpa, e somos forçados a reconhecer nossas próprias falhas. Muitas vezes isso ocorre quando um cônjuge ou amante nos abandona, nosso filho tem problemas, falhamos nos negócios ou perdemos o emprego, ou somos vítimas de qualquer tipo de comportamento viciante, compulsivo ou autodestrutivo.

Esse é um momento perigoso. Em *People of the Lie*, M. Scott Peck mostra que quanto mais os indivíduos não estão dispostos a olhar para o mal que fizeram, mais malvados eles tendem a se tornar. À medida que se tornam defensivos, cobrindo seus rastros, afundam cada vez mais. Portanto, é absolutamente essencial que não inventemos desculpas para nós mesmos nem desistamos de acreditar em nossa boa intenção final.[3]

Sempre que indivíduos ou grupos se identificam com qualquer tipo de propósito que valha a pena, seu primeiro desafio é reconhecer e integrar a sombra. Algo inevitavelmente vai dar errado. Recentemente, estive com um grupo de pessoas maravilhosas comprometidas com uma causa igualmente maravilhosa. Poucos meses depois de fundar uma organização utópica, eles estavam sempre brigando e discutindo um com o outro. Além disso, estavam reagindo a outros que simplesmente tinham um ponto de vista diferente como se fossem perigosamente ingênuos, verbalmente abusivos ou politicamente opressores. Em suma, estavam encenando velhas batalhas um com o outro. Em situações semelhantes, muitos desses grupos se desfazem ou exilam bodes expiatórios que são culpados por todos os problemas (que então continuam a atormentar a organização até que os problemas sejam resolvidos). Os indivíduos muitas vezes culpam os outros e vão para a guerra, ou culpam a si mesmos e perdem a confiança em sua capacidade de manter a fé em sua visão.

A verdade é que, sempre que nos arriscarmos a agir, seremos desafiados a integrar algum elemento sombrio de nós mesmos. Esse é um processo em andamento. O que diferencia as pessoas mágicas das outras é sua capacidade de autorreflexão honesta. Elas não evitam ver verdades negativas sobre si mesmas ou seu grupo nem banem aspectos de si mesmas que parecem preocupantes. Em vez disso, procuram encontrar o ouro na sombra.

Alcançar o equilíbrio não é simplesmente encontrar uma maneira de chegar ao trabalho, fazer a limpeza, pegar as crianças depois e chegar em casa na hora do jantar. Trata-se, muito mais profundamente, de reconhecer e encontrar um lugar para o todo de quem somos. Há vários anos, um homem apareceu depois de eu ter feito uma palestra e me disse que estava em recuperação há vinte anos e passava grande parte de seu tempo ajudando outros alcoólatras a se recuperarem. Ele era particularmente eficaz, disse ele, porque não os julgava de modo algum. Não havia nada que alguém pudesse dizer para chocá-lo, porque não havia nada tão depravado ou mau que ele mesmo não tivesse feito. O interessante é que, enquanto estava bebendo, ele não estava lúcido o suficiente para enfrentar a enormidade de quão terrível sua vida havia se tornado. Quando ficou sóbrio e enfrentou todo o horror de sua vida, descobriu que tinha uma capacidade igualmente imensa de bondade, amor e cuidado.

Essas qualidades sombrias não desenvolvidas nos possuem de maneira monstruosa até ou a menos que comecem a ser admitidas na consciência. É claro que, em circunstâncias ideais, esse homem teria sido capaz de evitar a profundidade do sofrimento que vivenciou por causa de seu vício. Muitos viciados tendem a ser perfeccionistas. Paradoxalmente, quanto mais duros são consigo mesmos, maior a probabilidade de se tornarem viciados. O alcoólatra que acabei de falar tornou-se um porque inicialmente não conseguiu integrar sua dor ou seus vícios em seu autoconceito. Foi preciso um programa de doze passos, muitos anos depois, para ajudá-lo a aprender. Quando podemos aceitar nossa tristeza, nossa solidão, nossa raiva, nossa autodestruição e nosso desejo infantil de sermos cuidados, não precisamos nos anestesiar. Além disso, podemos nos abrir para respeitar nossa vulnerabilidade infantil, nossa independência, nossa correta indignação moral, nossa disposição de dar e nossa fé – ou seja, os polos positivos dos traços negativos listados. É por isso que fazer as jornadas do Órfão, do Guerreiro, do Nômade, do Altruísta e do Inocente previne o vício.

Também podemos criar uma identidade sombria reprimindo o desejo. Por exemplo, nossa cultura está apenas saindo do puritanismo para lidar com a sombra da sexualidade, que muitas vezes se manifesta em formas perversas, mas extremamente poderosas. O sexo é usado na publicidade para vender de tudo, de carros a ferramentas elétricas, seja por meios subliminares ou por mulheres (ou homens) seminuas ao lado do objeto que está sendo vendido. Essa justaposição não faz sentido lógico, a menos que entendamos que somos simplesmente possuídos por nossa sexualidade reprimida. Nos filmes contemporâneos e na vida contemporânea, a sexualidade muitas vezes é acompanhada de violência. Estupro, sedução violenta, abuso sexual infantil, pornografia e sadomasoquismo falam da realidade da possessão da sombra de nossa cultura, assim como os relacionamentos sexuais mais sutis, mas ainda mais difundidos, nos quais uma ou ambas as partes são objetificadas. Integrar a sombra, nesse caso, pode levar a experiências extáticas de erotismo saudável e espiritual.

O Inocente nos ensina a amar o mundo do jeito que ele é. Se nosso Mago é equilibrado por um Inocente forte, podemos tomar medidas para tornar nossos sonhos realidade sem nos sentirmos excessivamente apegados a isso. No entanto, se nos tornarmos compulsivos em conseguir o que queremos, sutilmente enfraquecemos qualquer magia em nossa vida. Em vez de nos conectarmos facilmente e sem esforço com aqueles que verdadeiramente compartilham nossos objetivos, corremos o risco de nos atolar em projetos Pigmaleão, tentando desesperadamente mudar os outros (ou o mundo) para que possamos ter o que desejamos. Quando nos tornamos viciados em manipulação, a magia se torna azeda e controladora. As visões maravilhosas que poderiam fortalecer nossa vida são transformadas em obsessões que as comandam. Nesse ponto, o Mago pode se tornar um feiticeiro perverso.

Pessoas com uma mentalidade de Guerreiro assumem que a reação correta quando vemos a sombra dentro ou fora é matar o dragão – livrar-se da sexualidade ou da obsessão. Porém, o que acontece então é mais repressão, e o dragão fica maior, e a possessão fica mais pronunciada. Quando a resolução do Guerreiro/Altruísta é alcançada, aprendemos a enfrentar o dragão e a reconhecer que ele é perigoso — para nós mesmos e para os outros — mas depois transformar o monstro afirmando-o e reconhecendo-o como nosso.

A violência é causada em grande parte pela repressão da assertividade. Aprendemos a ser simpáticos, a ceder, a pensar que não temos o direito de pedir o que queremos. Muitos de nós não aprendem habilidades para reconhecer e afirmar nossas necessidades. Consequentemente, as emoções se acumulam como uma bomba-relógio interior. O resultado é uma explosão – raiva, talvez violência emocional ou mesmo física infligida a nós mesmos ou a outra pessoa. Paradoxalmente, o antídoto para a violência não é apenas o autocontrole (que por si só pode levar à repressão), mas o autoconhecimento e as habilidades de autoexpressão e afirmação.

Os Magos entendem a coragem e a audácia envolvidas em afirmar a si mesmos e a sua vontade no universo quando eles próprios ainda não estão completos. Fazer isso significa soltar seus demônios sobre o mundo. Na verdade, porque todos nós somos cocriadores, queiramos ou não, sempre corremos esse risco de qualquer maneira. No entanto, os Magos assumem a responsabilidade por esse processo e basicamente confiam nele. Se os dragões são apenas suas sombras, suas partes não nomeadas e não amadas, então a única maneira de transformá-los é agir e, agindo, trazê-los à luz do dia.

No entanto, alguma discrição é necessária no escopo de suas ações para evitar invocar demônios grandes demais para eles lidarem. No romance de ficção científica de Ursula Le Guin, *A Wizard of Earthsea* (*O Feiticeiro de Terramar*), o personagem principal, Sparrowhawk, acredita, em sua arrogância juvenil, que é poderoso o suficiente para invocar os mortos. Ele consegue, mas ao fazê-lo solta um monstro do submundo que ameaça destruir o mundo. Por mais jovem e inexperiente que seja, Sparrowhawk entende que é sua responsabilidade encontrar esse demônio e confrontá-lo e desarmá-lo. Ele passa anos nessa jornada solitária. Quando finalmente rastreia o monstro e o confronta, percebe que a maneira de ganhar poder sobre ele é falar o nome verdadeiro do demônio. De frente para ele, ele o chama de Ged (nome real de Sparrowhawk), e ao reconhecer sua sombra como uma sombra, as duas partes de si mesmo são unificadas e a ameaça deixa de existir.

Le Guin escreve: "Ged não perdeu nem ganhou, mas, nomeando a sombra de sua morte com seu próprio nome, tornou-se inteiro: um homem que, conhecendo todo o seu verdadeiro eu, não pode ser usado ou possuído por nenhum poder além de si mesmo. E cuja vida, portanto, é vivida pela vida e nunca a serviço da ruína, ou da dor, ou do ódio, ou da escuridão". Após esse triunfo, Sparrowhawk canta uma canção sagrada que celebra o paradoxo: "Somente no silêncio a palavra, somente nas trevas a luz, somente na morte a vida: o voo do falcão brilha no céu vazio".[4]

O Mago passa a entender o precioso equilíbrio no universo e como os indivíduos ajudam a promover esse equilíbrio ou perturbá-lo pelas escolhas que fazem para suas vidas. Em *The Farthest Shore* (*A Praia Mais*

Longíqua), o terceiro livro da trilogia Ciclo Terramar de Le Guin, Sparrowhawk corrige o equilíbrio novamente. Cob, um grande mago que se tornou malvado, decidiu usar seu poder para vencer a morte e dar imortalidade às pessoas. O resultado, é claro, é que eles foram possuídos pela sombra da morte. Por toda parte Sparrowhawk encontra os mortos-vivos: alienados, apáticos, muitos viciados em drogas, ninguém se orgulhando do trabalho ou se amando.

Ele explica que o que causou o problema é que as pessoas desejam "poder sobre a vida", que ele chama de "ganância". O único poder que vale a pena ter, ele observa, não é o "poder sobre", mas o "poder para" aceitar a vida, para permitir que ela entre. O desejo de controlar a vida e a morte com o intuito de obter a imortalidade cria um vazio interno e desequilibra o cosmos. Sparrowhawk explica a Cob que "Nem todas as canções da terra, nem todas as estrelas do céu poderiam preencher seu vazio", pois Cob, ao buscar "poder sobre", perdeu a si mesmo e seu verdadeiro nome.[5] Então, os Magos desistem da ilusão de controle para permitir a vida em si e nos outros. Quando fazem isso, eles corrigem o equilíbrio do universo.

Nos tempos contemporâneos, a Sombra é visível para todo mundo. As pessoas desnudam a alma em programas de entrevista. Sabemos da violência, do incesto e do desespero na família que antes era segredo. Os vícios de nossos políticos são exibidos perante o mundo. Sexo e violência são retratados regularmente na televisão e no cinema. É um momento muito difícil para manter as crianças inocentes ou agarrar-se aos ideais dos adultos. Morando perto de Washington, D.C., como eu moro, em alguns dias é difícil para o meu próprio cinismo acompanhar as notícias no *The Washington Post* que leio enquanto tomo meu suco de laranja pela manhã.

A sombra é visível, em parte, porque o arquétipo do Mago está emergindo em nossa consciência coletiva. Nossa tarefa é integrar a sombra encontrando a energia positiva por trás do comportamento negativo. Por exemplo, é negativo bater em alguém, mas o desejo de fazer isso vem do impulso de destruir algo. O que precisa ser destruído são muitos de nossos velhos hábitos mentais.

NOMEAÇÃO MÁGICA

O Mago usa o poder de nomear de maneira diferente do Inocente. O Inocente nomeia o mundo como bom. O Mago muitas vezes começa identificando problemas e então passa a explorar novos caminhos de percepção. Muitas pessoas hoje têm medo de dar nome aos bois. Para o Guerreiro, chamar um dragão de vilão é um prelúdio para atacar. Ser honesto é tornar-se vulnerável na hierarquia. A honestidade é muito ameaçadora, especialmente porque as pessoas geralmente tentam parecer mais do que são para subir na hierarquia. Significa ter suas falhas expostas. A maneira do Mago falar sobre problemas é temperada pelo amor, apoiada pela crença de que nenhum de nós é intrinsecamente mau ou errado. Todos nós temos uma razão positiva de ser.

No maravilhoso livro infantil de Philip Ressner, *Jerome the Frog*, uma bruxa brincalhona diz a Jerome que o transformou em príncipe. Ele ainda parece um sapo, mas as pessoas da cidade começam a enviá-lo em missões apenas no caso de ele realmente ser um príncipe. Ele tem vários sucessos, então finalmente elas o enviam para matar o dragão, que está sempre cuspindo fogo e destruindo aldeias. Jerome encontra o dragão e desembainha sua espada, mas o dragão pergunta por quê. Afinal, é da natureza dele cuspir fogo e queimar aldeias. Jerome pondera sobre isso e eles discutem as coisas por um tempo e, finalmente, chegam a uma solução que agrada a todos. O dragão queimará o lixo da cidade todas as terças e quintas-feiras e ficará por aí contando mentiras pelo resto da semana. Jerome não tenta converter o dragão ou convencê-lo a ser "bom", mas o ajuda a ser de maneira mais produtiva quem ele é, já que os dragões não apenas adoram cuspir fogo e queimar coisas, mas também gostam de ser admirados e apreciados.[6]

O tipo de solução de problemas sem vítimas e sem vilões de Jerome baseia-se na suposição de que nenhum de nós está errado ou é ruim. Podemos, no entanto, estar reprimindo quem somos e agindo fora de nossa sombra, ou simplesmente podemos não ter habilidades para nos expressar de maneira socialmente responsável. Quando qualquer uma delas for verdadeira, podemos causar dificuldades para nós mesmos e para os outros. Nada é inerentemente errado com os dragões quando a verdadeira natureza deles é descoberta, desenvolvida e canalizada de maneira útil!

Então, não é apenas a honestidade que é importante, mas a energia que a envolve. Se a honestidade vem do desejo de cortar alguém, pode ser muito destrutiva. No entanto, envolta na fé de que todos têm potencial para o bem, tem um efeito bem diferente. O objetivo do Mago não é matar, mas nomear o dragão – restabelecer a comunidade por meio da comunicação.

O romance para adolescentes de Madeleine L'Engle, *A Wind in the Door* (*Um Vento à Porta*), ilustra o poder da nomeação positiva, mesmo quando lida com o mal – se essa nomeação for honesta e não permitir atitudes ou comportamentos autodestrutivos. A heroína da história é Meg, a filha adolescente de pais que são físicos premiados. O problema é que seu amado irmão mais novo, Charles Wallace, está morrendo. Sua mãe descobriu que algo deu errado com as farândolas de Charles. Dentro de cada célula humana existem organelas com seu próprio RNA e DNA chamadas mitocôndrias, sem as quais não poderíamos processar oxigênio. Dentro das mitocôndrias, postula a mãe de Meg, há farândolas que têm a mesma relação com as mitocôndrias que as mitocôndrias têm com a célula.

Essa visão da interdependência de toda a vida percorre todo o romance. Meg é visitada por gente do espaço e por um querubim, que explica que tamanho não faz diferença. Tudo no universo é tão importante quanto tudo o mais, e tudo está interconectado. Eles também explicam que ela pode salvar Charles Wallace, porque ela é uma

Nomeadora. Uma Nomeadora, ao que parece, é alguém que ajuda as coisas e as pessoas a saber quem são. Por exemplo, o amigo de Meg, Calvin, é um Nomeador para ela porque ela se sente mais ela mesma quando está com ele do que em qualquer outro momento.

A fonte do problema são os Echthroi, os "Desnomeadores", que são responsáveis por coisas como buracos negros, alienação, desespero e crime, porque tentam impedir as pessoas, estrelas, árvores etc., de reivindicarem suas identidades reais e, portanto, de fazerem sua contribuição para o universo. Depois de praticar a nomeação em algumas pessoas, Meg se aprofunda nas mitocôndrias e conversa com as farândolas. Acontece que os Echthroi estiveram lá e convenceram as farândolas de que elas não precisavam fazer a jornada, que elas são a maior coisa que existe. Quando as farândolas fazem a jornada, cantam com as estrelas. Se não o fizerem, todo o organismo do qual fazem parte morre.

Meg consegue nomear as farândolas, mas depois percebe que deve enfrentar os próprios Echthroi para libertar a si mesma e a seus amigos. Quando faz isso, ela não tenta matá-los como um guerreiro faria. Em vez disso, ela começa uma ladainha de nomes, terminando com "Echthroi. Você está nomeado! Meus braços o cercam. Você não é mais o nada. Você é. Você está completo. Você sou eu. Você é a Meg".[7]

Meg implicitamente entende o princípio do microcosmo e do macrocosmo que é básico para a magia. Se ela é um microcosmo do universo, então qualquer coisa "lá fora" também está "aqui". Todos nós temos alguma parte de nós mesmos que podemos chamar de "auto--odiador" que procura nos tentar com visões de grandeza ou minar nossa crença de que o que fazemos é importante. Assim, todos nós temos uma parte Echthroi buscando nos desviar do nosso propósito de vida. À medida que aprendemos a amar o inimigo externo, também aprendemos a amar (e dessa maneira domesticar) o inimigo interior. O temível dragão que mais tememos, fora de nós mesmos, detém a chave para a sombra interior.

Enfrentar a sombra expande nossa capacidade de amar, para que eventualmente possamos amar tudo dentro e fora de nós. No entanto, fazer isso não exige que habilitemos o mau comportamento em nós mesmos ou nos outros. Na conhecida história "O Príncipe Sapo", uma jovem princesa deixa cair sua bola de ouro no lago e fica inconsolável. Um sapo aparece e diz que vai pegá-la se ela prometer deixá-lo comer de sua tigela e dormir em seu travesseiro. Ela concorda e ele pega a bola. Então, para seu horror, seu pai insiste que ela mantenha sua palavra. Na versão que ouvi quando criança, o sapo se transforma em príncipe quando a princesa o beija. Muitas piadas circularam sobre quantos sapos as mulheres beijam, esperando que um deles se transforme em príncipe, mas pouca atenção foi dada à supressão do desgosto da princesa. A princesa sente repulsa pelo sapo, e implícita na história está uma mensagem de que a jovem princesa correta deve reprimir esses sentimentos.

Um contraste com uma fábula semelhante é útil aqui. "A Bela e a Fera" é uma história prototípica do Mago. Nesse conto, também, a Fera é transformada em príncipe pelo beijo da princesa, mas as circunstâncias são bem diferentes. A Fera age de maneira bastante principesca com a Bela: ele é sempre gentil e generoso com ela. É verdade que ele a pede em casamento todas as noites, mas ela mantém seus sentimentos e sempre diz não. Ele respeita o direito dela de fazê-lo, mesmo sabendo que isso significa que ele pode permanecer uma fera para sempre, porque só o amor desfará o feitiço e o tornará humano. Finalmente, quando Bela concorda em se casar com ele, ela *fala sério*. Ela vê sua nobreza interior e passa a amá-lo. Então, e só então, ele é transformado.

"A Bela e a Fera" sugere que podemos transformar não apenas nós mesmos, mas os outros amando-os como são – "nomeando-os" como amáveis, mesmo com todas as suas imperfeições. "O Príncipe Sapo", porém, é uma história diferente. O sapo se aproveita da princesa; ela é emocionalmente mais jovem e não tão sábia quanto a Bela, não tão capaz de amar o sapo como um sapo. No entanto, Madonna

Kolbenschlag, em *Kiss Sleeping Beauty Goodbye*, explica que na versão original da história do Príncipe Sapo, o sapo foi transformado não por um beijo, mas apenas quando a princesa reconheceu seu desgosto, o pegou e o jogou no fogo.[8] (Gosto de pensar que ela gritou "Eca!" enquanto fazia isso.)

Em nossa cultura, o amor geralmente significa ceder às pessoas, permitindo que elas o maltratem. Essa passividade envolve um tipo sutil de desespero. Os Magos desafiam as pessoas precisamente porque confiam que há mais para elas do que seu atual comportamento autoindulgente ou autodestrutivo. Tenho visto mais homens mudarem, acho, quando a esposa parou de tolerar seu chauvinismo do que quando simplesmente o aceitaram. Tenho visto mulheres mudarem quando o marido parou de sacrificar a própria jornada para ganhar dinheiro suficiente para sustentá-las no estilo ao qual estavam acostumadas. Também vi crianças mudarem quando os pais pararam de mimá-las e estabeleceram limites apropriados para o comportamento e os gastos delas. O amor sábio às vezes exige um lançamento transformador no fogo, em vez do reforço da bestialidade ou da rã nas pessoas. O lançamento no fogo também foi uma declaração de autorrespeito por parte da princesa. Ela tinha respeito suficiente por si mesma para não se forçar a beijar um sapo – não importa *o que* seu pai dissesse! Não importa o que ela havia prometido!

A Fera se transforma pelo amor da Bela, e o sapo só se transforma quando a princesa o rejeita com veemência. Ambas as mulheres são Magas quando confiam plenamente na sua própria integridade e a afirmam. Então, essa não é a visão de integridade do Guerreiro – que requer manter a palavra, custe o que custar – mas integridade que significa viver plenamente de acordo com o seu eu mais profundo. (Embora manter a palavra seja importante para os Magos também. Eles não podem confiar em sua capacidade de nomear e criar seu mundo nomeando-o se falarem descuidadamente.) A jovem princesa em "A Bela e a Fera" rejeita a Fera noite após noite, enquanto não for realmente adequado para ela ser sua noiva. Ela não se força a fazer um bom número de resgate. O que o salva é a genuinidade do amor dela, assim como o sapo fica muito melhor depois de saber do desgosto sincero da princesa.

SENDO REAL, SENDO VULNERÁVEL

Ser elegante e feminina ou cavalheiresco e negar a raiva simplesmente resulta na sabotagem inconsciente dos relacionamentos. Expressar a raiva é transformador porque permite um relacionamento verdadeiro, aberto e honesto. Portanto, ela abre caminho para o amor. Margaret Atwood escreve em *Lady Oracle* sobre uma protagonista que vive várias vidas, todas as versões dos papéis que ela aprendeu a desempenhar. É apenas a explosão de sua raiva no final do romance que torna possível qualquer relacionamento real. Confundindo um repórter com o marido, ela bate na cabeça dele com uma garrafa de vinho. Ela o visita no hospital e constata que eles se tornaram grandes amigos. Afinal, ele é a única pessoa que sabe algo sobre ela.[9]

O Mago não é sentimental ou romântico. O objetivo do Mago é reconhecer o que é verdadeiro sobre si mesmo e sobre os outros. Enquanto na raiz somos todos um no amor, existem muitas camadas acima dessa realidade – camadas que pode ser errado ignorar. É preciso tanta coragem e disciplina para viver com verdadeira integridade, momento a momento, que não podemos fazê-lo sem ter passado pelo estágio de ser um Guerreiro. Ser honesto e aberto no momento é ser profundamente vulnerável. Não permite manipulação e controle, mas permite intimidade, amor e, ocasionalmente, momentos mágicos.

Bonanza Jellybean, personagem do romance *Até as Vaqueiras Ficam Tristes*, de Tom Robbins, nos assegura que podemos passar do inferno ao céu simplesmente mudando nossas atitudes. As pessoas têm ideias diferentes sobre a vida após a morte; no entanto, a maioria de nós sabe que a vida aqui na terra pode parecer "céu" ou "inferno". "Inferno", argumenta Jellybean, "é viver seus medos... O céu é viver seus sonhos."[10]

Shug em *The Color Purple* (*A Cor Púrpura*) de Alice Walker é um exemplo poderoso de uma Maga que transforma o inferno em céu para toda uma comunidade. Shug vive com quase total fidelidade a quem ela é – mesmo que quebre muitas das regras sociais e de gênero de seu tempo. Ela é uma pequena cantora de *blues* sem grande poder no mundo. No entanto, transforma um ambiente patriarcal e opressivo, em que pouco ou nenhum amor ou felicidade podem ser encontrados, em uma verdadeira comunidade. Ela não se propõe a mudar as coisas. Eles mudam porque ela é quem ela é – o que inclui qualidades de independência, assertividade, gentileza e zelo.

Celie, a personagem principal da história, começa como uma criança molestada e espancada que se casa com Albert, um homem que não a ama, mas precisa de alguém para cuidar de seus filhos. Ele bate nela por causa de sua raiva por ela não ser a Shug, pois ele amava Shug embora não tivesse coragem de desafiar os desejos de seu pai e se casar com ela. Celie sabe tudo sobre Shug, sabe o quão livre e honesta ela é, e em vez de se sentir ameaçada por ela, ganha coragem apenas por ver a foto de Shug.

Celie já havia conquistado alguma autoestima a partir de uma escolha que fez de ser Altruísta quando, na adolescência, se vestiu para atrair seu pai para que ele não molestasse sua irmãzinha também. Ela escolheu sacrificar o próprio corpo por sua amada irmã. Mais tarde, com Shug, ela aprende a se defender. Shug a princípio é hostil com Celie porque ela é casada com Albert, mas depois que Celie cuida de Shug durante uma doença, Shug passa a amá-la. Nessa situação da bela e da fera, Celie passa a se valorizar porque Shug se preocupa com ela e, eventualmente, elas se tornam amantes. Shug ajuda Celie a aprender a amar e valorizar sua própria feminilidade e a encontrar seus próprios dons: ela faz calças maravilhosas, feitas sob medida e confortáveis. Por fim, Celie aprende a amar sem dependência quando descobre que pode sobreviver e se contentar mesmo quando Shug a deixa.

O destino de Albert é mais parecido com o do sapo. Primeiro Shug o confronta e o rejeita quando descobre que ele espancou Celie, e então Celie o confronta e o deixa, xingando-o o tempo todo, dizendo que tudo o que ele fez com ela vai repercutir de maneira kármica nele. Ele é curado em parte por ter de enfrentar o dano que causou e em parte pelo amor e cuidado de seu filho, que não desiste dele, mesmo depois de todo o mal que causou.

No final da história, os três – Celie, Shug e Albert – se preocupam um com o outro. Albert desistiu de suas pretensões de ser o patriarca e Shug voltou para Celie. Em última análise, Shug, como Maga, redefine não apenas as relações individuais, mas também o paradigma social de sua comunidade.

Os líderes mais eficazes que encontro em minha prática de *coaching* executivo têm uma confiança inconsciente em seus próprios instintos. Assim como Shug, eles esperam que as coisas funcionem e não se angustiam com as respostas. Mesmo assim, tenho observado padrões no que eles fazem. Eles acreditam nas pessoas, percebem-nas como indivíduos e mostram que se importam. Eles também não têm dificuldade em estabelecer limites quando alguém não está tendo um bom desempenho. As pessoas sabem que terão todo o apoio de que precisam se estiverem fazendo o seu melhor. No entanto, se os funcionários não estiverem desempenhando suas funções com competência em seus empregos atuais, o gerente conversa com eles sobre se esse trabalho é adequado para eles. Nesse caso, as opções de treinamento são consideradas para ajudá-los a se tornarem mais bem-sucedidos. Caso contrário, eles podem ser movidos para outra posição ou dispensados (com incentivo ativo para encontrar satisfação em outro lugar). Mas, acima de tudo, esses gerentes economizam muito tempo que outros gastam se preocupando, porque esperam ter sucesso – e geralmente o fazem.

Além disso, quando ocorrem problemas, eles não respondem dizendo: "Alguém deveria fazer alguma coisa". Em vez disso, eles próprios se esforçam e começam a fazer o que podem para fazer um gol de placa. Os Guerreiros também agem imediatamente quando a mudança é necessária. A diferença é que os Guerreiros criam estratégias para fazer a mudança acontecer, enquanto os Magos imaginam o resultado desejado e se movem, confiando na sincronicidade para ajudá-los a resolver os detalhes. Quando as coisas dão errado, os Guerreiros lutam para exercer mais força ou controle. Os Magos recuam para ter certeza de que seus objetivos são congruentes com as verdadeiras necessidades da época. Quando as coisas se tornam difíceis, o Mago pode aceitar que a magia atualmente não está funcionando no mundo exterior. Muitas vezes, o que está acontecendo é que a magia está trabalhando interiormente. Estamos sendo iniciados em um nível superior de consciência pelas dificuldades que estamos vivenciando. À medida que nossa consciência é transformada, o mundo exterior muda de acordo, embora às vezes esse processo leve tempo e exija engenhosidade.

Se o que você deseja (e o que se encaixa na sua jornada) ainda não existe ou está em falta, talvez seja necessário inventá-lo ou apenas esperar. Os Magos sabem que o tempo é crucial. Às vezes, o parceiro que você quer está lá, mas ainda não está no lugar certo em sua jornada para conhecê-lo. Talvez a cultura em que você vive não tenha uma forma-padrão de emprego para corresponder à sua vocação. Por exemplo, uma mulher que conheço sentiu-se muito sem rumo e foi a um médium, que lhe disse que seu problema era ser, por natureza, uma guardiã de templos em um mundo sem templos. Não há anúncios no jornal para os guardiões do templo. Ela se tornou massoterapeuta e curandeira praticando fora de casa, que ela redesenhou para ser um santuário no meio de uma cidade caótica e de alta pressão. É aqui que é útil lembrar a sincronicidade. Raramente as pessoas estão tão à frente de sua cultura que não sejam, pelo menos em alguns aspectos, um microcosmo dela. Os guardiões do templo podem não encontrar templos literais, mas podem manter templos figurativos quando descobrem o que veneram como sagrado; então eles podem manter essas coisas seguras.

Reconhecer nossa interdependência pode parecer limitante porque só podemos ir tão longe em um novo mundo por nós mesmos. No entanto, primeiro é importante entender quão profundamente nossa vida pode ser mudada mesmo em nossa sociedade atual. Tenho notado pessoas no mesmo país que parecem estar vivendo em realidades diferentes. Há aqueles cuja vida se define pela escassez, solidão, medo, pobreza (de bens ou de espírito, que faz com que até os ricos se sintam pobres) e feiura; e há aqueles que estão cercados de amor, beleza e abundância e que se sentem amigos, prósperos e felizes. Da mesma maneira, algumas pessoas estão vivendo mental e emocionalmente no século XIX, enquanto outras estão vivendo no século XXI. De muitas maneiras, nós realmente habitamos mundos diferentes.

Quando o Mago está ativo em nossa vida, escolhemos o mundo em que vivemos. No mundo desenvolvido, isso é fácil de ver. Nós ressoamos com diferentes possibilidades e temos opções. Nós nos afiliamos às partes da sociedade que correspondem à nossa própria consciência. Sabemos que muitas pessoas no mundo têm menos ou talvez até nenhuma opção. No entanto, se lembrarmos que a tradição do xamanismo prospera no que consideramos culturas e países subdesenvolvidos, podemos ver uma forma do Mago que prevalece mesmo em situações que parecem ser enormemente limitantes, pelo menos no sentido material.

Em praticamente todas as tradições indígenas, o xamã viaja entre os mundos. A cura ocorre porque o xamã entra em transe e em outra realidade, outro mundo, independentemente de nossos papéis sociais cotidianos. Nessa realidade, ele remove a causa da doença nos níveis mental, emocional ou espiritual. Entrar nessa outra dimensão também permite o desenvolvimento da habilidade psíquica, pois o xamã "vê" acontecimentos e forças invisíveis aos olhos. Tais xamãs entendem que vivemos em apenas uma dimensão de muitas. Há muitas maneiras de habitar outros mundos, apenas uma das quais é no corpo físico. Cada um de nós tem a capacidade de viajar na imaginação e, ao fazer isso, mudar nossa consciência.

Além disso, podemos ver o arquétipo do Mago em líderes mundiais transformadores, mesmo aqueles cujo compromisso com a mudança social levou ao exílio ou prisão, como Nelson Mandela. Seus vinte e cinco anos de prisão não só não destruíram seu espírito, como também criaram a oportunidade para uma incrível expansão de consciência que o preparou para uma eventual liderança na África do Sul pós-*apartheid*. O legado do Mago é que, se estivermos dispostos a experimentar qualquer iniciação necessária para nos tornarmos magos, não há dificuldades grandes demais para nos impedir.

CRIANDO CAMELOT

Criar nosso próprio mundo utópico é um processo contínuo e diário. Podemos ativar nosso Mago interior pensando em lendas e histórias de grandes magos. Um exemplo que praticamente todo mundo conhece é Merlin, que forneceu a visão para a criação de Camelot.

As grandes lendas de Camelot, que surgiram na tradição oral de modo a traçar um caminho para a esperança durante a Idade das Trevas, fornecem ensinamentos metaforicamente ricos sobre como usar a magia para transformar nossa vida. A história começa quando a sociedade está desmoronando. O velho rei morreu e, no sistema feudal, senhores rivais começam a lutar para sucedê-lo. A guerra cria tanta ruptura social e derramamento de sangue que muitos estão completamente desanimados com o futuro da Grã-Bretanha. (Você pode ver isso como análogo ao estado de muitas de nossas organizações, famílias e comunidades hoje.)

Merlin se retirou para uma caverna na floresta, onde está lutando contra uma séria depressão. Sua atenção é capturada por um momento pelo brilho de um cristal na parede da caverna. De repente, ele tem uma visão da sociedade justa e humana que deveria existir em vez das pequenas lutas internas que vê ao seu redor todos os dias. O que acontece com Merlin aqui exemplifica a prática do xamã de deixar o mundo cotidiano para entrar no reino imaginário. Todos nós podemos fazer isso quando deixamos de nos concentrar nos problemas para imaginar o mundo que gostaríamos de habitar.

Muitas vezes, descartamos nossos momentos de visão simplesmente como devaneios escapistas. No entanto, Merlin leva a sério, chamando a visão de Camelot. Pelo resto de sua vida, ele mantém todas as escolhas contrastando-as com essa visão, decidindo agir consistentemente de maneira que leve à sua realização. Você e eu podemos fazer isso levando a sério a visão em nosso trabalho e nossa vida privada, vivendo todos os dias como se estivéssemos criando nosso próprio Camelot pessoal.

Depois de um tempo, Merlin sai da caverna e começa a "vender" sua visão para os outros. Claro, ele não tem ideia de como a sociedade passará da anarquia para Camelot, mas confia que isso acontecerá. Ele começa a identificar os principais personagens, principalmente o Rei Artur e a Rainha Guinevere. Juntos, Merlin, Artur e Guinevere reúnem os senhores e senhoras de Camelot, identificando aqueles que compartilham seus objetivos e ideais. Enquanto Merlin articula a visão de maneira a gerar comprometimento, Artur combina talento com tarefa, ajudando as pessoas a saberem o que podem fazer para tornar esse sonho realidade. Guinevere se concentra em formar um genuíno senso de comunidade entre os reunidos para que eles se importem uns com os outros e sejam leais à sua causa comum.

A lição para nós hoje é que ninguém cria o paraíso sozinho. É essencial conectar-se com outras pessoas que tenham sonhos e valores semelhantes e organizar tanto um esforço coletivo (com ênfase na realização de metas) quanto uma comunidade genuína e solidária (com foco principal na nutrição e desenvolvimento dos indivíduos).

Os protagonistas de Camelot também encontram ou criam objetos sagrados que facilitam o trabalho: a espada mágica de Artur, que vem da Dama do Lago, deusa celta de grande poder; a Távola Redonda, que faz parte do dote de Guinevere quando está prometida a Artur; e o castelo de Camelot, que Artur e Merlin projetaram e construíram. Do mesmo modo, cada um de nós precisa encontrar ou produzir as formas que correspondam perfeitamente à sua função. No mundo moderno, isso pode incluir o escritório ou ambiente doméstico certo, o suporte tecnológico adequado e toda e qualquer estrutura física que lubrifique as rodas do sucesso.

Para que as visões tenham sucesso em longo prazo, elas devem dar expressão aos nossos valores mais elevados. A lenda de Camelot nos diz que Guinevere desenvolve o código de cavalaria, fornecendo a declaração de valores que inspira a imaginação dos cavaleiros e damas da corte. Eles prometem servir a Deus, ser gentis com os necessitados e criar a sociedade mais justa que já existiu. Eles são leais à visão de Camelot porque isso lhes dá uma maneira de agir de acordo com sua própria visão. E finalmente, é claro, os cavaleiros vão em busca do Santo Graal, que fornece a cada um o conhecimento do significado de sua vida. Isso nos ensina que não importa quão poderosas nossas visões coletivas possam ser, elas mantêm nossa lealdade apenas na medida em que coincidem com nosso senso de propósito individual.

Se você estiver no processo de criar sua própria Camelot pessoal e as coisas não correrem bem, você pode fazer uma verificação aproximada para ver o que pode estar desequilibrado. Você se comprometeu com uma visão clara? As outras partes interessadas compartilham essa visão com você? Você combinou talentos com tarefas para fazer as coisas? Todos vocês compartilham um senso verdadeiro de comunidade? As estruturas físicas e a tecnologia são apropriadas para realizar sua visão? Essa visão é congruente com os valores de todos os envolvidos?[11]

A qualidade mais central do Mago é a vontade de realizar um autoexame honesto. Há pouco tempo, facilitei um retiro de construção de equipe verdadeiramente mágico em um ambiente organizacional.

Os participantes entraram irritados porque alguns de seus colegas de trabalho se separaram para formar uma empresa concorrente e o fizeram em um momento crítico para sua organização. Eles sabiam que tinham todo o direito de sentar e reclamar sobre o que havia acontecido com eles. Em vez disso, no entanto, olharam para dentro, para o que poderiam mudar na maneira como faziam negócios e, em seguida, para as necessidades dos mercados emergentes. Como resultado, em vez de cair no cinismo e na culpa, eles criaram uma nova visão que prometia colocá-los à frente da curva, garantindo assim a participação de mercado de que precisavam para ter sucesso. No processo, eles também conseguiram aumentar a camaradagem e o comprometimento entre os membros de sua equipe. Durante a sessão de avaliação, vários deles mencionaram que a diferença entre aqueles que têm sucesso hoje e os que não têm é a vontade de aprender com o que acontece e mudar a única coisa que podem: eles mesmos.

No louco mundo contemporâneo, podemos aplicar esses mesmos princípios para equilibrar nossas obrigações profissionais e pessoais. Primeiro, visualize como seria ter uma vida em equilíbrio. Em segundo lugar, tome uma decisão clara de se comprometer com o equilíbrio "não importa o quê". Terceiro, compartilhe sua intenção positiva com as pessoas ao seu redor, pedindo a contribuição e o apoio delas para manifestar essa vida sã e agradável. Quarto, tome medidas para refletir esse compromisso nas estruturas reais de sua vida. (Por exemplo, você pode negociar para trabalhar meio período, parar de resgatar outras pessoas quando elas não cumprirem suas obrigações ou contratar ou colaborar com outras pessoas para pegar um pouco do que você está fazendo.) Quinto, sintonize seus valores mais profundos, permitindo que retornem à sua vida aquelas atividades que as refletem. (Por exemplo, você pode querer passar mais tempo com seus filhos ou amigos, fazer caminhadas na natureza, meditar ou expressar sua criatividade por meio da música ou da arte.)

E, finalmente, se você parece subverter seus próprios esforços de alguma maneira, assuma a responsabilidade pelo você-sombra que está criando essa dificuldade. Já que a sombra nunca vai embora, preste atenção no que ela quer de você. (Por exemplo, se decidir reduzir o tempo que trabalha, pode descobrir que uma parte de você está mais comprometida com a realização do que imaginava. Ou pode identificar uma parte de si mesmo que tem medo do tempo vazio. No primeiro caso, você pode querer repensar seu ideal de uma vida equilibrada para incluir mais foco na realização. No segundo, você pode trabalhar para aprender a lidar com os sentimentos reprimidos – ou o sentimento de desorientação – que emerge quando você tem um horário não programado.)

A Transformação da Sociedade

Os líderes políticos de hoje falam com frequência sobre a transformação cultural e econômica em curso no mundo. Nas últimas décadas, o paradigma racionalista teve uma influência tão forte que era visto como pouco sofisticado acreditar em energia, cura, espírito, almas ou mesmo em Deus. Hoje, as coisas são diferentes. Livros sobre alma estão na lista dos *best-sellers*. As pessoas falam sobre espírito no local de trabalho. Os cientistas agora reconhecem que a matéria é essencialmente uma ilusão. Na verdade, tudo é feito a partir de coisas mentais, informações. Cada partícula que já interagiu com outra partícula ainda gira uma em relação com a outra. Além disso, os resultados dos experimentos científicos parecem relacionados às expectativas do pesquisador – o que significa que, mesmo no nível da física, nossa mente influencia o mundo (ou, pelo menos, nossas expectativas predeterminam, até certo ponto, os resultados de nossos experimentos laboratoriais).[12]

Na primeira edição de *O Herói Interior*, publicada em 1986, observei que estávamos no meio de uma transformação de uma cultura de Guerreiro para a de Mago. Nesse tipo de ambiente, as pessoas que têm pouco ou nenhum acesso ao arquétipo do Mago têm dificuldade em acompanhar as exigências da época. No ambiente atual, consideramos axiomático que os sistemas estão mudando e que os indivíduos devem se reinventar para acompanhar o ritmo. Não é tanto que nosso ambiente determinem a consciência ou que a consciência determine os acontecimentos. Em vez disso, indivíduos, organizações e a sociedade como um todo estão em interação dinâmica à medida que o ritmo da mudança acelera.

Parte do problema que todos enfrentamos é como manter o equilíbrio quando tudo ao nosso redor e em nós está mudando. Somente aqueles que estão dispostos a abandonar o apego à ilusão de permanência e estabilidade têm chance de ter sucesso. Por natureza, no entanto, os Magos gostam de fazer a mudança acontecer. O segredo é abandonar sua resistência à transformação. Shevek, o personagem central do romance *The Dispossessed* (*Os Despossuídos*), de Ursula Le Guin, resume a sabedoria do Mago quando diz: "Você não pode fazer a Revolução. Você só pode ser a Revolução".[13] Quando você faz isso, seu mundo muda – como que por mágica.

FAMILIARIZANDO-SE COM O ARQUÉTIPO DO MAGO

Para se familiarizar com o arquétipo do Mago, faça uma colagem de fotos de revistas que se assemelhem ao Mago; faça listas de músicas, filmes e livros que expressem o Mago; junte fotos suas, de parentes, de colegas e de amigos no modelo do Mago. Pratique perceber quando você está pensando ou agindo como um Mago.

Exercícios do Mago

Passo Um: Descreva como seria ter um equilíbrio ideal em sua própria vida; então viva de uma maneira que seja congruente com sua visão.

Passo Dois: Visualize o mundo como você quer que seja; então dê seu voto para esse resultado pela maneirra como você vive sua vida todos os dias.

Passo Três: Identifique pessoas e grupos que você julga negativamente ou dos quais você não gosta, como modo de identificar sua própria sombra. Explore como você pode ver a sombra em si mesmo – seja em seu próprio comportamento ou no que você sente, mas tem medo de expressar. Pense em maneiras responsáveis de afirmar os aspectos mais positivos dessa sombra e integrá-los à sua vida.

Passo Quatro: Pratique defender seus princípios sem considerar alguém errado ou ruim. Deixe claro para os outros no que você acredita e onde estão seus compromissos, mas aja com amor ao fazer isso.

Passo Cinco: Seja honesto consigo mesmo sobre suas próprias falhas e corrija quaisquer erros. Observe que parte de você é responsável pelo resultado negativo. Em seguida, preste atenção ao desejo positivo por trás do comportamento negativo e aja para preencher essa necessidade subjacente.

Passo Seis: Pratique ver o potencial positivo em pessoas e situações, "nomeando" esse potencial sem sentir vergonha ou culpa (enquanto também mantém limites para ter certeza de que você e os outros não serão prejudicados por comportamentos negativos atuais).

PARTE 2

Domínio Pessoal: O Guia

INTRODUÇÃO

Domínio Pessoal:
Desenvolvimento de Recursos Internos

Os problemas não podem ser resolvidos pela mesma
consciência que os criou.

— ALBERT EINSTEIN

A Parte 1 deste livro fornece um mapa para a jornada do herói e os guias arquetípicos que nos ajudam em nosso caminho. A Parte 2 explora a prática do domínio pessoal. Ela contém informações cruciais sobre estratégias para aumentar a autoconsciência e, ao fazê-lo, nos torna mais capazes de viver uma vida bem-sucedida e feliz.

Algumas pessoas me dizem que não acreditam em arquétipos. Infelizmente, o que você não vê ou pensa que é real ainda pode enganar você. Essas pessoas geralmente são controladas pelos arquétipos no interior delas: não conseguem parar de conquistar nem por um minuto (Guerreiro), cuidam obsessivamente dos outros (Altruísta), parecem sempre ser vitimizadas (Órfão), e assim por diante. A falta de compreensão da dinâmica da vida interior pode retardar nosso progresso tanto quanto se não acreditássemos em aprender a ler ou fazer contas.

Você pode utilizar as informações da Parte 1 simplesmente para entender quais arquétipos foram expressos em sua vida até agora e para apreciar as pessoas que são diferentes de você. Se isso é tudo que você faz, ainda é valioso. Compreender o que o motiva e apreciar as perspectivas dos outros são ingredientes importantes para o sucesso na carreira e na vida.

A Parte 2, no entanto, convida você a se aprofundar neste material. Se o fizer, poderá obter o domínio pessoal necessário para assumir o controle de sua vida em um nível mais profundo. Na análise junguiana clássica, você encontra sentido na vida prestando atenção aos seus sonhos e aos arquétipos que os povoam. Essa prática é um aspecto importante do desenvolvimento de recursos internos e é altamente recomendada aos leitores deste livro.[1] O objetivo é a individuação, o que significa simplesmente descobrir quem você é em um nível muito fundamental.

À medida que nos tornamos conscientes dos arquétipos – na análise junguiana ou aplicando os conceitos deste livro à nossa vida – nosso relacionamento com eles muda. Eventualmente, é possível não apenas honrar sua presença, mas também cooperar com eles de maneira consciente. Nesse ponto, estamos em parceria, ou até mesmo dançando, com nossos guias interiores. No processo, alcançamos um novo nível de liberdade e poder. Quanto mais nos tornamos familiarizados com nosso terreno interior, mais conscientes e libertos podemos ser.

Há muito mais arquétipos do que os descritos neste livro. Esses seis, no entanto, fornecem uma estrutura interna que nos permite desenvolver a força do ego, o que, por sua vez, possibilita que trabalhemos com segurança com outras energias arquetípicas. Muitas pessoas hoje não vão além disso em seu desenvolvimento, em parte porque não acreditam em nada além da realidade material. À medida que o Inocente e o Mago retornados são despertos em nós, nos movemos para um nível de ser mais profundo, mais espiritual e com alma.

No último capítulo da Parte 1, aprendemos sobre o papel do Mago em alcançar o equilíbrio. Domínio pessoal significa que somos capazes de nos tornarmos conscientes de quaisquer discrepâncias entre nossos compromissos de papéis externos e nossas realidades arquetípicas internas emergentes. Paramos de tentar ser tudo para todas as pessoas e nos concentramos em expressar nossa própria verdade interior e enfrentar os desafios que são significativos para nós.

No mundo de hoje, também é útil ter cada um desses seis arquétipos à nossa disposição. Quando isso ocorre, a vida começa a ficar mais fácil. Embora não haja uma ordem prescrita que deva ser seguida para a jornada, a facilidade e a maestria pessoais são fomentadas quando os arquétipos estão em relativo equilíbrio.

A totalidade na psique é tradicionalmente simbolizada por um círculo sagrado que é inerentemente harmonioso porque é um microcosmo do universo. Jung descreveu como os pacientes que se aproximavam da totalidade desenhavam mandalas espontaneamente – isto é, figuras circulares com quatro partes externas dispostas em torno de um centro. Em praticamente todas as tradições xamânicas indígenas, os curandeiros ou curandeiras criam algum tipo de círculo mágico (ou roda de cura), com as quatro direções e o centro, para invocar o equilíbrio entre os mundos humano, espiritual e natural. Em *Projection and Re-Collection in Jungian Psychology*, Marie-Louise von Franz escreve:

> Uma imagem primordial em particular sobreviveu na tradição científica por mais tempo do que a maioria, uma que apareceu como uma imagem visual de Deus, da existência, do cosmos, do espaço-tempo e da partícula: a imagem de um círculo ou da "esfera cujo centro está em toda parte e cuja circunferência não está em lugar nenhum". Ao longo dos séculos essa imagem sofreu muitas transformações, até que finalmente foi compreendida cada vez mais como a imagem da realidade endopsíquica no ser humano.[2]

O diagrama circular na página 261 é um resumo visual da Parte 1 deste livro. Antes da jornada, nossa consciência é definida pela sociedade ao nosso redor. O Órfão surge quando caímos da inocência, quando acontece algo que mina nossa fé – em nossos pais, figuras de autoridade, Deus, ou até mesmo na própria vida. À medida que enfrentamos nossa decepção por viver em um mundo decadente, o Nômade escapa do cativeiro e nos leva a sair por conta própria para descobrir o que é possível. No entanto, logo aprendemos que nem sempre podemos ir embora quando as coisas não vão bem. Nesse ponto, o Guerreiro nos ajuda a aprender a permanecer e nos afirmar. Mas na progressão normal da vida, se estamos sempre lutando, nos encontramos isolados e sozinhos. Quando o Altruísta emerge, descobrimos as alegrias de dar e cuidar dos outros. A essa altura, já não nos sentimos tão vulneráveis. O retorno à inocência cura a criança interior ferida e nos permite confiar na vida. Então o Mago aparece, e ganhamos maestria pessoal e a habilidade de fazer escolhas que afirmam a vida.

Esse processo cria uma "família" interior que pode compensar quaisquer déficits em nossa família de origem. Ou seja, quando você ganha uma família interior, sua vida não é mais limitada pelo que você teve ou não teve quando criança. Você carrega uma família saudável com você sempre.

A FAMÍLIA INTERIOR

O arquétipo do Órfão ensina a criança interior a sobreviver às dificuldades. O Nômade diferencia o adolescente dos pais e dos demais e promove o senso de aventura de que precisamos para enfrentar o desconhecido. O Guerreiro ativa o pai interior para que ele possa nos proteger e prover. O Altruísta apoia a mãe interior para que ela possa nos nutrir e confortar. (Aqui, é claro, estou usando os atributos tradicionais de mãe e pai. Eles podem ou não corresponder às qualidades de seus pais reais. Não é importante se é o pai ou a mãe que tenha quais qualidades, desde que a criança esteja segura, seja amada e desafiada.)

À medida que construímos uma família interior, a criança interior não se sente tão perdida, sozinha e dependente. Assim, não precisamos mais ser tão reativos ao que nossa família de origem, e principalmente nossos pais, fizeram ou deixaram de fazer. Embora a maioria de nós projete problemas com nossos pais em outras figuras de autoridade, bem como em organizações, podemos aprender a neutralizar esse processo construindo um círculo mágico arquetípico interior que nos permite retirar essas projeções.

É importante lembrar que essas figuras interiores são arquétipos – e os arquétipos estão tanto no nosso interior quanto ao nosso redor. Quando voltamos à inocência, o próprio universo começa a parecer um lugar mais amigável. Tendo descoberto quem somos, não é tão difícil

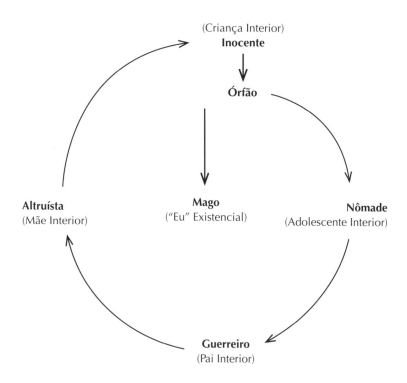

imaginar que todos são preciosos, porque os outros, como nós, têm algo único para dar. Tendo desenvolvido limites, não parece tão assustador abrir nosso coração para receber. Sabemos que, se algo prejudicial vier em nosso caminho, podemos nos defender. Tendo aberto nosso coração para cuidar dos outros, parece lógico que os outros também nos amem e cuidem de nós.

Quando esse círculo está completo e a criança interior está curada, o Mago dá um passo para o centro para manter os outros arquétipos em equilíbrio. Também apoia a escolha e o domínio interior que nos permite criar a vida que realmente queremos viver. A maioria de nós pensa que nossa vida está saindo do controle por causa das pressões externas, como a necessidade de fazer malabarismos com vários papéis. A verdade é que não podemos colocar ordem em nossa vida porque nossos arquétipos não estão em equilíbrio. Órfão demais, e sentimos que estamos à mercê de nossas circunstâncias. Muito Nômade, e nos distanciamos constantemente, então não recebemos a ajuda de que precisamos. Guerreiro demais, e nos sentimos compelidos a superar. Muito Altruísta, e nos tornamos mártires, entregando nossa vida para ajudar ou agradar os outros. Inocente demais, e deixamos de antecipar problemas e ficamos cegos. Muito Mago, e nos falta qualquer senso de limites: achamos que podemos transformar tudo e todos.

O *SELF* E OS SEIS ARQUÉTIPOS

Apenas conhecer os nomes e as qualidades desses arquétipos automaticamente ajuda você a se separar deles o suficiente para impedir que eles o possuam. O que quero dizer aqui é que essencialmente somos "possuídos" por um arquétipo quando permitimos que sua perspectiva defina quem somos. Se você pode nomear um sentimento ou pensamento como pertencente a um arquétipo específico, você não está mais identificado com esse pensamento ou sentimento. Assim que você se diferencia do arquétipo, pode influenciar o grau e a qualidade de sua expressão em sua vida.

Não muito tempo atrás, estava saindo do trabalho depois de um dia particularmente difícil. Pensei comigo mesma: "Estou deprimida". Percebi que poderia facilmente me convencer a ficar cada vez mais para baixo se mantivesse esse padrão de pensamento. Usando o modelo de *O Herói Interior*, lembrei-me de me perguntar: "Que parte de mim está deprimida?". Percebi então que meu Órfão estava infeliz porque eu havia sido maltratada por alguns colegas. A injustiça do que aconteceu me machucou tanto que me desequilibrou psicologicamente no mesmo momento, e comecei a me identificar com apenas um arquétipo.

Enquanto pensava nisso, percebi que o resto de mim estava bem. Diferenciar o *self* do Órfão trouxe o alívio imediato de identificar quem eu era com esse sentimento negativo. Eu pude chamar meu Altruísta interior, que recomendou uma boa conversa com um amigo, seguida de um banho de espuma. Então meu Guerreiro interior deu conselhos sobre como me defender das manobras políticas nefastas que acontecem no meu local de trabalho. Finalmente, eu poderia chamar meu Inocente para me lembrar de escolher a paz interior e confiar no processo de interação.

Quando reconhecemos a base arquetípica de todos os pensamentos, desenvolvemos a capacidade de identificar as estruturas por baixo deles. Não mais presos a um ponto de vista, podemos trocar modelos mentais para resolver problemas quando uma de nossas abordagens habituais não está funcionando. É por isso que a capacidade de desenvolvimento de recursos internos é essencial para qualquer pessoa em posição de liderança hoje. Os grandes problemas do nosso tempo não podem ser resolvidos por pessoas presas à maneira de ver o mundo de qualquer arquétipo.

Estágios da Vida e Forças Arquetípicas

Os arquétipos também tendem a surgir em estágios previsíveis da vida, a menos que sejam reprimidos por nosso condicionamento ou pelas pressões ambientais atuais. Embora os arquétipos possam estar presentes a qualquer momento, precisamos de alguns deles para nos ajudar a enfrentar os principais desafios do desenvolvimento. Portanto, não estamos desequilibrados se, em determinados momentos, esses arquétipos assumem um papel mais ativo em nossa vida do que outros. Por exemplo:

- Os arquétipos do Inocente e do Órfão sempre estão presentes na infância. Eles dão origem a problemas contínuos da criança interior até que ambos sejam integrados à psique.

- O Nômade tende a ser ativado na adolescência e na transição da meia-idade. Se suas lições não forem aprendidas durante essas passagens-chave, podemos ficar com uma enervante falta de direção e autoconhecimento.

- O Guerreiro e o Altruísta dominam no início da vida, à medida que aprendemos a assumir responsabilidades familiares e profissionais. Se eles não forem expressos nesse momento, provavelmente seremos atormentados pelo sentimento de impotência até que ambos sejam ativados.

- O Inocente ressurge e o Mago aparece na meia-idade e mais tarde, se não antes. Sem esses arquétipos, não podemos resolver questões de espírito e alma e ficamos com uma sensação de falta de sentido.

Também é verdade que sempre temos acesso a todos os modelos arquetípicos. O "palco" em que estamos tem a ver com onde mais "ficamos", onde passamos a maior parte do nosso tempo. A vítima mais oprimida terá momentos de transcendência. E nenhum de nós fica tão avançado que deixamos de nos sentir, de vez em quando, como uma criança sem mãe. Na verdade, cada estágio tem um presente para nós, algo crucial para nos ensinar sobre sermos humanos. A maioria de nós tem um arquétipo favorito ao longo da vida, mas precisamos ter acesso a todos os outros para atravessar com sucesso as passagens previsíveis da vida. Se continuarmos a crescer dessa maneira, ganharemos sabedoria à medida que envelhecemos.

O fato de as pessoas abordarem certas tarefas de desenvolvimento em uma ordem previsível *não significa que deixamos um arquétipo para trás de forma linear e passamos para outro*. Alcançamos níveis mais profundos de compreensão e níveis mais altos de desempenho associados a qualquer um dos arquétipos apenas intensificando nosso investimento nos outros. Aprimoramos e refinamos continuamente as habilidades em cada categoria, pois a jornada é realmente um processo de desenvolvimento de habilidades de alto nível. Em última análise, ganhamos um repertório de possíveis respostas à vida, dando-nos cada vez mais escolhas sobre como podemos reagir em qualquer situação. Assim, ao longo do tempo, tendemos a alcançar um maior equilíbrio arquetípico, simplesmente porque as pressões da maturação expandem nosso leque de opções.

Você pode usar a roda arquetípica para analisar o equilíbrio geral em sua vida. Levar uma vida plena e complexa requer o seguinte:

- a capacidade de antecipar problemas para evitar sobrecarga (Órfão);
- alguma forma de autoexpressão autêntica (Nômade);
- objetivos claros e vontade de alcançá-los (Guerreiro);
- generosidade para com a família, amigos e colegas e preocupação com o bem de toda a sociedade (Altruísta);

- um senso de fé e confiança em um Deus, Deusa, Poder Superior, ou simplesmente a própria vida (Inocente); e

- que você assuma a responsabilidade pela escolha existencial e crie ou restaure o equilíbrio certo para você a qualquer momento (Mago).*

ENERGIA INTERNA E PAPÉIS EXTERNOS

Quando os papéis externos que estamos vivendo entram em conflito com nossa dinâmica energética interna, podemos nos sentir obsoletos, esgotados, como se o significado tivesse desaparecido de nossa vida. Isso pode acontecer porque, enquanto esses papéis nos serviram, mudamos internamente ou porque estamos fazendo escolhas com base no que os outros querem para nós, o que parece conveniente ou o que pode funcionar a curto prazo, em vez do que realmente desejamos. Nossa vida parece administrável na medida em que somos capazes de expressar nossa realidade interna nos papéis externos que desempenhamos. Se a energia dentro de nós estiver se movendo naturalmente em direção às atividades externas que estamos reprimindo, não teremos energia para o que de fato estamos fazendo. Como resultado, nos sentimos exaustos ou hiperativos o tempo todo. Quando a energia de nosso potencial arquetípico interno se equipara às nossas atividades externas, nosso trabalho prossegue com facilidade e sentimos a vida como agradável. Às vezes, podemos alterar nossos papéis externos para nos adequarmos à nossa vida interna e, às vezes, nosso desafio é despertar um arquétipo interno necessário para cumprir nossos compromissos externos.

---

* Consulte o Apêndice C para obter informações sobre como usar a roda arquetípica para criar ambientes que promovam o heroísmo – em famílias, escolas, locais de trabalho, psicoterapia, recuperação e política.

A Parte 2 é um guia para desenvolver o domínio pessoal. O Capítulo 8, "Honrando sua Vida: o Percurso", oferece uma oportunidade para você usar o mapa da jornada do herói como uma maneira de celebrar a rota que você tomou – uma que é exclusivamente sua. No processo, você pode explorar as influências arquetípicas sobre você, sobre seu gênero, sua família de origem e seu local de trabalho atual. O Capítulo 9, "Solucionando Problemas Quando Você se Perde ou Fica Preso: a Bússola", fornece uma bússola para ajudá-lo a encontrar seu caminho quando estiver perdido ou a encontrar a saída quando se sentir preso. Por fim, o Capítulo 10: "A Ética da Jornada: o Código", explora o código heroico, pois nada nos desequilibra tão rapidamente quanto violar nossos princípios e valores. Como um todo, a Parte 2 foi projetada para fornecer as ferramentas necessárias para trabalhar com sua própria jornada heroica e, assim, assumir maior controle de sua vida.

Exercício A: Se você ainda não fez o "Autoteste do Mito Heroico", do Apêndice A, agora é a hora de fazer isso. Para explorar o equilíbrio em sua vida agora, veja seus resultados na Parte 1. Compare os arquétipos no seu interior com os papéis que você realmente desempenha neste momento. Por exemplo, se você tiver uma pontuação alta no Altruísta e estiver envolvido em ser pai ou ajudar ou desenvolver outras pessoas, você teria congruência de arquétipo/papel nesse quesito. No entanto, se você teve uma pontuação baixa em Altruísta e seu papel principal é o de cuidador, você pode sentir estresse. Então, você pode olhar para suas atividades atuais de maneira mais geral, para ver como seus arquétipos internos são e estão, ou poderiam ser e estar, expressos em sua vida exterior. Se alguns de seus arquétipos são evidenciados principalmente em suas formas negativas, você também pode explorar maneiras de expressá-los de maneira mais positiva. O quadro na página seguinte fornece exemplos que podem estimular seu pensamento. Não foi feito para ser exaustivo.

Exercício B: A Parte 2 do "Autoteste do Mito Heroico" diz a você qual comportamento arquetípico os outros veem em você. Reveja os resultados da Parte 1 e compare-os com os da Parte 2. Primeiro, observe se você se vê de maneira mais ou menos positiva do que os outros o veem. Em segundo lugar, preste atenção se os outros estão vendo uma expressão arquetípica em você que está faltando. Terceiro, se algum arquétipo que você sabe estar ativo no seu interior não é aparente para os outros, analise por que isso está acontecendo. Talvez você não esteja agindo da maneira externa que mostre essa força interior. Talvez os outros não estejam abertos para perceber esse arquétipo. Talvez eles o vejam através de suas próprias lentes arquetípicas. No entanto, se os outros o veem de maneira muito diferente do que você vê a si mesmo você pode querer trabalhar para alinhar sua personalidade e comportamento cotidianos com sua verdade interior.

Arquétipo Interno	Expressão Externa Possível
Órfão	Participação em terapia ou programa de recuperação; ajuda a outras pessoas necessitadas; trabalho que proporcione segurança no emprego; envolvimento em movimentos de libertação; aprendizado sobre maneira de viver que são mais eficazes.
Nômade	Esforços solitários; viagens; exploração de novas ideias ou experiências; seguir seus próprios interesses; diferenciar-se dos outros; iniciar um novo empreendimento.
Guerreiro	Esforços competitivos; perseverar em circunstâncias difíceis; estabelecer e atingir metas; afirmar suas necessidades e manter limites fortes; aumentar a força física.
Altruísta	Cuidar de crianças; idosos ou doentes; serviços voluntários e comunitários; esforços filantrópicos; cuidar de si mesmo ou de outros.
Inocente	Oração e meditação; atividades criativas/artísticas; aprender com os outros; celebrar; divertir-se.
Mago	Ser um catalisador de mudanças; exercer influência ou liderança; tomar grandes decisões; ajudar os outros a trabalharem bem juntos; criar novos modelos; práticas ou abordagens.

CAPÍTULO 8

Honrando sua Vida: o Percurso

Confie no seu processo.

— ANNE WILSON SCHAEF

O mapa da jornada do herói conecta você a todos os heróis de todos os tempos e lugares. Então, o mapa é o mesmo, mas só você pode escolher o percurso que deseja percorrer por esse terreno variado. Este capítulo foi elaborado para ajudá-lo a apreciar a vida que viveu até agora e os presentes que recebeu dela. Quando medimos nossa vida em relação a um ideal, quase sempre ficamos carentes. Então nos sentimos mal por nós mesmos. No entanto, se recebermos nossa jornada como uma experiência sagrada, podemos nos maravilhar com seu mistério sem julgar demais. Minha esperança é que este capítulo possa ajudá-lo a honrar a si mesmo e à vida que viveu, ao mesmo tempo que fornece uma base para ajudá-lo a fazer escolhas que melhorem sua vida para o seu futuro.

A jornada do herói é de desenvolvimento, mas não linear. Nenhuma regra diz que todos nós temos de passar por ela, passo a passo, do mesmo modo que os outros fazem. O truque é entender a forma e a lógica únicas de sua jornada particular. O diagrama circular da roda sagrada descrito na introdução desta parte é um modelo bidimensional para um processo tridimensional. Na verdade, seria mais correto visualizá-lo como um cone ou espiral, no qual é possível avançar enquanto circula com frequência para trás. Cada estágio tem sua própria lição a nos ensinar, e reencontramos situações que nos remetem a estágios anteriores para que possamos aprender e reaprender as lições em novos níveis de complexidade e sutileza intelectual e emocional.

Não se trata de irmos a qualquer lugar, mas dos lugares que preenchemos. Você sabe como algumas pessoas parecem superficiais para nós, como se não houvesse muito lá? A alma delas parece magra, anoréxica. A jornada preenche as pessoas e lhes dá substância. Aqueles que fizeram a jornada sentem-se maiores – mesmo que seus corpos sejam esbeltos ou sejam de baixa estatura. Sentimos o tamanho da alma delas.

À medida que nos movemos pela espiral, os "estágios" de nossa jornada tornam-se pontos de fluxo em uma roda dinâmica e espiralada de interação com o mundo. Toda vez que vivenciamos algo que nos faz sentir desiludidos e/ou impotentes, colocamos em prática as lições que aprendemos como órfãos – lamentamos nossa perda e, reconhecendo que não temos habilidade ou conhecimento para lidar com uma situação inteiramente por nós mesmos, procuramos ajuda. Quando nos sentimos alienados, focamos em nós mesmos e nos perguntamos: "Quem sou eu desta vez?". Devemos dedicar o tempo necessário para acompanhar nossa identidade em mudança.

Quando nos sentimos ameaçados e com raiva, sabemos que não estamos vivendo exatamente da maneira que desejamos ou acreditamos. Então, afirmamos a nós mesmos e aos nossos valores, correndo o risco de sair do convencionalismo para viver a vida que escolhemos – e aceitar as consequências dessa escolha. Quando nos sentimos mutilados por dar demais ou de maneira inadequada ou nos sentimos pressionados pelas exigências de outras pessoas, é hora de explorar quais presentes são realmente nossos para dar. Devemos perguntar: "O que eu realmente preciso dar a esta vida e o que é apenas apaziguar os outros?".

As primeiras oscilações na espiral levam algum tempo e energia. Elas são vivenciadas como trabalho duro. No entanto, é um pouco como andar de bicicleta; uma vez que você pega o jeito, vem naturalmente. À medida que aprendemos as lições que são os dons de cada arquétipo, elas se tornam uma parte natural de quem somos. Não que deixamos a jornada do herói, mas ela se torna tão parte de nós que não temos mais consciência disso.

Além disso, nossa jornada individual recapitula aspectos da evolução dos arquétipos (na medida em que permanecem relevantes para nosso tempo e lugar). Em nossas primeiras tentativas de guerrear, por exemplo, podemos agir como Átila, o Huno, mas mais tarde podemos aprender a afirmar nossos próprios desejos de maneira tão apropriada e gentil que podemos negociar o que queremos sem nenhum conflito perceptível. Temos então o Guerreiro para proteger nossos limites enquanto focamos nossa energia na realização.

Cada arquétipo nos dá dons que têm ressonância com aspectos dos outros arquétipos. Por exemplo, o Altruísta nos ajuda a aprender a sacrificar pelos outros por amor a eles. Os órfãos sacrificam, em parte, para aplacar os deuses ou alguma figura de autoridade, para que estejam seguros. Nômades sacrificam a comunidade para se encontrarem. Guerreiros arriscam a própria vida (ou emprego) para prevalecerem. Os Magos, acreditando que nada de essencial jamais se perde, podem dar as boas-vindas ao abandono orgânico e gentil do velho para abrir caminho para um novo crescimento, uma nova vida.

ENCONTRANDO A TOTALIDADE

A maioria de nós está acostumada a pensar que mais alto é melhor, então queremos sair dos arquétipos "inferiores" para desenvolver os "superiores". Mas o padrão espiral não tem tanto a ver com o avanço, mas com a expansão. Pode ser útil pensar na espiral tornando-se cada vez mais ampla à medida que nos tornamos capazes de uma gama maior de respostas à vida e, portanto, somos capazes de ter mais dela. Aceitamos mais e temos mais opções. O diagrama circular nos lembra que não temos de escolher o "melhor" arquétipo. Em vez disso, podemos procurar equilibrar nossa expressão de todos eles. Embora esse esquema seja útil conceitualmente, o desenvolvimento humano raramente é tão limpo e organizado. A questão, no entanto, é que os arquétipos estão inter-relacionados e, muitas vezes, não podemos resolver o dilema psicológico ou cognitivo embutido em um sem trabalhar por meio de outro. Por exemplo, se você está focado na realização, mas não está disposto a ajudar os outros, é provável que os outros desconfiem e, portanto, seja menos bem-sucedido do que poderia ser. Por outro lado, se você dá aos outros, mas não tem limites, pode ser atropelado pelas exigências dos outros. O Guerreiro e o Altruísta são duas maneiras complementares de fazer a diferença no mundo. Quando estão em equilíbrio, a vida é mais satisfatória e eficaz – não apenas para os indivíduos, mas também para os grupos. (Do mesmo modo, o Inocente e o Órfão parecem opostos polares, mas ambos compartilham o desejo de encontrar uma maneira de estarem seguros no mundo. Juntos, eles nos ajudam a discernir os tentadores dos guias, de modo que desenvolvemos a inteligência das ruas.)

Nós vamos à escola com cada arquétipo muitas vezes em nossa vida. Além disso, os acontecimentos influenciam a ordem e a intensidade do nosso aprendizado. Qualquer mudança grande, concessão ou crise requer uma reconsideração das questões de identidade. Cada vez que encontramos o mesmo arquétipo, temos a oportunidade de fazê-lo em um nível mais profundo de compreensão.

As virtudes que o herói aprende em cada disfarce nunca são perdidas ou superadas. Eles apenas se tornam mais sutis. Como Inocentes, os heróis demonstram a fé simples necessária para iniciar uma jornada.

Quando os problemas surgem inevitavelmente, os heróis perdem a inocência, pelo menos temporariamente. Como órfãos, aprendem a ter cuidado e a simpatizar uns com os outros. Como Nômades, encontram e nomeiam suas próprias verdades. Como Guerreiros, aprendem a se provar no mundo fazendo uma contribuição positiva. Como Altruístas, aprendem a amar, a se comprometer, a dar e a deixar ir. Retornando como Inocentes, apreciam a beleza e a maravilha do mundo e confiam na ajuda divina. Como Magos, mudam o mundo transformando primeiro a si mesmos.

Quando um novo estágio é apropriado, qualquer arquétipo pode nos renovar. Mas quando aqueles que estão em um estágio inicial de desenvolvimento saltam prematuramente para um papel que requer um arquétipo ou nível arquetípico que está além deles, seu crescimento pode ser embrutecido. Por exemplo, pais Altruístas podem ensinar a seus filhos as virtudes de dar desinteressadamente aos outros sem perceber que crianças e adolescentes também devem desenvolver alguma assertividade, coragem e competência; caso contrário, seu Altruísta excessivamente estimulado pode levá-los a serem usados por outros, martirizarem-se e entregarem a vida.

Arquétipos e Política

O objetivo da consciência arquetípica é ser mais completo, mais inteiro, ter um repertório mais amplo de escolhas – não estar mais alto na escala de desenvolvimento. Não superamos nenhuma lição. Um bom exemplo disso pode ser encontrado na política. Cada arquétipo tem sua própria contribuição a dar. Os Inocentes tendem a querer ter grande entusiasmo pelos candidatos. Na pior das hipóteses, eles imaginam que seu candidato irá resgatá-los, mas, na melhor das hipóteses, simplesmente trabalham duro para que a melhor pessoa vença. Assim que o candidato for eleito, os Órfãos serão rápidos em identificar seu calcanhar de aquiles. Na pior das hipóteses, ficarão sentados reclamando sobre o estado do mundo. Na melhor das hipóteses, ajudarão os outros a equilibrar seu entusiasmo com uma consciência adequada das fraquezas e vulnerabilidades do parlamentar. Na pior das hipóteses, os Guerreiros entram na onda para lançar um ataque projetado para derrubar o líder falho. Na melhor das hipóteses, eles cuidam dos detalhes de gerenciar campanhas, fazer *lobby* por mudanças e lutar por justiça. Na pior das hipóteses, os Altruístas se esgotam lutando para trabalhar duro o suficiente para compensar as falhas do sistema (ou do líder). Na melhor das hipóteses, eles dão uma quantidade razoável de seu tempo e dinheiro para promover o bem comum.

Na pior das hipóteses, os Nômades abdicam da responsabilidade pelo processo político; mas na melhor das hipóteses eles servem como pioneiros, buscando novos experimentos políticos. Em tempos de grande transformação cultural como agora, os Nômades também podem se afastar da ação política direta, mas abordam questões de identidade e valores para ajudar a tornar possíveis novas políticas. (Quando escrevi a primeira versão deste livro, enquadrei-me nesta última categoria; vendo a necessidade de uma mudança de consciência que ajudasse a tornar possível a renovação do processo político, fiz uma pausa no engajamento político para focar na promoção da vida interior.)

Os Magos são mais propensos a enfatizar a criação de comunidades, instituições e formas de se relacionar novas ou alternativas, ou trabalhar em nível local ou organizacional até que os esforços de base tornem mais provável uma grande mudança nos níveis nacional e internacional. Na pior das hipóteses, tais mudanças são peculiares, ingênuas ou cultuadas. Na melhor das hipóteses, eles fornecem as sementes que brotam na criação de um novo mundo.

Nenhuma dessas respostas por si só é adequada; no entanto, todas são úteis – pelo menos em suas formas positivas. Há momentos para reconhecer quando os outros sabem mais ou são melhores líderes, e você deve segui-los. Há momentos em que é melhor se afastar da ação para ter certeza de seus valores. Há momentos de engajamento político. Há momentos para se concentrar no que você pode criar exatamente onde está. E há momentos para chamar a atenção para cada sinal positivo no horizonte.

Todos os Arquétipos São Valiosos

No entanto, nem sempre nos sentimos tão tolerantes e agradecidos. Às vezes, quando passamos para o primeiro estágio de um arquétipo, somos um pouco dogmáticos em relação a ele e o vemos como a única maneira de ser. Quando saímos dessa posição, geralmente fazemos uma mudança brusca nas regras e rejeitamos onde estivemos. Para as pessoas que acabaram de sair do estágio de mártir do modelo do Altruísta, qualquer afirmação positiva sobre o valor do sacrifício provavelmente parecerá masoquista, doente ou codependente. É claro que tais sentimentos geralmente são corretos, pelo menos para a pessoa que os expressa. Se estamos apenas mudando de Altruístas para Nômades, a tentação de interromper a jornada e dar aos outros é uma ameaça sempre presente e real.

Deixar uma identificação com a perspectiva de um aliado interno é como deixar um caso de amor ou casamento. Poucos de nós podem simplesmente dizer a um parceiro ou amante que estamos prontos para seguir em frente e sair com um simples agradecimento pelo que aconteceu. Em vez disso, passamos muito tempo narrando as falhas de nosso ex-amante e quão ruim era o relacionamento. Muitas vezes, criamos um grande drama para nos desviarmos do medo do desconhecido ou porque não acreditamos que temos o direito de deixar qualquer coisa, a menos que seja absolutamente horrível.

Também podemos rejeitar estágios para os quais ainda não estamos prontos para entrar – aqueles com os quais temos pouca ou nenhuma experiência. Em vez disso, podemos redefini-los em termos que conhecemos e, assim, entender completamente mal a questão. Tudo bem também, porque nesse ponto a verdade que não entendemos ainda não nos é relevante em termos de desenvolvimento. Por exemplo, para uma pessoa que primeiro enfrenta a queda do Éden, a confiança do Inocente retornado no universo pode parecer perigosamente iludida.

Como compartilhei essas ideias nos últimos anos, as pessoas sempre parecem querer avançar imediatamente para o que consideram as posições arquetípicas mais altas ou melhores. Não só isso, elas também querem que os outros ignorem as coisas desagradáveis. Certa vez eu estava trabalhando com uma equipe de gerenciamento que identificou uma de suas unidades como forte no arquétipo de Órfão. O presidente olhou para mim frustrado, perguntando: "Não podemos simplesmente expulsá-los do Órfão?". Não acredito que isso possa ser feito – ou se pode ser feito, não pode ser sustentado ao longo do tempo. Nós temos de pagar nossas dívidas gastando algum tempo em cada estágio. O que espero, nesses casos, é que saber para onde provavelmente estamos indo nos liberte um pouco do medo que muitas vezes nos paralisa quando enfrentamos nossos dragões.

Uma mudança de paradigma ocorre quando as pessoas passam por esses estágios. No decorrer do tempo, a percepção da realidade delas realmente muda. Mais importante, elas passam a entender a diferença entre a realidade objetiva e a percepção da realidade. Muitas vezes, elas percebem (às vezes em um grande "Aha!") que ver o mundo como um lugar cheio de perigo, dor e isolamento não é realista, mas apenas sua percepção dele durante as partes formadoras de sua jornada. Esse novo conhecimento pode ser muito libertador, pois nos permite entender o poder que temos simplesmente disciplinando nosso próprio pensamento. Cada pensamento é essencialmente um voto para a vida que queremos experimentar, porque fortalecemos o que focamos em nossos mundos interior e exterior.

Exercício A: Para reconhecer o caminho que percorreu, desenhe ou escreva a história da sua vida até este ponto. Na medida do possível, identifique quando e onde cada um desses arquétipos esteve ativo em sua vida. (Você pode encontrar os arquétipos que estão ativos agora olhando para os resultados obtidos nas Partes 1 e 2 do Autoteste do Mito Heroico no Apêndice A.) Então imagine que sua vida teve de ser exatamente como foi para criá-lo como você é agora. Depois disso, resuma a sabedoria que adquiriu em seu caminho, bem como o que você sabe sobre seus dons e habilidades.

Alguns de vocês podem ser capazes de fazer isso em uma sessão. Outros acharão melhor trabalhar nisso todos os dias por um tempo, examinando diferentes períodos cronológicos e/ou diferentes aspectos de sua vida – amor, trabalho, amizade, aprendizado, espiritualidade, recreação etc.

O restante deste capítulo concentra-se na natureza coletiva da jornada: como somos socializados pelas expectativas de gênero, identificação familiar e de grupo étnico e experiências no local de trabalho.

Como o Gênero Afeta sua Jornada

A expressão arquetípica é influenciada por padrões de socialização – por exemplo, em nosso desenvolvimento de identidade de gênero. O arquétipo do Guerreiro está intimamente alinhado com a masculinidade e o Altruísta com a feminilidade, de modo que os meninos tendem a obter reforço para o comportamento do Guerreiro e as meninas para o comportamento Altruísta. Isso resulta em uma assimetria no desenvolvimento de gênero. O que quer que os homens façam, eles geralmente sentem que precisam agir com firmeza, ou não parecerão homens.

O que quer que as mulheres façam, a maioria conclui que precisa agir com carinho, ou não parecerão mulheres. Portanto, as mulheres tendem a permanecer nos estágios que enfatizam a afiliação (Altruísta e Órfão), e os homens naqueles que enfatizam a separação e a oposição (Nômade e Guerreiro). Como Carol Gilligan mostra em seu estudo clássico sobre desenvolvimento moral, *Uma Voz Diferente*, as mulheres são mais propensas a ver o mundo em termos de redes ou teias de conexão, os homens em termos de escadas e hierarquias onde as pessoas competem pelo poder.[1]

Quando olhamos para onde a maioria das mulheres e homens está, sem ver o contexto geral de desenvolvimento, pode parecer que há caminhos masculinos e femininos distintos e diferentes. Porém, os padrões são incrivelmente variáveis. Muitos homens e mulheres não seguem o caminho previsto, mas ainda vivem vidas felizes e produtivas. Portanto, o que estou descrevendo é uma tendência, não uma regra absoluta.

Alternativamente, se olharmos apenas para os arquétipos sendo expressos e não para a ordem diferente e a intensidade do compromisso com cada um, parece que homens e mulheres são iguais em termos de desenvolvimento. No entanto, homens e mulheres têm uma biologia diferente e experiências culturais diferentes, que influenciam a ordem e o estilo de suas jornadas.

O Nômade e o Guerreiro se sentem separados do mundo e, portanto, para eles, muita proximidade pode ser vista como uma ameaça. Então, esses arquétipos mantêm a qualidade "masculina" da separação. O Altruísta e o Inocente se experimentam com mais frequência em uma comunidade unida (e o Órfão também deseja esse senso de conexão e interdependência com os outros). Portanto, o isolamento é percebido como um perigo. Assim, esses arquétipos possuem a qualidade "feminina" de afiliação. O Mago, ocupando a posição central, é andrógino. (O símbolo alquímico para a obtenção da consciência superior era a imagem do monarca andrógino que apareceu na capa das edições anteriores deste livro.)

Até integrarmos a perspectiva do outro gênero, mulheres e homens tendem a sofrer de maneiras diferentes. Muita separação (sem espaço para relacionamentos reais) e a vida pode se tornar insuportavelmente solitária. Demasiada proximidade (sem espaço para expressão individual) e a vida pode ser intoleravelmente sufocante. Nem os princípios masculinos nem os femininos por si só podem nos preencher como seres humanos. Quando as energias masculinas (Nômade e Guerreiro) são equilibradas com as femininas (Altruísta, Inocente e Órfão), a plenitude humana se torna possível. Embora a totalidade eventualmente exija androginia, os estilos de homens e mulheres tendem a refletir suposições culturais sobre como os gêneros devem se comportar. Ou seja, os homens que agem de maneiras que a cultura considera apropriadas ao gênero, exibem os arquétipos mais masculinos, enquanto as mulheres geralmente exibem os arquétipos mais femininos. No entanto, em um ser humano maduro e sólido, todos os arquétipos deste livro estão integrados à vida consciente do indivíduo de alguma maneira.

Esses indicadores de diferença e mesmice de gênero são compartilhados, é claro, no contexto de uma sociedade pluralista. Cada unidade individual e social inevitavelmente está mudando em seu próprio ritmo e expressando arquétipos em seu próprio nível único. O resultado é que cada estágio imaginável da jornada humana (incluindo estágios arquetípicos) está sendo expresso em algum lugar por alguém. Como a tecnologia nos informa rapidamente sobre a desconcertante variedade de possibilidades humanas, também sabemos que não precisamos permanecer onde estamos, fazendo o que temos feito. Isso nos dá opções para quebrar os velhos moldes que nos dizem como devemos ser.

Por mais diferentes que homens e mulheres pareçam na superfície, somos semelhantes sob a pele. Ambos os gêneros têm acesso igual no interior de si a todos os arquétipos, mesmo que alguns ambientes desencorajem sua expressão exterior. Isso significa que homens e mulheres podem se entender, porque não somos tão diferentes quanto às vezes parecemos ser. Por exemplo, sabendo disso, podemos entender um livro popular como *Men Are from Mars, Women Are from Venus* (*Homens São de Marte, Mulheres São de Vênus*), de John Gray, no seu contexto arquetípico, observando que o Guerreiro (Marte) e o Altruísta (Vênus) são arquétipos disponíveis para ambos os gêneros.

Exercício B: Examine os resultados do seu Autoteste do Mito Heroico (especialmente as Partes 1 e 2) e sua autobiografia através das lentes do gênero. Como o gênero influenciou seu desenvolvimento? Sua vida ilustra o padrão previsível de gênero ou sua trajetória foi mais individualista? Até que ponto você está satisfeito ou insatisfeito com sua identidade de gênero? Você é relativamente andrógino neste momento de sua vida? Qual é o equilíbrio de gênero ideal que você gostaria de expressar em sua perspectiva e comportamento?

A Influência do Antecedente Familiar

Nossa jornada é afetada por nosso histórico familiar, bem como pelo gênero. Parte desse histórico inclui nossa herança étnica. Por exemplo, eu cresci em uma família sueco-americana. Como a maioria das culturas europeias, a cultura escandinava tem muito em comum com a cultura dominante nos Estados Unidos. Quando meus ancestrais se mudaram para o Meio-Oeste, eles devem ter se sentido em casa. No entanto, eles também trouxeram consigo valores culturais que eram um pouco diferentes – pelo menos, diferentes dos americanos contemporâneos. A cultura americana geralmente enfatiza tanto a independência quanto a realização. No entanto, se você é escandinavo, é ensinado a nunca se destacar. De fato, em nossa família ouvimos falar de parentes que desencorajavam seus filhos a continuar a tocar instrumentos musicais se começassem a ficar bons demais! O medo era que as pessoas que se destacam pudessem fazer os outros se sentirem mal, então era parte das boas maneiras não ser notado.

Diante disso, posso dizer que minha herança cultural desencorajou o Guerreiro e o Nômade em favor do Altruísta. No entanto, posso ajustar um pouco essa generalização olhando para minha própria família. Todos os meus quatro avós emigraram da Suécia para o Centro-Oeste. Meus pais se mudaram de Chicago para Houston. Na verdade, minha herança pessoal tinha bastante do Nômade, então tenho pouca dificuldade em ser independente. O Altruísta vem naturalmente para mim porque foi incentivado por minhas raízes culturais e minha família. Eu tive de fazer um esforço consciente para despertar o Guerreiro porque esse arquétipo não era valorizado em minha cultura ou família – especialmente para as mulheres. (Os homens podiam ser Guerreiros, mas na verdade apenas quando eram soldados.)

Pense nos arquétipos como sementes plantadas no solo de sua psique. Sua cultura regará aqueles arquétipos que valoriza e, provavelmente, tentará eliminar aqueles que despreza. À medida que cada um de nós aprende a apreciar o valor de culturas diferentes da nossa, também é mais fácil para nós expressar arquétipos que não são encorajados por nosso próprio subgrupo.

Sua família em particular refina o padrão cultural, tornando-o específico para um grupo menor de pessoas. O que é forte e o que está faltando em sua família de origem deixam marcas em sua vida. As pessoas geralmente não valorizam as forças arquetípicas de sua família, embora tendam simplesmente a absorvê-las. Geralmente, os arquétipos fortes e saudáveis em sua família são aliados para sua jornada. Aqueles que estão faltando ou que são expressos em suas formas negativas o motivam a embarcar em um caminho de cura e desenvolvimento.

Contribuímos para a evolução de nossa família quando conseguimos expressar os aspectos positivos dos arquétipos ausentes ou feridos. Curar nossa família e a nós mesmos é uma motivação poderosa, embora em grande parte inconsciente, para a maioria de nós. O quadro a seguir pode ser usado para identificar o equilíbrio arquetípico de sua família. Você pode marcar ou circular todos os que se aplicam.[2]

Arquétipo da Família	Valores da Família	Pontos fortes fomentados	Pontos fracos fomentados
Órfão	Sobrevivência, lealdade, adaptabilidade	Resiliência, realismo, empatia	Baixa expectativa, mentalidade de vítima
Nômade	Independência, autoconfiança	Aventura, expressão individual	Desatenção às crianças (solidão)
Guerreiro	Realização, competição, justiça	Realização, disciplina, afirmação	Vício em trabalho, estoicismo, perfeccionismo
Altruísta	Cuidar, doar, filantropia	Altruísmo, generosidade	Limites fracos, *self* que se martiriza
Inocente	Estabilidade, fé, ótimismo	Espiritualidade, criatividade	Negação, ingenuidade, superficialidade
Mago	Transformação, criando conscientemente sua vida	Visão, inovação, carisma	Abordagens estranhas e esotéricas, falta de bom-senso

Exercício C: Pense em sua família de origem e nos arquétipos ativos nela (com referência aos seus resultados na Parte 3 do Autoteste do Mito Heroico). Referindo-se ao quadro acima para estimular seu pensamento, identifique os valores de sua família de origem, lembrando-se de observar as principais diferenças nos valores de seu pai, mãe, irmãos ou outros membros da família. Então, pensando em você e em seus familiares, reflita sobre os pontos fortes e fracos que foram fomentados por sua família de origem. Agora, considere sua família atual, referindo-se aos resultados da Parte 4. (Sinta-se à vontade para definir "família" vagamente – como o grupo que fornece seu principal apoio e ao qual você é próximo.) Preste atenção aos seus valores e aos pontos fortes e fracos que perpetua. Como sua família atual é semelhante e diferente da sua família de origem? Até que ponto você carrega os legados positivos de sua família de origem? Até que ponto você ultrapassou suas deficiências?

O Desafio Árduo do Trabalho

A maioria de nós está ciente da importância da socialização na infância. No entanto, muitos de nós esquecemos que estamos sempre sendo socializados, em todas as fases da vida. Toda vez que você aceita um novo emprego, adota uma nova rede de amigos, envolve-se em qualquer tipo de atividade organizada ou se muda para um lugar diferente, você é afetado pelo seu ambiente. Muito tipicamente, você mostrará ao mundo características arquetípicas que são valorizadas por aqueles ao seu redor – particularmente aqueles que estão no poder. (É claro que, se você for opositor, fará exatamente o oposto do que quer apenas para "mostrar a eles"). Assim, cada vez que fazemos a escolha de nos colocarmos em um novo ambiente, afetamos nosso desenvolvimento arquetípico. Com isso em mente, é importante, ao fazer escolhas de vida, reconhecer suas implicações para quem queremos nos tornar.

Em um local de trabalho em rápida mudança (e também na escola), seu desenvolvimento arquetípico é testado continuamente. Seu sucesso e fracasso resultam não apenas de sua competência técnica, mas também de qualidades arquetípicas mais profundas. Por exemplo, quando não conseguimos, um ou mais arquétipos geralmente estão faltando:

- Sem o Órfão, é improvável que antecipemos problemas.

- Sem o Nômade, é muito provável que acompanhemos os outros, mesmo quando sabemos que estão errados.

- Sem o Guerreiro, podemos deixar as pessoas passarem por cima de nós.

- Sem o Altruísta, não podemos trabalhar bem com os outros.

- Sem o Inocente, deixamos de perseverar porque nos falta fé.

- Sem o Mago, deixamos-nos levar pelas circunstâncias sem parar para tomar decisões conscientes.

Analisar onde seu desempenho falha pode auxiliá-lo a saber qual arquétipo pode ajudá-lo a ter mais sucesso.

A maioria das escolas e locais de trabalho tem um viés arquetípico. Se você não puder expressar o arquétipo que é exibido mais claramente em uma organização, é improvável que você tenha sucesso lá (mesmo que tenha os arquétipos de que a organização mais precisa). Você pode ver os elementos arquetípicos nos valores e tabus que caracterizam a cultura de cada organização. Com referência ao gráfico abaixo, considere os arquétipos mais ativos nas escolas e locais de trabalho em que você estudou ou trabalhou por períodos significativos de sua vida.[3]

Arquétipo Organizacional	Valores	Tabus
Órfão	Realismo, cuidado	Ingenuidade
Nômade	Autoconfiança, autonomia	Dependência
Guerreiro	Competição, resistência	Sentimentos fora de controle
Altruísta	Altruísmo, cuidado	Ambição pessoal
Inocente	Fé, otimismo	Negatividade
Mago	Transformação	Ser sem graça, comum

Exercício D: Explorando seu histórico escolar/local de trabalho e seus resultados na Parte 5 do Autoteste do Mito Heroico, observe os arquétipos e tabus que têm sido dominantes nesse ambiente. Aqueles que estiveram ativos ao seu redor tendem a encorajar seu desenvolvimento em você. Estar em ambientes nos quais um arquétipo é tabu retarda o desenvolvimento desse arquétipo (a menos que você o expresse em alguma outra área de sua vida). Como você acha que esses ambientes afetaram você? Se algum ambiente escolar ou de trabalho atualmente for problemático para você, lembre-se de que cada arquétipo tem seu próprio enredo. Mover-se para tal ambiente é como entrar em um *set* de filmagem – você simplesmente tem de se relacionar com o enredo que está sendo encenado lá ou você é irrelevante e atrapalha. Claro, você pode tentar mudar o enredo que está sendo encenado, mas isso leva tempo e habilidade. Experimente escrever a história do seu tempo naquele *set* de uma forma que produza um final feliz.

A Caravana: Crescendo e se Desenvolvendo com os Outros

Usar essas teorias requer uma consciência de que somos criaturas multidimensionais. A maioria das pessoas trabalha com diferentes arquétipos em diferentes áreas de sua vida. Por exemplo, alguns são altamente influenciados pela consciência do Mago quando pensam em questões espirituais, mas não quando pensam em sua saúde. Explorar as possibilidades inerentes a cada arquétipo em diferentes partes de sua vida pode ser uma maneira de ampliar suas habilidades, ou pode ser frustrante. Você pode achar que está preso em papéis que são definidos pelo contexto, e suas respostas não mostram, ou não refletem mais seus verdadeiros sentimentos.

Você pode temer que as pessoas sejam desencorajadas se, digamos, você experimentar algumas de suas habilidades assertivas em casa ou suas habilidades de nutrição no trabalho. Ou você pode temer uma perda de poder, pois deixa de lado habilidades altamente desenvolvidas para experimentar o que pode ser estranho e inseguro no início. No entanto, você pode achar interessante, desafiador e até divertido variar seu repertório e experimentar novas abordagens para situações antigas. Ser assertivo na vida privada, por exemplo, é diferente em estilo e substância do que ser assertivo na vida pública. Você aprende novos aspectos de cada arquétipo com base no contexto em que está.

Observe também que as pessoas acham chocantes as versões mais primitivas de qualquer um dos estágios simplesmente porque são contundentes, ainda não refinadas. Lembre-se de que em suas formas mais desenvolvidas e sutis, nenhuma das abordagens é difícil para a maioria das outras. Se as pessoas têm dificuldade, pode ser que estejam desorientadas por qualquer tipo de mudança. Ou, à medida que você muda e cresce, alguns conhecidos podem se afastar, mas sua compensação é que gradualmente atrairá para si pessoas que apreciam o que você é ou está se tornando.

O fato de não estarmos sozinhos também significa que nossa jornada é profundamente afetada por aqueles que nos rodeiam. Há um limite para o quão longe qualquer um de nós pode se desenvolver sem levar os outros conosco – e às vezes, se crescermos muito rapidamente, podemos optar por esperar pelos outros que ficam para trás. Na verdade, às vezes temos de esperar que os fatores ambientais se recuperem se esperamos ter um impacto. Cada um de nós tem a responsabilidade de reconhecer que cada contexto em que entramos tem seu próprio caráter arquetípico. Não importa quantos anos temos, ainda estamos sendo socializados por nossos ambientes – e também estamos influenciando esses ambientes, para o bem ou para o mal.

Na história do êxodo, os hebreus deixam uma condição de escravidão no Egito e vagam pelo deserto por quarenta anos; metaforicamente, há duas lições importantes aqui. Primeiro, os hebreus permanecem no exílio até que morra o último dos escravos. Assim, também, durante nossa própria jornada, as nossas atitudes escravas e infantis devem morrer antes que possamos entrar na terra prometida. Até Moisés vê a terra prometida de longe, mas não entra nela. Em segundo lugar, aqueles que são capazes de atingir esse objetivo passaram por experiências no deserto que os mudaram de maneira semelhante. Como indivíduos, podemos ter breves experiências da consciência da terra prometida, mas é difícil sustentá-la sozinhos. Para muitos, esses momentos de iluminação parecem apenas um vislumbre do que está por vir. Para sustentar a experiência ao longo do tempo, precisamos do apoio de outras pessoas que também veem e conhecem esse lugar. A jornada não é apenas sobre mim e os meus. É sobre nós. Assim, não é necessariamente uma violação de sua jornada esperar que as pessoas com quem você se importa, ou que dependem de você, o alcancem, em vez de seguir em frente sem elas. Se você estivesse escalando o Himalaia, por exemplo, todos os membros do seu grupo ajudariam uns aos outros a fazê-lo. Podemos tomar a mesma atitude em nossa jornada de desenvolvimento, ajudando uns aos outros quando precisamos.

Exercício E: Faça uma lista das pessoas próximas a você – sua família, amigos, colegas de trabalho etc. Como cada uma delas afeta sua jornada? Quem entre elas é importante o suficiente para fazer você segurar ou acelerar o ritmo para ficarem juntos? Existem instituições com as quais você também se preocupa muito – um local de trabalho, uma escola, uma igreja ou sinagoga, um partido político, um movimento? Em caso afirmativo, o que captura sua lealdade dessa maneira?

Conclusão

Na maioria das vezes, podemos simplesmente confiar no processo de nossa jornada sem pensar muito sobre ela. Às vezes, no entanto, as coisas de repente não funcionam. Sentimo-nos perdidos, vazios ou presos. Nesses momentos, é fundamental adotar uma postura autor-reflexiva. Se você completou os exercícios deste capítulo com cuidado, tem uma base de conhecimento sobre sua vida que o prepara para agir livremente na maioria das situações. O capítulo a seguir fornece uma bússola para recuperar sua direção se e quando você sentir que perdeu o caminho.

CAPÍTULO 9

Solucionando Problemas Quando Você se Perde ou Fica Preso: a Bússola

A vida nos apresenta repetidas oportunidades de enfrentar o que tememos, do que precisamos nos tornar conscientes ou o que precisamos dominar. Cada vez que percorremos o caminho em espiral para o lugar que nos causa dificuldade, esperamos que ganhemos mais consciência e possamos responder com mais sabedoria na próxima vez; até que possamos, finalmente, passar por esse lugar inimigo em paz e em harmonia com nossos valores mais profundos, e não sermos afetados negativamente.

– JEAN SHINODA BOLEN, *Goddesses in Everywoman*

Reconhecer a dimensão arquetípica da vida pode fornecer uma bússola para ajudá-lo a navegar por ela. Às vezes podemos nos sentir perdidos e não saber o que fazer. Geralmente, isso acontece quando continuamos a agir como sempre agimos, mas de repente nossas velhas abordagens não funcionam. Algumas pessoas descrevem isso menos como estar perdido e mais como estar preso.

Normalmente, você se depara com algum novo desafio; embora tente e tente, você não faz nenhum progresso. O que você está fazendo não está funcionando, mas não está claro o que mais pode funcionar.

Certa vez, uma mulher me contou que, antes de ler a edição anterior deste livro, sabia intuitivamente que tinha a capacidade de transformar sua vida, mas não sabia como começar. O livro em geral, e o capítulo do Mago em particular, ela disse, forneceram um ponto de apoio que lhe permitiu se firmar. Outro leitor descreveu o livro como uma espécie de bússola que lhe permitia orientar-se descobrindo onde estava no mapa. Mais tarde, ele o comparou com um daqueles mapas em *shopping centers* com a seta que diz: "Você está aqui".

Geralmente, quando nos sentimos perdidos ou presos, nosso desenvolvimento arquetípico natural foi interrompido de algum modo. Esses bloqueios ocorrem por dois motivos principais:

- ◆ identificamos-nos excessivamente com um arquétipo em detrimento de outros, ou
- ◆ reprimimos um arquétipo, de modo que ele não está disponível quando nos encontramos em uma nova situação, ou nos tornamos possuídos por sua forma sombra.

À medida que você aumenta sua capacidade de evocar energias arquetípicas previamente bloqueadas, aumenta seu poder de reagir adequadamente em situações de mudança e de ter a vida que é mais autêntica para você. Como sua jornada é como a de todos os heróis em todos os lugares e única para você, o mapa do terreno heroico precisa ser complementado por seu próprio mapa pessoal – o que pode ajudá--lo a entender como você se tornou a pessoa que é.

Este capítulo, portanto, identificará:

- ◆ por que você pode ter se identificado excessivamente com uma posição arquetípica;

- forças da família e do local de trabalho que podem ter causado o desenvolvimento de um desequilíbrio arquetípico;

- influências culturais que podem resultar na repressão de um arquétipo;

- formas de reconhecer e integrar a sombra; e

- estratégias para despertar um arquétipo.

POR QUE VOCÊ PODE TER SE IDENTIFICADO DEMAIS COM UMA POSIÇÃO ARQUETÍPICA

É comum ficarmos tão identificados com um arquétipo que bloqueamos outras perspectivas arquetípicas. Por exemplo, Jack não era apenas o Guerreiro por excelência, ele era extremo até mesmo para outros Guerreiros. Ele dormia no chão porque as camas eram para maricas. Ele não se preocupava em cozinhar seus ovos de manhã porque levava mais tempo. Depois que teve um ataque cardíaco, ele se colocou em um regime que incluía carne vermelha no café da manhã, mais corrida do que seu médico achava prudente e uma viagem anual de esqui (que ele fazia munido com suprimentos de oxigênio de emergência). Ele via a doença como um inimigo ao qual você simplesmente não podia ceder ou isso o pegaria. Como acontece com muitas pessoas, seguir sua abordagem arquetípica dominante funcionou bem para ele em alguns aspectos. Ele viveu mais vinte anos após o primeiro de uma série de ataques cardíacos e manteve-se bastante ativo até pouco antes de sua morte. No entanto, sua identificação com o Guerreiro o prejudicou em seus relacionamentos pessoais e, à medida que envelhecia e se tornava mais enfermo, precisava de proximidade com os outros. Felizmente, ele reconheceu isso e começou, conscientemente, a deixar as pessoas entrarem, tornando-se mais amoroso com a esposa, a filha e os amigos. A abertura tardia para novas possibilidades arquetípicas exigiu que ele saísse de sua zona de conforto, mas também evitou uma velhice potencialmente solitária.

A experiência sentida de saber como é estar sob a influência de um arquétipo, na verdade, pode ajudá-lo a ler os outros. Como resultado, você ficará cego com menos frequência. Por exemplo, quando as pessoas dizem que todo mundo quer pegá-las, cuidado com seus bolsos quando estiver com elas! Tendemos a ver o mundo à nossa própria imagem. Podemos chamar para nós qualquer coisa em que nos focamos. Algumas pessoas sempre falam sobre como a vida é difícil e, com certeza, elas suportam uma catástrofe após a outra. Você pode estar igualmente atento às pessoas que são positivas demais para que se acredite nelas. Eles podem atrair o que estão negando. Alguém andando por aí usando óculos cor-de-rosa pode ser um ímã para problemas até que eles cresçam em consciência.

Além disso, as pessoas veem o mundo do ponto de vista de seu arquétipo dominante. Aqueles na fase do Guerreiro podem acreditar que a vida é uma batalha ou competição. Eles consideram qualquer outra maneira de ver o mundo como escapista ou ingênua. Se você falar a eles sobre abundância, compartilhamento e amor, eles pensarão que você está iludido. Nem tente dar aos Órfãos opções de empoderamento até que você os encontre onde eles estão e tenha empatia com sua dor. Caso contrário, eles podem descartar você por não entender o que eles vivenciaram.

As pessoas podem confundir uma posição arquetípica com quem são por vários motivos. Quando o fazem, a vida torna-se unilateral e desequilibrada e perdem o contato com a realidade mais complexa ao seu redor.

Primeiro, se você é fortemente socializado para ser de um jeito, você pode ter muita dificuldade em pensar que não é assim. O homem de alto desempenho pode receber tanto reforço por agir como o cara durão estoico que teme se desviar desse ideal masculino. Uma mulher que nutre e serve aos outros pode ser elogiada como "boa", ao contrário de outras mulheres "más" ou "raivosas". O medo de não parecer feminina ou egoísta pode mantê-la em uma caixa.

Segundo, você pode se identificar excessivamente com um arquétipo porque ele é dominante no mundo ao seu redor. A principal razão pela qual as pessoas hoje sentem tanta dificuldade em manter o equilíbrio na vida é que os valores competitivos do mundo do trabalho dominaram nossa cultura: somos o que fazemos e somos medidos pelo sucesso que fazemos. Como resultado, tendemos a ser levemente ou severamente viciados em sucesso e a nos identificar com o arquétipo do Guerreiro e sua necessidade de ser vitorioso.

A única maneira de alcançar o equilíbrio em nossa vida exterior é alcançar um maior equilíbrio arquetípico em nosso mundo interior. Se o arquétipo do Guerreiro eliminou todos os outros, você ficará mais feliz quando estiver produzindo e realizando. Portanto, você realmente não vai querer sair do escritório – e quando o fizer provavelmente usará o telefone celular e o *e-mail* para ter certeza de que não perderá a vantagem competitiva durante seu suposto "tempo de inatividade". Especialistas em gerenciamento de estresse podem pregar para você o dia todo sobre tirar férias de verdade e ter tempo de qualidade com sua família ou amigos, mas você não conseguirá fazer isso a menos e até que outros arquétipos tenham espaço igual em sua psique.

Nossa natureza arquetípica é fortemente afetada por todos os sistemas sociais em que passamos nosso tempo. Se, por exemplo, você aceita um emprego em um ambiente em que o Guerreiro predomina, você precisará ter um Guerreiro forte para sobreviver. Quanto mais reforço você recebe daqueles ao seu redor por agir de determinada maneira, mais fácil será começar a pensar que essa parte de você é tudo o que existe para você.

Da mesma maneira, se você está cercado por amigos ou colegas de trabalho que se consideram doentes ou oprimidos, é provável que você se identifique demais com o arquétipo do Órfão. Lembro-me de uma mulher que se apresentou em uma de meus *workshops* como uma filha adulta de um lar abusivo. Ela explicou que foi informada (e claramente acreditou) que levaria muitos anos antes que pudesse lidar com esse problema e que, durante esse tempo, não seria capaz de se concentrar em muito mais. Certamente ela não seria capaz de assumir um trabalho exigente ou entrar em um relacionamento amoroso adulto. Toda a sua rede social incluía apenas outros sobreviventes adultos de famílias disfuncionais, e sua conversa girava em torno de suas memórias traumáticas recuperadas mais recentemente e como eles estavam se comportando e se sentindo em relação a elas.

Quero deixar claro aqui que muitas pessoas demonstram uma coragem extraordinária ao lidar com traumas de infância – alguns dos quais são quase insuportavelmente horríveis. Não pretendo de modo algum rebaixar a importância desse trabalho ou a coragem necessária para realizá-lo. No entanto, minha própria experiência é que as pessoas se recuperam muito mais rapidamente se outros arquétipos estiverem ativos para elas além do Órfão.

A psique é incrivelmente sábia. A razão pela qual algumas pessoas "esquecem" ou reprimem memórias difíceis da infância é que ainda não são fortes o bastante para lidar com elas. Aqueles que ativaram seu Guerreiro e seu Nômade, por exemplo, antes de enfrentar seus traumas de infância, têm mais facilidade de se recuperar do que outros para quem apenas os arquétipos do Inocente e do Órfão estão funcionando. Além disso, é mais provável que continuem a ter uma vida plena ao mesmo tempo que se recuperam do abuso. No entanto, em uma cultura Órfã, o vínculo ocorre em torno do ferimento. Quando compartilhamos o nosso sofrimento, sentimo-nos próximos uns dos outros. Qualquer pessoa que traga uma grande história de sucesso, no entanto, pode encontrar-se sutilmente prejudicada por amigos. Para ficar perto, então, inconscientemente podemos reprimir outras partes potenciais de nós mesmos. Essa é uma das principais razões pelas quais para muitas pessoas a recuperação geralmente leva mais tempo do que o necessário.

Todos os arquétipos têm dons. Quando aproveitamos suas energias, eles nos ajudam. Como resultado, podemos nos fixar naquele que nos ajudou de alguma maneira dramática. Então nos tornamos verdadeiros crentes, e movimentos que antes eram libertadores se tornam cultos.

Terceiro, você pode ficar preso a um arquétipo porque uma figura de autoridade lhe disse que é quem você é. Tomemos o caso de uma jovem em terapia que tinha muito medo e evitava sair de casa. Ela queria ter um emprego, mas estava com muito medo. Sua terapeuta observou para si mesma que o abuso pode ter sido responsável pela timidez atual da mulher, mas focou com a paciente em seus bens. Descobriu-se que a paciente tinha um Altruísta bem desenvolvido. Ela cuidava de si mesma e de seus filhos de maneira bastante eficaz. Juntos, ela e sua terapeuta perceberam que ela precisava despertar seu Guerreiro para poder estabelecer limites. Antes que ela pudesse estar pronta para o mundo do trabalho, a mulher tinha de se tornar mais dura. Mas ela sentiu como se pudesse se inscrever para aulas de artes marciais femininas. Depois de se concentrar em desenvolver seu Guerreiro dessa maneira, a paciente finalmente conseguiu um emprego.

Mais tarde ela descobriu o motivo de ser tão tímida. Sua mãe tinha medo de que algo acontecesse com ela e ficava ansiosa toda vez que a filha ia a algum lugar sozinha. Como sua mãe morreu quando ela tinha apenas 12 anos, a mulher não vinculou seu medo à mensagem implícita de sua mãe de que ela era frágil. Ela naturalmente romantizou sua mãe e nunca a criticou de modo algum. Claro, uma vez que a mulher juntou as peças, ela percebeu que a mãe nunca teve a intenção de limitar seu potencial. Ela então conduziu um ritual em homenagem a sua mãe e declarou sua intenção de se tornar a mulher corajosa que sua mãe, sem dúvida, gostaria que ela fosse.

Você pode estar fixado em um arquétipo porque seus pais pensavam em você como a pessoa amorosa (Altruísta), porque um professor o via como distante e independente (Nômade), porque seus colegas achavam que você era um cara durão (Guerreiro), ou porque seu chefe confiou em você para ser o milagreiro (Mago). Nesse caso, você pode começar a notar outras qualidades arquetípicas em si mesmo e encontrar maneiras de mostrá-las ao mundo.

Quarto, você pode se identificar demais com um arquétipo porque não teve o apoio de que precisava, enquanto crescia, para encontrar sua própria identidade. Isso pode ser verdadeiro para aqueles de nós que vieram de lares disfuncionais, que cresceram em um contexto turbulento e caótico (como uma família com muitas perdas ou uma comunidade dilacerada pelo crime ou pela guerra), e/ou que viveu em tempos e lugares que não valorizavam os dons e perspectivas individuais. Na verdade, as pessoas de famílias que são consideradas "boas" de modo estereotípico são tão propensas a ter jornadas frustradas quanto as pessoas de famílias não saudáveis, simplesmente porque sofrem muita pressão para atingir os padrões de "bondade" (definidos de maneira variável em termos de moralidade, realização, propriedade ou responsabilidade).

É da natureza humana ser imperfeito. É igualmente humano esconder as próprias imperfeições quando sabemos que seremos julgados duramente por elas. Cathy veio de uma família religiosa que se esforçou muito para proporcionar um ambiente seguro e amoroso para ela. No entanto, a ideia deles de boa maternagem era tentar torná-la completamente boa, como Cristo. No processo, eles a desencorajaram de seguir sua felicidade porque temiam que seus desejos a levassem à tentação. De sua igreja, ela pegou a impressão de que a única maneira de ser boa o suficiente era ser martirizada como Cristo ou muitos dos grandes santos. Ela concluiu que qualquer preocupação com seus próprios desejos era egoísta. De fato, nada do que fazia era suficiente, porque ela não era perfeita e nenhuma quantidade de altruísmo comum contribui para ser crucificada pelos outros. Ela não apenas estava infeliz, mas também se sentia culpada por se sentir infeliz.

Essa mulher profundamente religiosa acabou gravitando para uma igreja arquetipicamente mais equilibrada. Ali ela foi ensinada que o divino pode ser encontrado dentro e além. O ministro também enfatizou muitos aspectos da vida de Cristo além de sua morte. Histórias de Cristo jogando os cambistas para fora do templo deram a Cathy permissão para despertar seu Guerreiro. Histórias sobre Cristo indo sozinho para o deserto a ajudaram a saber que não havia problema em embarcar em sua própria jornada Nômade, o que ela fez lendo livros que expandiram seus horizontes. Histórias sobre Cristo alimentando as multidões e curando os enfermos a inspiraram a despertar seu Mago. Com mais de um arquétipo ativo em sua vida, ela alcançou uma realização muito maior. Ao fazer isso, ela foi cada vez mais capaz de diferenciar entre cada posição arquetípica e sua própria individualidade nascente.

Seu sábio pastor ajudou nesse processo, incentivando-a a verificar o que realmente se adequava a ela em diferentes áreas de sua vida. Como resultado, ela se tornou uma pessoa mais autenticamente doadora. Enquanto lutasse contra sua própria natureza para cuidar dos outros, ela não poderia ter sucesso. Foi somente quando aprendeu a confiar em seu próprio processo que ela pôde amar os outros e dar a eles com alegria sincera.

Charles veio de uma formação muito diferente, mas teve um problema semelhante. Sobrevivente de uma família disfuncional de um bairro pobre e com alta criminalidade, ele se identificou com o Fora da Lei (que é o lado sombrio do Guerreiro). Ele se orgulhava de ser duro e fazer o que precisava para abrir caminho no mundo. Quando criança, roubava calotas e outros itens por trocados. Na adolescência, vendia drogas e era líder de uma gangue local.

Exteriormente, Charles parecia estar indo para uma vida de crime. No entanto, uma juíza viu potencial nele além de seu comportamento atual. Ela o encaminhou para um programa de reabilitação de drogas determinado pelo tribunal. A princípio, Charles não estava conscientemente ciente de qualquer discrepância entre sua imagem de bandido durão e seu verdadeiro *self*. Felizmente, ele havia sido enviado para um programa muito bom. Em terapia de grupo e aconselhamento individual, ele começou a reconhecer suas vulnerabilidades (Órfão). Em seguida, lembrou que um dia aspirara a tocar em uma banda de *jazz*, uma vida muito diferente da que levava atualmente (Nômade). Como parte desse programa, ele trabalhou para ajudar os meninos mais novos. Ele descobriu que quanto mais fazia por eles, melhor se sentia consigo mesmo (Altruísta).

Em um grande ponto de virada, Charles teve um sonho em que ele e todos os seus amigos imediatos morreram, alguns de AIDS, alguns de overdose e alguns na guerra de gangues. Mais ou menos na mesma época, ele compareceu a dois funerais na mesma semana de amigos não mais velhos do que ele. O choque do sonho aliado às mortes na vida real o ajudaram a decidir se reinventar. Ele reconhecia que seus inimigos tinham pouco a ver com qualquer coisa real sobre ele e tudo a ver com as condições sociais ao seu redor. Como parte dessa metamorfose, ele decidiu envolver-se com crianças que estavam comprometidas em fazer algo com suas vidas. Ao mudar, ele observou um efeito cascata, pois sua vida influenciou alguns garotos mais novos a ficarem fora das gangues e permanecerem na escola (Mago).

Cathy e Charles ilustram situações extremas, mas ainda comuns. Todos nós fomos prejudicados por circunstâncias que desencorajaram nossa jornada de maneira sutil, se não aberta. Toda vez que fazemos a escolha de continuar em um ambiente ou buscar um novo, escolhemos como seremos socializados em nosso futuro imediato.

Exercício A: Observe se você está excessivamente identificado com um arquétipo. Se sim, qual arquétipo? Por que você acha que desenvolveu esse apego?

Influências Culturais no Desenvolvimento de um Desequilíbrio Arquetípico

Conforme discutido no capítulo anterior, toda família tem forças e fraquezas arquetípicas. O que funcionou em nossa família nos fornece a espada e o escudo que nos acompanham na jornada. As fraquezas de nossa família causam as feridas que nos motivam a partir e buscar nossa fortuna. Na jornada, também podemos enfrentar desafios que nos ajudam a acessar arquétipos que faltavam em nossa família.

Suzanne veio de uma família muito disfuncional. Sua mãe era uma esquizofrênica não tratada, dada a comportamentos bizarros. Como a família era rica e poderosa, ninguém fez nada para resgatar as crianças. Suzanne estava consciente das feridas que carregava, mas tinha como certa sua herança mais positiva. Seu pai era um advogado muito influente que lutava pela justiça na cidade. Suzanne acabou sendo uma cruzada, carregando o potencial positivo de Guerreira em sua família. Ela foi motivada em sua jornada pelo dano causado ao seu *self* Órfão. Além disso, ela se sentiu atraída por práticas xamânicas. Trabalhando nessas questões, Suzanne percebeu que a doença mental pode ser um lado sombrio do Mago. Seu interesse por curandeiros e curandeiras refletia a necessidade de encontrar o aspecto saudável desse arquétipo. Por meio desse processo, ela se curou. Fazer isso permitiu que ela passasse o potencial positivo tanto do Guerreiro quanto do Mago para seus próprios filhos.

Onde quer que haja um vazio em uma família – quando algum arquétipo importante está ausente ou praticamente ausente – uma das crianças quase inevitavelmente será atraída por esse arquétipo. No caso de Suzanne, ela ficou surpresa ao descobrir uma forte atração para o arquétipo do Inocente. Ao explorar essa atração, percebeu que o que faltava completamente à sua família era fé.

A consciência de sua marca familiar precoce pode ajudá-lo a antecipar maneiras pelas quais você pode estar desequilibrado. Também pode ajudá-lo a identificar com quais arquétipos você pode simplesmente contar, quais foram expressos em seus polos negativos e precisam ser desenvolvidos, e quais você pode querer despertar pela primeira vez.

Do mesmo modo, sempre que você entra em um sistema social, seu próprio equilíbrio arquetípico é afetado por sua estrutura arquetípica invisível. Por exemplo, sempre que você aceita um novo emprego, está em interação dinâmica com a estrutura arquetípica da organização. Todas as regras não escritas das organizações têm raízes arquetípicas. Algumas qualidades arquetípicas são valorizadas e outras são tabu. Por exemplo, se a organização vem de uma postura Altruísta, você será valorizado se parecer motivado principalmente pelo desejo de ajudar outras pessoas. Se você parece estar fazendo o trabalho apenas pelo dinheiro, receberá pouco respeito.

Deborah conseguiu um emprego em uma operação de vendas com valores do Guerreiro, mesmo sendo totalmente não competitiva e pouco assertiva. Ela odiava as pessoas com quem trabalhava e eles a tratavam como marginal à equipe. Ela estava extremamente infeliz em seu trabalho até perceber que estava lá para desenvolver seu Guerreiro. Quando começou a mostrar mais dureza, ela passou a ser tratada de maneira mais justa por seus colegas de trabalho.

Você pode sentir-se muito desconfortável em organizações com estruturas arquetípicas opostas às suas, mas elas ajudam a equilibrar sua roda arquetípica. As organizações que se encaixam perfeitamente – arquetipicamente desequilibradas da mesma maneira que você – farão com que você se sinta muito confortáveis, mas tenderão a retardar seu desenvolvimento. A situação ideal é o ambiente que é parecido com você o suficiente para fazer você se sentir em casa, mas diferente o bastante para fazer você se estender.

Jim foi para uma escola pública que era academicamente muito competitiva. Ele era um jovem gentil cujo maior desejo era ajudar os outros. Teria sido mais fácil para ele se seus professores pensassem em motivá-lo, pedindo-lhe para orientar alunos menos talentosos ou trabalhar em colaboração com seus colegas. No entanto, a mãe de Jim entendia os arquétipos. Ela explicou a ele que, embora não pudessem pagar para colocá-lo em uma escola particular, por mais que ela quisesse encontrar um lugar em que ele se sentisse mais bem adaptado, sua escola atual oferecia uma excelente oportunidade para ele desenvolver seu arquétipo de Guerreiro, o que o ajudaria a navegar pela vida. Jim então tomou as rédeas para se motivar; ele se ofereceu para orientar os alunos depois da escola e se abriu para aprender sobre a potencial alegria da competição em sua sala de aula. Embora o Guerreiro nunca tenha sido primordial para ele, ele ganhou acesso suficiente ao arquétipo para desenvolver bons limites e uma aptidão para ter sucesso em situações competitivas.

Quando as organizações estão significativamente desequilibradas, as pessoas que carregam os arquétipos ausentes são extremamente importantes para sua sobrevivência. Por exemplo, Burt serviu no conselho de uma igreja que ensinava pensamento positivo (Inocente). Seu próprio arquétipo dominante era Órfão, então ele sempre antecipava ameaças futuras. Embora não fosse popular, ele forneceu um importante sinal inicial que evitou dificuldades financeiras para o conselho. No processo, ele aprendeu com a igreja como ter mais fé na vida.

Exercício B: Com referência aos quadros nas páginas 282 e 284 do capítulo anterior, identifique quaisquer maneiras pelas quais os sistemas dos quais você faz parte prejudicaram o desenvolvimento normal de seu equilíbrio arquetípico.

INFLUÊNCIAS SOCIAIS NA REPRESSÃO ARQUETÍPICA

Nossa psique pode ser desequilibrada se um arquétipo que idealmente precisamos para o próximo estágio da jornada for reprimido. As pessoas tendem a reprimir arquétipos que acreditam ser inadequados para elas ou realmente ruins ou errados. Em geral, mantemos essas crenças por causa das mensagens que recebemos da cultura.

Primeiro, arquétipos podem ser valorizados nos outros, mas inadequados para nós. Os papéis de gênero são uma, mas não a única, razão pela qual reprimimos arquétipos que consideramos inadequados. Os tipos mais inconscientes de repressão começam quando somos crianças, quando somos jovens demais para ter consciência do que escolhemos não ser. Por exemplo, apesar da considerável influência dos movimentos de mulheres e homens, quase todos os homens em nossa cultura ficam essencialmente envergonhados se demonstrarem muita vulnerabilidade. Se não acontece em casa, acontece no recreio. Os meninos são informados de que, se chorarem, são maricas, covardes ou coisa pior. Quando eles se levantam e voltam a brincar sem choramingar, são elogiados. O resultado é que a maioria dos homens tem arquétipos Órfãos reprimidos e dificuldade em expressar suas vulnerabilidades.

As meninas podem chorar o quanto quiserem. Mas a sociedade cai sobre elas se demonstrarem muita raiva ou desejo de vencer, especialmente se isso significar que outra pessoa se sente ameaçada ou perca. (As meninas devem se importar mais com os sentimentos dos outros do que com os seus próprios.) Portanto, as meninas reprimem seu Guerreiro com uma supressão de raiva e assertividade. Quando se submetem aos outros e engolem sua raiva e ambição, são elogiadas como exemplos de verdadeira feminilidade.

As qualidades negativas associadas de modo estereotipado a homens e mulheres mostram o que acontece quando não permitimos a plena expressão de nossa feminilidade ou masculinidade e somos possuídos pelo lado sombrio de nossa identidade de gênero. Vemos isso igualmente no sr. Macho ou na sra. Dondoca. As pessoas também podem ser possuídas pela sombra de sua identidade contrassexual. Por exemplo, homens que têm pouco acesso consciente ao seu lado feminino, muitas vezes ficam muito mal-humorados. Mulheres com pouca relação consciente com seu lado masculino geralmente se tornam muito opinativas. Isso explica o homem que faz um discurso sobre como as mulheres são emocionais, ou a mulher que exige que todos ajam de maneira politicamente correta para resistir à opressão patriarcal. Essa possessão de sombras explica o quão inconsciente cada um inevitavelmente é sobre evidenciar os traços que desprezam.

A alquimia do amor romântico pode ajudar homens e mulheres a despertarem suas partes reprimidas. Para estarem próximas, as pessoas devem estar dispostas a mostrar suas vulnerabilidades; elas também devem ter bons limites para que possam afirmar suas próprias necessidades. Isso significa que nem homens nem mulheres podem ter o amor que desejam sem sair de sua zona de conforto psicológico. Normalmente, os homens precisam desenvolver a coragem de arriscar mostrar em que área são vulneráveis, enquanto as mulheres precisam correr o risco de ameaçar os homens sendo mais francas quanto aos seus desejos e necessidades.

Por exemplo, Margaret estava ficando cada vez mais infeliz com sua vida, mas suportava sua tristeza interior porque seu marido parecia estar aproveitando a vida do jeito que estava. Então, de repente, sua situação de trabalho mudou. Ele passou a ter um novo supervisor que não o apoiava. Margaret e os filhos o incentivam a sair e encontrar uma posição em que fosse valorizado, então ele se demitiu. Depois disso, no entanto, uma parte dela começou a se sentir ainda mais deprimida.

Seu marido e os filhos a tinham ouvido reclamar do emprego por vários anos, mas ninguém a encorajou a pedir demissão! Por um tempo, ela sentiu pena de si mesma, perguntando-se por que ninguém parecia se importar se ela estava feliz ou não. Então, ela percebeu. Seu marido tinha mais autoestima do que ela. Como Guerreiro, ele esperava ser bem tratado, e seu Nômade caia na estrada quando estava infeliz. A solução, ela intuiu, não era julgar o marido, mas tornar-se mais parecida com ele. Portanto, começou a procurar um trabalho que realmente a empolgasse, mesmo que pagasse um pouco menos do que o que ela estava ganhando antes. Quando o encontrou, seu marido parecia apreensivo. No entanto, ela simplesmente disse a ele como se sentia muito melhor e como estava feliz por ter um marido tão solidário!

Os relacionamentos do mesmo gênero também têm sua própria pressão interna para equilibrar a psique. Quando o "outro" gênero não está presente, a gama de qualidades humanas representadas por esse gênero precisa ser carregada por alguém. Um casal de lésbicas, por exemplo, precisa lidar com todos os papéis e traços tradicionalmente atribuídos aos homens. Homens *gays* têm o mesmo desafio com os traços e papéis mais tradicionalmente femininos. Ou um parceiro carrega as qualidades contrassexuais, ou ambos as desenvolvem igualmente, ou há alguma combinação delas. Do mesmo modo, pessoas solteiras, qualquer que seja sua orientação sexual, são pressionadas pelas exigências da vida para desenvolver seu potencial andrógino.

Exercício C: Observe que qualidades o atraem no outro gênero – ou, se você é *gay* ou lésbica, no seu parceiro do mesmo gênero. Preste atenção especial às qualidades que você acredita que não tem. O desenvolvimento dessas qualidades em você poderia melhorar sua vida e/ou melhorar seu relacionamento romântico?

Observe também as qualidades que você julga negativamente no outro gênero – seja como parceiro romântico, amigos ou em qualquer outra área de sua vida. Muitas vezes desprezamos o que precisamos desenvolver em nós mesmos. Você consegue ver como sua vida poderia ser melhor se se tornasse mais andrógino?

Segundo, os arquétipos podem ser reprimidos porque a cultura não os valoriza em ninguém. Por exemplo, em nossa cultura hoje, o arquétipo do Órfão muitas vezes é visto de modo negativo. Espera-se que as pessoas sejam autossuficientes e não precisem de ajuda indevida. Quando qualquer um de nós, homem ou mulher, reprime nosso Órfão interior, é provável que sejamos insensíveis aos outros. Ou pode significar não perceber quando estamos sendo maltratados por outras pessoas, como permitir que um cônjuge, parceiro, chefe ou colega se safe com pequenas humilhações. As pessoas acostumadas a serem tratadas como objeto acham natural tratar os outros da mesma maneira. Pense, por exemplo, no executivo estoico declarando "é do meu jeito ou você está fora" sem nenhuma preocupação aparente com seus funcionários. Ao mesmo tempo, ele pode estar alheio ao impacto em sua saúde causado por seus modos obstinados, viciado em trabalho e alcoólatra.

De modo extremo, a repressão do arquétipo do Órfão pode levar algumas pessoas a vitimizar outras (e, ao fazê-lo, a se desumanizar). Por exemplo, homens que abusam sexualmente das filhas ou filhos muitas vezes não se arrependem porque estão completamente privados da capacidade de simpatizar com o que essas crianças devem estar sentindo. No tratamento, eles entram em contato com a maneira como foram abusados. À medida que seus sentimentos congelados derretem, de repente podem reconhecer o mal que causaram, ainda mais com alguém com quem provavelmente realmente se importam – isto é, na medida em que forem capazes de se importar. Como eles conseguem finalmente simpatizar com suas vítimas, alguns sentem dor e um remorso incríveis. Em casos extremos, eles se sentem tão mal que, se não forem interrompidos, o remorso pode levá-los ao suicídio.[1]

O arquétipo do Órfão também pode ser projetado em outros. Uma fixação salvadora pode ocorrer quando uma pessoa está separada de sua própria dor, mas está ciente da dor nos outros. Quando isso acontece, a pessoa pode ser impotente contra o desejo de ajudar – mesmo quando é irracional ou capacitador fazê-lo. A projeção Órfã pode levar a atos sádicos, nos quais a pessoa aquieta o próprio Órfão, sentindo-se poderosa temporariamente, humilhando ou brutalizando o outro que parece estar, nesse caso, à sua mercê. Vemos isso em casos extremos de tortura política e em famílias abusivas. Em situações cotidianas, testemunhamos quando uma mãe frustrada bate em seu filho chorando, um professor envergonha um aluno ou um chefe humilha um funcionário.

Em algumas famílias, por motivos religiosos ou políticos, a assertividade é vista como errada (e não simplesmente inadequada para meninas), pois pode levar à violência. Quando o arquétipo do Guerreiro é reprimido, qualquer um, homem ou mulher, será manipulador e/ou passivo-agressivo. Uma jovem maravilhosamente doce critica sutilmente o marido até que, com o tempo, ele perde a confiança e faz o que ela quer. Ou, ela fica cada vez mais doente e indefesa até que outros cuidem dela e sigam seus desejos. No trabalho, embora ela nunca assuma a liderança diretamente, pode usar fofocas para elevar ou minar os outros, sutilmente assumindo o poder nos bastidores. Ou pode projetar o arquétipo do Guerreiro nos outros, ligando-se a protetores que parecem fortes onde ela é fraca. Se queremos a paz, é melhor desenvolver o arquétipo do Guerreiro além de seu potencial violento e implacável, para que possamos afirmar nossas próprias necessidades e lidar com o conflito de maneira honesta e aberta. Ironicamente, a paz não vem por reprimir o Guerreiro, mas por desenvolver sua expressão superior.

ASPECTOS DA FORMAÇÃO E INTEGRAÇÃO DE SOMBRAS

Primeiro, quando a repressão de um arquétipo é forte, pode criar uma sombra pessoal ou coletiva. Quando reprimimos arquétipos que acreditamos serem ruins, é provável que os projetemos nos outros – vendo o mal neles, não em nós mesmos. Por exemplo, Liza não suportava Jenny. Jenny era uma patricinha cabeça de vento clássica. Nos termos descritos aqui, ela era uma Inocente, preocupando-se com assuntos superficiais: salões de beleza, produtos para cabelo, atividades que estavam "na moda" e meninos que eram "gatos". Liza não apenas não gostava de Jenny casualmente. Ela acordava no meio da noite zombando dela.

Em sua mente, Jenny era superficial, vazia e vaidosa. Ao encontrar ideias sobre a sombra como as deste livro, Liza começou a pensar em si mesma. Sim, ela era uma pessoa boa. Era uma estudante séria e ativista social que não pensaria em usar maquiagem, perder seu tempo com frivolidades ou gastar uma hora do dia com um cara que não era politicamente comprometido.

Liza conhecia muitas pessoas que moralmente eram muito piores do que Jenny, então ela não conseguia pensar em nenhuma razão aparente para desaprová-la mais do que a elas. Por fim, ela entendeu! Embora não quisesse ser como Jenny, ela poderia usar uma dose de suas qualidades. "Acalme-se um pouco", disse a si mesma. "Eu nem sempre tenho de namorar garotos sem graça e magros. Eu poderia assistir a um filme que não fosse sério de vez em quando. E talvez seja hora de fazer um bom corte de cabelo!"

Exercício D: Para identificar as qualidades arquetípicas que reprimiu, faça uma lista de todas as pessoas que você julga negativamente e determine com qual arquétipo elas mais se assemelham. Evite listar assassinos em série ou pessoas que todos concordariam que são más. Liste apenas aquelas das quais você não gosta, mas outros acham bastante aceitáveis. Se você puder imaginar como os outros os veem, isso pode ajudá-lo a integrar essas qualidades ou comportamentos positivos em si mesmo.

Segundo, a repressão dos arquétipos pode levar à intolerância entre os grupos. Às vezes, reprimimos os arquétipos porque me nossa mente eles estão associados a pessoas que consideramos diferentes de nós mesmos. Podemos, portanto, identificar quais arquétipos estamos reprimindo por áreas de desconforto – ou coisas que outras pessoas fazem que não podemos fazer de maneira confortável ou de maneiras de agir que nos incomodam, ou que parecem exóticas ou estranhas.

Em uma economia cada vez mais global, a maioria de nós interage, pelo menos no trabalho, com pessoas de culturas muito diferentes da nossa. Diferentes culturas encorajam e desencorajam diferentes posições arquetípicas. Por exemplo, japoneses e latinos são mais relacionais e orientados para grupos do que os americanos de ascendência europeia. Portanto, eles têm maior facilidade em subordinar o indivíduo às necessidades do grupo (Altruísta), mas podem reprimir a individualidade do Nômade. A cultura dominante nos Estados Unidos valoriza os direitos individuais sobre a responsabilidade do grupo (Nômade) com um potencial concomitante para reprimir os arquétipos do Altruísta e do Órfão.[2]

INTEGRANDO A SOMBRA

Em uma sociedade cada vez mais complexa e em rápida mudança, nos deparamos continuamente com novos desafios. Podemos nos sentir mais presos quando nos encontramos em uma situação que exige que ativemos um arquétipo que reprimimos tanto que não respeitamos sua utilidade potencial. Por exemplo:

◆ Se você odeia pessoas dependentes e choronas, eventualmente pode se encontrar em uma situação em que você está sendo maltratado e simplesmente não há nada que possa fazer – a menos que esteja disposto a se jogar à mercê de uma autoridade superior e reclamar veementemente sobre como as coisas estão ruins. Ou você se vê sendo vítima repetidamente, então não sabe o que fazer além de chorar.

- Se você não suporta pessoas agressivas, sem dúvida se verá pressionado em algum momento. Na verdade, até que aprenda a lição do arquétipo do Guerreiro, você enfrentará situação após situação que exige que lute por si mesmo.

- Se você despreza as pessoas que se martirizam pelos outros, mais cedo ou mais tarde terá alguém dependente de você adoecendo ou precisando de ajuda, e terá de abandonar outras atividades que realmente deseja fazer para estar lá para essa pessoa. Se você declarar que não quer dar ajuda, em breve poderá encontrar-se precisando da ajuda de outras pessoas.

- Se você acha que as pessoas de fora são irrelevantes ou autoindulgentes, mais cedo ou mais tarde se verá do lado de fora olhando para dentro. Ou, quanto mais urgentemente você quiser pertencer a um grupo, mais provável é que as exigências para se conformar de maneiras que não se ajustam a você aumentem exponencialmente até começarem a parecer opressivas.

- Se as pessoas que parecem ingênuas e inocentes ou que parecem ter uma fé irracional no divino o empurram contra a parede, gradualmente você se encontrará em situações cada vez mais difíceis até que clame por ajuda divina.

- Se você acha que as ideias sobre magia são esquisitas e irracionais, você se encontrará desesperadamente precisando de um milagre. Na verdade, quanto mais firmemente você se apegar a uma visão racionalista do mundo, mais irracionais os acontecimentos de sua vida parecerão.

Essas diferenças podem ser tratadas de várias maneiras. Por exemplo, uma cultura pode servir de bode expiatório a outra definindo os atributos arquetípicos dessa cultura como "outro" ou "inferior". Essa projeção de sombra coletiva pode fazer com que pessoas civilizadas ajam de maneiras intoleravelmente brutais (como na Alemanha nazista, com a perseguição aos judeus, ou nos Estados Unidos, com seus maus-tratos e brutalização de afro-americanos e índios norte-americanos). Nesses casos, a sociedade degrada e até mata pessoas associadas às qualidades arquetípicas que elas negam em si mesmas.

Tais instâncias são lembretes poderosos de que não podemos manter comunidades verdadeiramente democráticas sem entender a dinâmica de nossa vida interior. Se começarmos a reconhecer a psicologia da projeção e do bode expiatório, não teremos de julgar as pessoas como erradas só porque são diferentes de nós. Embora certamente haja limites para a tolerância, viver como vivemos em uma sociedade global nos oferece oportunidades para despertar em nós mesmos qualidades que foram apreciadas e desenvolvidas por outras culturas que não a nossa. Desse modo, aumentamos nossa capacidade de honrar diferentes dons e perspectivas.

Em última análise, o desafio não é apenas valorizar a diferença, mas também reconhecer nossas projeções pelo que elas são. A mudança de percepção dos índios norte-americanos é um bom exemplo disso. No período colonial e em grande parte da história dos Estados Unidos, os brancos consideravam a população indígena como selvagens primitivos e os associavam à natureza (em oposição à mente e ao espírito). Dadas as teorias psicológicas dominantes da época, os brancos sentiam-se livres para matar e conter os índios norte-americanos, assim como tentavam deter ou reprimir seus próprios desejos. Mais recentemente, os índios americanos foram romantizados; essa imagem revisionista do Nobre Selvagem projeta neles a fome que os brancos sentem de viver mais em harmonia com a natureza e mais de acordo com seu comportamento natural e instintivo.

Nenhuma das visões tem muito a ver com a maneira como os índios norte-americanos se veem. Eventualmente, pode-se esperar que os norte-americanos brancos retirem ambas as projeções. Quando o fazem, podem lidar com seus sentimentos ambivalentes sobre a natureza e seus sentimentos sobre seus próprios corpos e desejos. Só então será possível para eles reconhecer plenamente as nações incrivelmente diversas que compõem a categoria um tanto artificial do índio norte-americano.

Se olharmos para o curso da história humana, veremos inúmeros exemplos de como diferentes povos usaram bodes expiatórios e depois oprimiram outros grupos. Todas essas situações são caracterizadas pelo fracasso por parte dos grupos dominantes em desenvolver autoconsciência suficiente para retirar suas projeções. Quando retiramos as projeções, não apenas deixamos de oprimir os outros, mas também ganhamos acesso ao polo positivo dos arquétipos que estávamos reprimindo.

Se nos abrirmos para aprender com os outros, as experiências multiculturais expandem todos os nossos horizontes. A maioria das sociedades contemporâneas tem um Guerreiro curvado a elas. Além disso, as culturas ocidentais alimentaram o desenvolvimento do arquétipo do Nômade e o dom do individualismo. Muitas culturas xamânicas indígenas em todo o mundo têm muito a nos ensinar sobre o Mago. As culturas orientais, assim como outras que dão prioridade ao grupo sobre as necessidades individuais, exemplificam os dons do Altruísta.

Muitas vezes, as pessoas com quem temos mais dificuldade acionam nosso próprio lado sombrio. Se não podemos tolerar "falcões" políticos ou generais das Forças Armadas, podemos descobrir que a veemência do nosso sentimento diminui à medida que tomamos uma posição firme lutando por um mundo livre de ameaças nucleares. Se nossos nervos estão no limite por pessoas dependentes e choronas, podemos descobrir que, ao reconhecer nossa própria dependência e sensação de impotência, temos mais empatia por elas. À medida que expandimos nosso próprio repertório de comportamentos e nos permitimos ser mais completos, atraímos para nós pessoas mais interessantes – ou somos capazes de entender como as outras pessoas sempre foram interessantes. Por exemplo, muitas mulheres que foram socializadas para serem competitivas em relação às outras mulheres pensam que outras mulheres normalmente são competitivas, caluniadoras e não confiáveis. À medida que começam a encontrar valor em sua própria feminilidade, a maioria das mulheres ao seu redor parece repentina e milagrosamente ter se tornado fraternal e honesta. Se isso não acontecer, elas podem assumir a responsabilidade de atrair mulheres possuídas pela sombra, perguntando: "O que isso está refletindo em mim?".

Em última análise, todos os arquétipos nos trazem tesouros se nos apegarmos a eles e aprendermos com eles. Nós desprezamos os "deuses" (isto é, arquétipos) por nossa conta e risco. Quando nos recusamos a honrar um arquétipo, encontramos-nos em situações que exigem esse dom. Podemos entrar na história do arquétipo repetidamente – até acertarmos.

Exercício E: Faça uma lista das qualidades que você valoriza em outras culturas ou grupos e identifique suas raízes arquetípicas. O que você julga negativamente em outras culturas ou grupos? Muitas vezes vemos as qualidades negativas dos arquétipos nos outros e suas manifestações mais positivas em nós mesmos. Você pode usar o gráfico a seguir para estimular seu pensamento sobre quais arquétipos podem estar chamando você por causa de sua aversão a certos tipos de pessoas. Geralmente, quando despertamos esses arquétipos, de repente temos uma maior apreciação pelos indivíduos, culturas e grupos que anteriormente desdenhávamos.

Qualidade desprezada	Chamado ao Arquétipo	Dom
Mentalidade de vítima, reclamação, senso de merecimento	Órfão	Realismo, empatia
Egocentrismo, falta de planejamento, egoísmo	Nômade	Independência, individualidade
Crueldade, ambição, ganância	Guerreiro	Disciplina, excelência
Conformidade, preguiça	Altruísta	Cuidado, intimidade, trabalho em equipe
Ingenuidade, dogmatismo	Inocente	Fé, otimismo
Estranheza, aparentemente "fora do ar"	Mago	Transformação, novas perspectivas

SETE PASSOS PARA ATIVAR UM ARQUÉTIPO

A sociedade costumava mudar muito lentamente. Agora, o ritmo da mudança acelerou. As resultantes exigências sobre a psique são grandes. Antigamente bastava o acesso a apenas um ou dois arquétipos. Hoje precisamos ter acesso a todos eles, pelo menos até certo ponto.

Se você se encontra em uma situação que exige um arquétipo que ainda não está ativo em sua vida, provavelmente esse arquétipo está bloqueado. É duvidoso que você possa invocar um arquétipo que não seja adequado para você. No entanto, se o arquétipo estivesse vindo em seu auxílio organicamente, se não estivesse bloqueado de algum modo, então você pode usar a consciência para ultrapassar esse obstáculo.

O primeiro passo é identificar as qualidades positivas do arquétipo. Você pode fazer isso prestando muita atenção às pessoas que o expressam de maneiras que você admira. Leia livros e assista a programas de televisão e filmes baseados nesse arquétipo. Coloque fotos, pinturas ou pôsteres que ilustrem esse arquétipo em seu ambiente. Ouça a música que evoca o arquétipo enquanto você faz suas tarefas diárias. Depois de ler o capítulo sobre o arquétipo relevante, observe as pessoas, livros, músicas, filmes etc. que refletem seu enredo e virtudes. Eu recomendo fortemente manter um diário ou fazer um álbum de recortes detalhando suas descobertas.

O segundo passo é pensar conscientemente do mesmo jeito que o arquétipo de que você precisa. Comece substituindo os padrões de pensamento mais habituais pelos padrões arquetípicos desejados. Por exemplo, talvez você normalmente pense como um Órfão e queira despertar seu Guerreiro. Toda vez que diz a si mesmo: "Não há nada que eu possa fazer. Eu só tenho de viver com isso", pare rapidamente e diga: "Tenho força e coragem para seguir em frente e conseguir o que quero". Então imagine-se colocando essa nova atitude em ação. Se desejar, você pode até criar um pequeno ritual para homenagear o arquétipo e convidá-lo para sua vida. Por exemplo, acenda uma vela e invoque o espaço sagrado (da maneira que for congruente com seu sistema de crenças). Em seguida, anote em um pequeno pedaço de papel o que você valoriza no Órfão. Agradeça ao Órfão e queime o papel, dizendo adeus por enquanto. Em seguida, escolha um símbolo para o Guerreiro e coloque-o em um lugar de honra em sua casa ou escritório e acenda uma vela. Expresse em voz alta ou para si mesmo as virtudes do Guerreiro e peça ao Guerreiro para ser seu aliado. Em seguida, apague a vela e volte conscientemente para o espaço comum.

Ainda mais importante, crie o hábito de se imaginar conseguindo expressar o arquétipo em sua vida.

O terceiro passo é identificar a causa do bloqueio interno para expressar esse arquétipo. Se você se sentir bloqueado, pergunte a si mesmo: "Quem me disse que esse comportamento não é apropriado para mim?". Talvez a primeira vez que você enfrentou seu pai, ele tirou o cinto. Você pode ter concluído que o comportamento do Guerreiro pode matá-lo. Essa conclusão pode ter sido reforçada assistindo a filmes de guerra em que soldados são, de fato, massacrados. Com esse entendimento, você pode conversar com a parte de si mesmo que acredita que ser um Guerreiro resultará em morte sobre como sua falta de energia de Guerreiro o impediu de conseguir o que deseja. Você pode falar sobre o quão morto se sente e explicar que seu pai nunca o teria matado e você não está planejando ir para a guerra, observando que a pior consequência é que você perderá seu emprego e seu cônjuge. Ou, se você planeja se alistar nas Forças Armadas ou na polícia, pode conversar com o seu lado assustado sobre a necessidade de enfrentar o medo da morte para ficar livre para correr riscos.

Você também pode dialogar com o arquétipo em um diário, pedindo conselhos sobre como lidar com os acontecimentos de sua vida. Fazer isso dá permissão para que essa energia arquetípica, que já faz parte de você, compartilhe sua sabedoria com a parte que tem comandado sua vida.

O quarto passo é começar a agir como você espera ser. Ouça a si mesmo e fale conscientemente de maneira congruente com o arquétipo que deseja expressar em sua vida. Por exemplo, talvez você normalmente se envolva em uma conversa de Guerreiro e queira ser mais como um Nômade. Em vez de dizer a um amigo: "Eu realmente vou pegar aquele cara que está nos incomodando", diga: "Ouvi-lo me ajuda a reconhecer que quero fazer as coisas de maneira muito diferente da maneira que ele faz". Se você está andando com uma multidão de pessoas que se unem em torno de suas feridas, pratique dizer coisas positivas e otimistas. Vá em frente e seja alegre, mesmo que isso pareça um pouco forçado no começo.

O quinto passo é cercar-se de modelos arquetípicos que você admira. A melhor maneira de começar é associar-se a pessoas que evidenciam os traços positivos do arquétipo. Por exemplo, se você está despertando o arquétipo do Guerreiro, pode se inscrever em uma aula de artes marciais ou assertividade, ou aceitar um emprego, ser voluntário ou se envolver em recreação em um ambiente de cultura Guerreira. As energias arquetípicas são contagiosas.

Para despertar o Inocente, você pode fazer um curso de pensamento positivo, ler e praticar o Um Curso em Milagres[3], passar um tempo com alguém de profunda fé religiosa ou simplesmente aproveitar e apreciar a vida.

Se você quer milagres em sua vida profissional, encontre alguém em seu campo de atuação que pareça mágico a você e peça a ele para orientá-lo. Leia livros sobre o pensamento do novo paradigma e conecte-se com pessoas que você vê como fazendo um trabalho de ponta. Seja voluntário ou aceite um trabalho com uma equipe de trabalho comprometida em viver sua visão e valores em tudo o que faz.

O sexto passo é começar a viver da maneira que você quer. Comece a agir como o arquétipo, mesmo que pareça estranho fazê-lo. Pense nisso como um método de atuação. Mentalmente, desça até sua psique e encontre a parte de você que sabe como agir dessa maneira, depois expresse-a. Você pode até mesmo evocar conscientemente o arquétipo a ser expresso por seu intermédio. Por exemplo, uma mulher de carreira de alto nível que conheço se imagina invocando o espírito do leão ou do lobo quando precisa defender uma visão convincente em uma burocracia rígida. Invariavelmente, ela prevalece. Outra mulher que trabalha em um programa de cuidados paliativos me disse que se conecta com sua própria compaixão pensando na princesa Diana e em Madre Teresa. Os adolescentes podem pensar em super-heróis como Superman ou Xena ou (pensando em *Star Wars*) invocar a Força para estar com eles.

Algumas pessoas acham útil ter algum objeto ao seu redor que simbolize o arquétipo ou se vestir de uma maneira que evoque o arquétipo (de maneira conservadora se você não quiser se destacar ou de maneiras mais dramáticas se quiser chamar a atenção para sua metamorfose). Outros invocam conscientemente uma energia arquetípica.

É claro que a maneira mais importante de falar é realmente começar a fazer o que o arquétipo faz. Se, por exemplo, você quer mais energia do Guerreiro, pare de deixar passar pequenas ofensas. Defenda-se ou defenda outros. Se você quer mais energia do Mago, busque soluções ganha-ganha.

O sétimo e último passo é ajustar suas habilidades. Quando somos novos na postura do Guerreiro, podemos travar todas as batalhas que surgirem. Os guerreiros veteranos, no entanto, escolhem suas batalhas com cuidado, estando dispostos a aceitar uma perda em curto prazo para obter vantagem estratégica em longo prazo. A capacidade de nomear a energia arquetípica dentro de você fornece uma pequena distância entre você e o arquétipo. Essa distância o ajuda a lembrar que o arquétipo não é você. Se você puder se tornar o observador científico dos sucessos e fracassos arquetípicos, poderá influenciar o nível de expressão de um arquétipo em sua vida. Isso fornece proteção razoável contra a possessão arquetípica e ajuda o arquétipo a ser seu aliado interior.

Quanto mais escondido o arquétipo, mais lento deve ser o processo para despertá-lo. Por exemplo, ao despertar o Guerreiro, você não quer brigar com todos à vista. Se você tiver algum tempo para integrar o arquétipo em sua vida, é bom expressá-lo primeiro em algum tipo de arte – um poema, música, pintura etc. O processo artístico ajuda a refinar e integrar o arquétipo para que ele não surja em suas ações de maneira inadequadamente primal. No entanto, se um arquétipo está adormecido, mas não realmente reprimido, nenhum passo intermediário é necessário, pois ele tem alguma conexão com sua mente consciente.

Exercício F: Escolha um arquétipo e siga os passos acima para despertá-lo. Em geral, é mais sensato fazer isso apenas com os arquétipos que seriam expressos em sua vida se não tivessem sido reprimidos de algum modo. Caso contrário, pode estar forçando um processo que não é adequado para você.

Muitas vezes, os arquétipos são despertados como parte natural do trabalho interno contínuo. Você pode nem perceber que está engajado na ativação de um arquétipo. Se você registra regularmente seus sonhos, procure figuras arquetípicas neles. Muitas vezes essas figuras são compensatórias, expressando em seus sonhos o que está faltando em sua vida. À medida que você identifica essas figuras, elas entram em sua mente consciente. Começa então um processo que cria as pré-condições para expressar o arquétipo em sua vida desperta.

Na análise de sonhos junguiana, você pode ser incentivado a começar a ler sobre os padrões míticos que surgiram em seus sonhos. Mesmo que não tenham sido instruídas a fazer isso, não é incomum que as pessoas percebam intuitivamente padrões em seus sonhos e comecem a ler livros e ver filmes que expressam o mesmo enredo. Elas podem não perceber que, depois de algum tempo, esse arquétipo se expressa naturalmente no que pensam, fazem e dizem. Para muitas, esse é um processo amplamente inconsciente, mas funciona.

Você também pode procurar padrões arquetípicos em seus rabiscos, devaneios, fantasias e frases de abertura em seu diário. Qualquer hábito ou prática que o ajude a ficar consciente de sua própria vida interior pode evitar que fique preso, revelando os arquétipos que estão batendo à sua porta, esperando para entrar em sua consciência. Lembre-se de que as figuras arquetípicas que se repetem em seus sonhos e na arte espontânea estão pedindo para serem expressas em sua vida. Se você permitir, elas não precisam criar sintomas ou problemas para chamar sua atenção.

Exercício G: Mantenha um registro de seus sonhos, rabiscos e outras expressões imaginativas. Preste atenção em quais arquétipos estão chamando sua atenção dessas maneiras.

Você pode notar arquétipos que não estão incluídos neste livro. Em caso afirmativo, faça alguma pesquisa sobre eles e, à medida que entender seus significados, experimente integrar suas perspectivas em sua vida.

CAPÍTULO 10

Ética da Jornada: o Código

> Nem deveria ser esquecido que a lei moral não é apenas
> algo imposto ao homem que vem de fora. [...] Ao con-
> trário, expressa um fato psíquico. Como regulador da
> ação, corresponde a uma imagem pré-formada, um pa-
> drão de comportamento arquetípico e profundamente
> enraizado na natureza humana.
>
> — ERICH NEUMANN, *Depth Psychology and a New Ethic*

A crise de valores em nossa cultura hoje é o lado sombrio de um avanço na consciência. A menos que reconheçamos essa revolução de caráter e articulemos suas regras para os jovens, a vida moral da cultura continuará caótica. No passado, a maioria das pessoas apenas seguia as regras – ou pelo menos falava da boca para fora. Elas se viam como morais se fizessem o que seus pais, professores, ministros/rabinos ou funcionários do governo diziam que deveriam fazer. Agora esperamos satisfação da vida. A maioria de nós é resistente a códigos morais que não permitem a jornada.

Joseph Campbell gostava de alertar as pessoas que elas podem galgar a escada do sucesso apenas para descobrir que ela está encostada na parede errada. O próprio fato de entendermos essa afirmação nos diz que as regras morais da estrada mudaram. Quando o caráter significava seguir o caminho traçado por outra pessoa, as pessoas não esperavam sentirem-se satisfeitas na vida. É provavelmente por esse motivo que elas tinham de ter medo de fazer o que era certo – por medo do fogo do inferno, ostracismo social, prisão ou mesmo tortura. Além disso, a virtude era definida pelo que as autoridades mandavam você fazer. Hoje, nossas próprias noções de caráter, bem como de sucesso, exigem autoconhecimento. Se nunca aprendermos quem realmente somos interiormente, nunca alcançaremos a verdadeira realização. Encontramo-nos contra a parede errada sempre que vivemos de acordo com padrões que não são os nossos.

No mundo pluralista de hoje, que reúne pessoas de culturas e religiões muito diferentes, muitas vezes é impossível chegar a um consenso sobre quais regras devemos seguir. Mesmo que pensemos que sabemos o que os outros devem fazer, eles estão decididamente relutantes em seguir nossos ditames – não importa quão benevolentes sejam nossas intenções. Na verdade, outros querem que sua singularidade heroica seja respeitada, assim como nós queremos. O resultado é uma revolução no que entendemos por caráter e no que definimos como sucesso.

É fácil se apegar aos seus próprios padrões e tornar-se cada vez mais crítico daqueles que não os seguem. No entanto, com o tempo, isso pode levar à raiva e à amargura, especialmente se você parecer ser o único a seguir o caminho certo e os outros tiverem sucesso à sua custa. Você pode querer jogar a toalha e essencialmente renunciar a qualquer padrão. Então um dia você acorda e percebe que não consegue mais se encarar no espelho.

Aqueles de nós que são sábios permitirão que toda essa confusão moral os empurre para a jornada. Se ninguém pode nos dizer como viver, precisamos encontrar nosso próprio caminho. Ao fazê-lo, não apenas definimos nossos princípios éticos, mas também desenvolvemos os recursos internos necessários para uma vida genuinamente heroica. Os heróis sempre têm um senso de responsabilidade social e histórica – de deixar o mundo melhor do que o encontraram. Assim, os indivíduos que fazem a jornada constroem relacionamentos, famílias, organizações e comunidades mais saudáveis. No entanto, isso não significa que podemos impor nossos padrões aos outros.

Em uma sociedade diversificada, ademais, é importante aprender a tolerância. As pessoas muitas vezes julgam umas às outras pela idade, pela raça e pela cultura, aplicando seus próprios padrões a outros que estão operando de acordo com preceitos diferentes, mas ainda morais. Certamente há momentos e lugares em que as pessoas agem de maneira vergonhosa. Não estou sugerindo aqui que vale tudo. Praticamente todas as culturas concordam que não é bom trapacear, mentir ou matar. A maioria também concorda que é virtuoso ser amoroso e sábio e buscar as verdades espirituais.

Os valores das pessoas diferem não apenas por causa de suas origens culturais e religiosas, mas também por causa de seus arquétipos dominantes:

Aliado Interno	Sucesso é ser/estar	Caráter é
Inocente	Alegre	Ser positivo
Órfão	Seguro	Proteger-se de ser ferido
Nômade	Você mesmo	Agir com autenticidade
Guerreiro	Triunfante	Fazer o certo, evitar o errado
Altruísta	Bom	Importar-se com os outros
Mago	Transformativo	Viver conscientemente

É essencial entender que todos nós não queremos dizer necessariamente a mesma coisa quando falamos sobre viver eticamente, mas cada perspectiva contribui para o bem maior da sociedade.

Por sua própria natureza, os arquétipos transcendem a cultura. Portanto, eles nos dão uma maneira de falar sobre ética e valores que não se baseia em nenhuma religião. Eles fornecem uma maneira de combinar a sensibilidade cultural com um compromisso comum com a integridade. Em sua vida, você pode escolher ser fiel aos princípios que aprendeu com sua própria herança cultural e religiosa. No entanto, quando nos reunimos através dessas fronteiras tradicionais, podemos encontrar um fundamento moral comum na estrutura profunda da psique.

O Guerreiro ajuda a defender os limites contra práticas que prejudicam a nós e aos outros. Os guerreiros tendem a ver as questões morais de maneira clara. Para o Guerreiro, há o certo e o errado. O imperativo ético é fazer o certo.

Portanto, é importante para o Guerreiro no interior de nós que esclareçamos nossos valores e sejamos fiéis a eles. O Guerreiro sabe como é fácil para indivíduos e grupos racionalizar a moralidade de qualquer coisa que sirva a seus próprios interesses e, portanto, exige que verifiquemos nossas decisões éticas não apenas com nossos próprios códigos de honra, mas também com princípios fundamentais de moralidade.

O Órfão, no entanto, entende que nenhum de nós é perfeito. Isso nos ajuda a ver onde fomos fracos demais para sermos fiéis ao nosso melhor e a ter empatia quando os outros falham. Enquanto o Guerreiro pode matar, punir severamente ou envergonhar os malfeitores, o Órfão procura ver o que os fez errar tanto. O Órfão então tentaria curar essa falha, ajudando-os a ser melhores da próxima vez. Em nossa própria vida, é o Órfão que nos ajuda a admitir quando erramos e tenta fazer as pazes.

O Nômade está menos interessado em questões gerais de moralidade do que em ajustar seu próprio código de honra pessoal. O Nômade também gosta de explorar a diferença, então esse arquétipo nos ajuda a aprender com outras pessoas que tem valores diferentes. O Nômade pode ser tolerante com valores diferentes desde que as pessoas sejam fiéis ao que acreditam.

O Altruísta nos leva a testar nossos ideais éticos para ver se eles ajudam ou prejudicam a nós e aos outros. Se nosso pensamento está fora de contato com a realidade humana, podemos concordar com uma crença que parece certa de maneira abstrata, mas, na prática, cria sofrimento. Se assim for, o Altruísta diz que não é moral. Além disso, os Altruístas incentivam os grupos a se unirem para esclarecer seus valores comuns e buscar um entendimento.

O Inocente encontra moralidade por meio de ensinamentos religiosos, revelação pessoal ou inspiração divina. Usando os princípios junguianos, pode ver os sonhos como cartas da alma nos dizendo o que é certo fazer.

O Mago nos ajuda a desenvolver a atenção plena, para que, além de tomar decisões morais, prestemos muita atenção aos seus resultados. Desse modo, o Mago traz uma abordagem científica da ética, vendo a vida como um "laboratório" moral. Se as consequências de uma abordagem forem negativas, o Mago vai para dentro para reconsiderar o que fazer. Os Magos também sabem que a ética é um trabalho interno. Se você quer ser uma força positiva no mundo, deve sempre começar elevando sua própria consciência.

Os arquétipos também nos ajudam a desenvolver a força interior necessária para viver de acordo com um código moral:

- ◆ O Órfão nos ajuda a processar nossa dor e desapontamento quando outros nos traem ou nos maltratam, para que não tenhamos raiva ou usemos vícios para nos entorpecer;

- ◆ O Nômade nos estimula a manter o curso de nossos próprios valores em vez de seguir a multidão;

- O Guerreiro nos dá disciplina e coragem moral para não sucumbir à tentação;

- O Altruísta exige que demonstremos compaixão por nós mesmos e pelos outros, para que não queiramos fazer coisas prejudiciais;

- O Inocente nos dá a fé e o otimismo para acreditar que não precisamos comprometer nossa integridade para ter sucesso; e

- O Mago nos ajuda a ver que o que colocamos no mundo sempre voltará para nós, muitas vezes de forma ampliada.

Cada uma das seis perspectivas arquetípicas apresentadas neste livro também preside um estágio importante do desenvolvimento do caráter. Se você não passou por cada estágio, ainda não terá a virtude que é seu dom. Você só pode alcançar essa virtude superando um medo previsível. Assim, se queremos que as pessoas desenvolvam o caráter, devemos incentivá-las a fazer a jornada. Em suma, os seis aliados internos descritos neste livro veem o mundo sob a ótica das seguintes estruturas de enredo, que resultam na conclusão de seis tarefas de desenvolvimento.

Arquétipo	Ajuda-nos a	Supera o medo de	Ganha a virtude da
Órfão	Sobreviver às dificuldades	Punição	Empatia
Nômade	Encontrar a nós mesmos	Conformidade	Autenticidade
Guerreiro	Provar nosso valor	Derrota	Coragem
Altruísta	Viver com generosidade	Egoísmo	Bondade/Gentileza
Inocente	Confiar na vida ou em Deus	Abandono	Fé
Mago	Transformar nossa vida	Ilusões	Integridade

Exercício A: Escreva seu próprio código de ética e compartilhe-o com um amigo ou colega. Em seguida, examine todas as maneiras pelas quais você tem problemas para cumprir esse código. Nesses casos, identifique o arquétipo que pode ajudá-lo a manter seus próprios padrões.

A Conduta Moral do Herói Interior

Um código moral também acompanha a abordagem descrita neste livro. Em essência, tudo se resume a uma premissa básica: honrar a jornada heroica de todo mundo. Ao fazer isso, você deve seguir cinco regras principais de conduta ética:

1. Veja todos como um herói em uma jornada.
2. Liberte-se de preconceitos e estereótipos em relação aos outros.
3. Reconheça o potencial positivo em situações negativas.
4. Modele a ação correta mantendo-se fiel ao seu próprio caminho.
5. Respeite a interdependência.

Regra 1: Veja todos como heróis em uma jornada. A regra essencial do caminho para trabalhar com este material é honrar a si mesmo e aos outros, vendo todos como heróis ou heróis em potencial. Essas teorias devem ser usadas com respeito à jornada individual, seja a sua ou a de outra pessoa. Elas nunca devem ser usadas para rebaixar alguém por estar no lugar "errado" da jornada. Seria melhor para você nem mesmo ter lido este livro do que usá-lo como mais munição para atacar a si mesmo ou aos outros. Embora este livro forneça um mapa a seguir, é a jornada individual, não o mapa, que é importante.

Cada pessoa no mundo tem uma razão para estar aqui. Cada jornada é única e, sendo assim, é um mistério. Também é útil trabalhar com o material para deixar de lado qualquer sensação de que conhecemos o próximo passo na jornada – para nós mesmos ou para os outros.

O respeito pela jornada do herói exige que nunca sucumbamos à arrogância de pensar que sabemos o que alguém pode e não pode fazer. Essas teorias nunca devem ser usadas para rotular alguém, como se sempre incorporassem apenas um arquétipo. Por exemplo, após o lançamento da primeira edição deste livro, às vezes eu encontrava leitores que acreditavam poder prever o comportamento de outras pessoas com base em seus arquétipos. No entanto, a maioria de nós tem acesso a vários arquétipos simultaneamente, e esses arquétipos mudam e mudam com o tempo. Portanto, é reducente imaginar que você sabe que tipo de pessoa alguém é!

A progressão arquetípica sobre a qual escrevi neste livro é uma descrição – não uma prescrição. Ela não deve ser usada para projetar experiências que tentem levar as pessoas a se moverem em etapas pelos mesmos estágios. Embora eu acredite que os padrões em geral se mantenham, as psiques individuais são muito diversas, e sua autonomia e singularidade devem ser respeitadas. Esses padrões podem ajudá-lo ao nomear as experiências pelas quais você ou outras pessoas estão passando e podem acelerar o aprendizado e torná-lo menos ameaçador. No entanto, os padrões nunca devem ser vistos como normativos – como estágios pelos quais se deve passar ou ser para sempre inadequado.

Em resumo, contanto que se lembre que o importante é a jornada individual – e não quaisquer teorias sobre ela – você pode se sentir livre para ser tão criativo quanto quiser ao conceber maneiras de usar as ideias deste livro. Elas são feitas para dar conforto às pessoas em suas jornadas e para nos lembrar que a busca é uma função sagrada. A jornada pode ser descrita e encorajada, mas não deve ser indevidamente contida e certamente não manipulada, forçada ou apressada. Muitas vezes, o melhor caminho pode ser sinuoso, e pode parecer que estamos indo na direção oposta do lugar em que finalmente iremos chegar. As jornadas não são eficientes ou previsíveis.

Regra 2: Liberte-se de preconceitos e estereótipos sobre os outros. Vários de meus colegas e alunos leram este livro em forma de manuscrito e questionaram se fazer uma jornada poderia ser uma expectativa realista para pessoas privilegiadas, mas possivelmente irrelevante para os menos afortunados. Eu pediria aos leitores que reconhecessem esse preconceito como anti-heroico.

Conheço pessoas com mais dinheiro, privilégios e acesso à educação e sucesso profissional do que a maioria de nós jamais terá, mas a pobreza espiritual delas é tão grande que não se desenvolvem. Mesmo nos bairros afro-americanos ou latinos mais pobres e deprimidos e nas reservas de índios norte-americanos, você encontrará homens e mulheres velhos que são tão sábios e totalmente desenvolvidos quanto podem ser encontrados em qualquer lugar. Minha afirmação não é apenas que os indivíduos podem triunfar sobre as probabilidades ou resistir ao crescimento nas melhores circunstâncias; é também que a verdadeira prosperidade não é apenas uma questão de riqueza e poder. Pessoas brancas de classe média tendem a ver o valor de sua própria cultura materialista, mas não das muitas subculturas em seu meio, especialmente aquelas que não são materialmente bem-sucedidas.

Alternativamente, às vezes romantizamos culturas minoritárias e, assim, evitamos ter de reconhecer as verdadeiras barreiras ao crescimento que resultam da pobreza incapacitante, dependência e falta de respeito da sociedade em geral. Isso se aplica mais descaradamente aos nativos norte-americanos, mas também em vários graus a todos os grupos que são desfavorecidos por causa de sua raça, etnia, gênero, orientação sexual ou classe.

É igualmente importante evitar romantizar o privilégio. Membros de grupos privilegiados – homens, caucasianos, heterossexuais, pessoas fisicamente aptas – muitas vezes ignoram a maneira como o sistema é tendencioso a seu favor. Como resultado, seu crescimento é interrompido, pois eles assumem tacitamente que os outros devem e irão servi-los. A menos que entendamos que algumas vantagens são conquistadas à custa de outras pessoas, nossa jornada pode ser limitada pela atitude inconsciente de direito da sombra do Inocente.

Regra 3: Reconheça o potencial positivo em situações negativas. Sempre que encontramos a sombra de um arquétipo em outra pessoa, seu polo positivo tem o potencial de ser expresso. Embora devamos nos reconhecer e nos proteger de qualquer pessoa que nos prejudique, também é importante que tenhamos mentalmente uma visão dessa pessoa vivendo o polo positivo do arquétipo associado ao seu comportamento de sombra atual. Considere isso uma forma de oração – para que o lado positivo possa surgir e surja com o tempo. Se você estiver de alguma maneira em apuros – política, legal e interpessoalmente – lembre-se de que o resultado que deseja é que seu eu superior e o eu superior do outro indivíduo resolvam as coisas de maneira nobre. Isso pode imunizá-lo contra qualquer desejo de usar força excessiva ou obter uma vantagem injusta.

People of the Lie, de M. Scott Peck, define como maus aqueles que preferem prejudicar os outros do que ver a verdade sobre si mesmos. As pessoas também tendem a fazer coisas más quando evitam a jornada. Algumas delas pensam tão pouco de si mesmas e se sentem tão carentes que farão qualquer coisa para obter uma vantagem competitiva sobre os outros. Se pensarmos em "pecado" como algo errado (que é o que a palavra realmente significa), então elas simplesmente se desviaram de seu próprio caminho. Se e quando retornarem, elas poderão se tornar uma força positiva no mundo.

O quadro a seguir descreve o polo imoral de cada arquétipo. Geralmente, eles são expressos quando alguém não fez a jornada desse arquétipo. James Hillman nos diz que "todas as nossas patologias são chamados dos deuses". A moralidade é como a medicina homeopática. O antídoto para a doença vem do mesmo arquétipo – só que em sua forma mais positiva. Em cada caso, os indivíduos podem fazer algo ilegal ou imoral, mas sua atitude em relação a isso é diferente: eles podem mentir, roubar, traficar drogas ou ser emocional ou fisicamente abusivos, mas racionalizam seu comportamento de maneira diferente. Se os outros puderem reconhecer a estrutura profunda dessas racionalizações, poderão ajudar o malfeitor a identificar o arquétipo que busca expressão e corrigir seu comportamento.

Arquétipo	Motivação para Transgressão
Órfãos	Sentem que precisam fazer isso para sobreviver ou se proteger.
Guerreiros	Tomam medidas imorais para obter maior poder ou vantagem competitiva.
Nômades	Acham que estão acima das leis comuns e não permitem que ninguém lhes diga o que fazer.
Altruístas	Atacam com raiva depois de terem sacrificado demais; envergonham os outros e fazem com que se sintam culpados.
Inocentes	Usam a desculpa de que todo mundo faz isso, ou simplesmente não pensam no que eles estão fazendo.
Magos	Manipulam os outros para levá-los a fazer o que querem.

É importante manter os limites e não permitir que outros prejudiquem você ou qualquer outra pessoa. No entanto, você pode ajudar os outros a se tornarem mais morais, vendo o comportamento negativo deles como um sintoma e chamando-os para encontrar o polo positivo dessa jornada arquetípica. Compreender isso pode nos impedir de descartar as pessoas.

Exercício B: Você conhece pessoas ou grupos que estão fazendo coisas realmente erradas? Se sim, o que eles estão fazendo e por quê? Qual arquétipo os está chamando (e possivelmente também você) por meio desse comportamento?

Regra 4: Modele a ação correta mantendo-se fiel ao seu próprio caminho. A maior parte da verdadeira libertação é apanhada, não ensinada. Se você realmente quer ajudar os outros, deve ser um modelo de fidelidade ao seu próprio caminho. Então reconheça que o que pode ser ensinado é o processo. O conteúdo do seu caminho não será necessariamente semelhante ao dos outros e vice-versa. Tenho certeza de que você conhece pessoas que tiveram um grande impacto em sua vida – menos por causa do que fizeram e mais por quem eram. Toda vez que você é fiel ao herói interior, você ajuda a transformar o mundo.

Exercício C: Pense em todas as vezes em sua vida que se desviou de seu caminho autêntico. Como foi isso para você? Quais foram os resultados? Como você voltou ao curso? Qual foi a coisa mais útil que alguém fez (ou poderia ter feito) para ajudá-lo?

Regra 5: Respeite a interdependência. A maioria das pessoas pensa nos indivíduos como entidades isoladas, separadas das comunidades das quais fazem parte. Essa falha em pensar sistemicamente nos leva a conceber as pessoas como o problema quando as questões reais são estruturais. Há pouco tempo eu estava conversando com um consultor de gestão que expressou o medo de que ensinar executivos sobre arquétipos pudesse levá-los a querer contratar ou reter apenas pessoas que evidenciassem as qualidades arquetípicas "certas". Respondi que ninguém que realmente entendesse a dimensão arquetípica da vida se envolveria em aplicações tão antiéticas e desumanas dessa teoria.

Os arquétipos emergem do inconsciente coletivo e lutam pelo equilíbrio nos sistemas organizacionais e familiares, assim como na psique individual. A reitora de uma faculdade que participou de um de meus *workshops* explicou esse fenômeno com referência à sua experiência pessoal. Como muitos líderes fortes, ela achava o Órfão irritante e ficava se livrando de funcionários que reclamavam ou criticavam tudo. Com o tempo, ela descobriu que isso não adiantava, porque logo alguém começaria a recitar uma ladainha de reclamações. Em outras palavras, ela percebeu que, em qualquer sistema, alguém tem de expressar o Órfão. Se tais vozes forem silenciadas ou desvalorizadas, o resultado será um aumento nas expressões de baixo nível (ou sombra) do arquétipo. A questão da liderança não é livrar-se do Órfão, mas criar um ambiente que incentive sua expressão mais positiva.

Ao utilizar eticamente a teoria arquetípica, é importante lembrar que todos nós somos radicalmente interdependentes – com nossa família, amigos, colegas de trabalho, comunidades e o mundo natural. Se um arquétipo está ativo ao nosso redor, recebemos um convite para entrar em sua história. Geralmente, não podemos nos recusar a fazê-lo, a menos que deixemos a situação completamente. Por exemplo, se alguém em nossa vizinhança for oprimido, teremos de lidar com o arquétipo de Órfão. Podemos nos sentir muito adiantados em nossa própria jornada para precisar fazer isso, mas a verdade é que a vida é uma experiência comunitária.

Individual e coletivamente, vez ou outra temos de juntar os pedaços se nossas próprias ações prejudicarem os outros. Se uma empresa polui o meio ambiente, alguém tem de limpar a bagunça. Se a limpeza recair sobre o governo, os impostos corporativos podem aumentar e as empresas podem descobrir que o resultado final é, de fato, afetado por sua ética. Quando os grupos demonstram uma superabundância de um arquétipo, alguém sofre as consequências. Muito Guerreiro, por exemplo, corremos o risco de exterminar espécies inteiras (às quais nos sentimos superiores), oprimir pessoas que não estão à altura de nossos padrões e aumentar as disparidades econômicas entre ricos (vencedores) e pobres (perdedores). Tais resultados acionam um processo que começa a despertar os arquétipos necessários para uma resposta adequada. As psiques individuais e coletivas são inerentemente autocorretivas. Por exemplo, os arquétipos do Altruísta e do Mago agora estão emergindo na consciência humana para nos ajudar a explorar maneiras de valorizar a interconexão tanto quanto valorizamos a competição. Quanto mais conscientes nos tornamos quanto aos nossos próprios desequilíbrios, menos tempo passamos criando problemas que temos de resolver.

Quando pensamos arquetipicamente, também podemos reconhecer a estrutura profunda por trás das ideias em diferentes campos que predominam em qualquer período histórico. Quando o arquétipo do Guerreiro era dominante na cultura ocidental, a teologia se concentrava na luta entre o bem e o mal, a biologia enfatizava a sobrevivência do mais apto, as reuniões eram conduzidas em linhas autoritárias pelo governo da maioria e as organizações assumiam estruturas hierárquicas, como as militares. À medida que o arquétipo do Mago emerge na consciência, vemos teologias enfatizando a unidade, a biologia enfatizando a interdependência ecológica, reuniões realizadas de acordo com regras de tomada de decisão consensual e organizações se tornando mais simples e mais igualitárias em estrutura. Quando os arquétipos são fortes na cultura ao nosso redor, devemos estar abertos a eles ou corremos o risco de nos tornarmos irrelevantes.

Além disso, a menos que um arquétipo se expresse fora de nós de alguma forma, é muito difícil que esse arquétipo esteja ativado em nossa vida. O herói interior está sempre em diálogo com o herói exterior. Embora a grande maioria de nós esteja limitada no que podemos alcançar pelo que está acontecendo no coletivo, qualquer avanço que façamos afeta o mundo muito além de nós mesmos.

A jornada pode parecer muito solitária às vezes, mas a verdade é que todos estamos viajando juntos em uma caravana. O que quer que esteja pensando ou sentindo, você tem companhia. Os arquétipos não surgem apenas em uma pessoa; eles vêm primeiro para vários pioneiros sociais e mais lentamente para líderes culturais e outros. Saber disso pode nos dar coragem. Vivemos em um mundo redondo. Não é possível pisar fora da borda.

A maioria de nossos sistemas sociais fica atrás da consciência humana. Como resultado, muitas vezes eles podem ser transformados tão rápida e inesperadamente quanto a queda do Muro de Berlim. Tudo o que é necessário é que paremos de nos censurar, abandonemos nossos medos de que os outros não estejam prontos para ouvir o que sabemos. Por exemplo, o movimento do orgulho *gay* mostrou como quebrar o silêncio é, muitas vezes, tudo o que é necessário para mudar as atitudes. Muitas pessoas questionaram suas visões estereotipadas de *gays* e lésbicas somente depois que perceberam que conheciam alguns!

Há pouco tempo, ouvi algumas pessoas reclamarem da falta de espiritualidade no local de trabalho. É claro que não há falta de espiritualidade em nossas organizações. Elas estão cheias de pessoas com a vida espiritual altamente desenvolvida. Só que para ser levado a sério, a maioria dos trabalhadores acredita que durante o período em que estão trabalhando têm de fingir que não é assim. Tudo de que precisamos para trazer a espiritualidade de volta ao local de trabalho é quebrar a proibição de falar com nosso coração, alma e espírito. Deixamos de ser cúmplices do "Gancho, o guardião do passado" quando estamos abertos sobre a verdade de nossa própria vida.

Se você despertou todos os seis arquétipos deste livro, você está pronto para ser um agente de mudança no mundo. Assumir um papel de liderança em sua família, escola, local de trabalho ou comunidade pode não parecer tão assustador se você lembrar que nenhum de nós precisa fazer tudo.

Se deixarmos de lado a grandiosidade e reconhecermos que todos somos parciais e, portanto, necessariamente interdependentes, uns em relação aos outros, podemos compartilhar a diversidade de nossos dons e vozes. Você aprende comigo e eu aprendo com você. É assim que crescemos e é assim que podemos resolver os grandes problemas do nosso tempo. Sua vida individual é um riacho que deságua em um rio de humanidade. Você nunca pode saber exatamente quanta diferença sua vida faz, mas pode saber que você importa, imensuravelmente.

Todos nós importamos.

APÊNDICES

Apêndice A: O Autoteste do Mito Heroico

O Autoteste do Mito Heroico foi desenvolvido para medir os arquétipos presentes em suas formas positivas e negativas em sua vida. Ao responder a esse questionário, você será convidado a refletir sobre suas próprias qualidades arquetípicas – como você se vê e como os outros o veem – e a identificar os arquétipos que o afetam porque eram ativos em sua família de origem quando você era criança ou estão ativos hoje em sua família, escola e/ou local de trabalho atual.

PARTE I: COMO EU ME VEJO

Verifique todas as palavras ou frases listadas na coluna A e na coluna B que descrevem a maneira como você se vê.[1]

Coluna A

(Eu me vejo como...)

Coluna B

(Eu me vejo como...)

1.

____ resiliente

____ um sobrevivente

____ realista

____ empático

____ desconfiado

____ negativo

____ cínico

____ um chorão

2.

____ individualista

____ um pioneiro

____ independente

____ um pensador divergente

____ um solitário

____ um rebelde

____ com medo da proximidade

____ tendo problemas em me encaixar

3.

____ assertivo

____ um ganhador

____ disciplinado

____ obstinado

____ inescrupuloso

____ excessivamente competitivo

____ teimoso

____ inflexível

4.

____ atencioso

____ consciente

____ disposto a sacrificar

____ generoso

____ um mártir

____ intrusivo

____ culpando os outros

____ controlador

5.

____ otimista

____ fidedigno

____ confiante

____ moralmente bom

____ seduzido por respostas fáceis

____ crédulo

____ ingênuo

____ tacanho

6.

____ visionário

____ criativo

____ poderoso

____ um catalisador para mudança

____ excêntrico

____ estranho

____ manipulador

____ um grande tomador de risco

Os números de 1 a 6 correspondem aos seis arquétipos deste livro. A coluna A lista traços arquetípicos que geralmente são vistos de modo positivo. A coluna B lista traços arquetípicos que geralmente são vistos de modo negativo. Conte cada verificação como um ponto e some suas subpontuações em cada coluna da seguinte maneira. Suas pontuações variam de 0 a 4 em cada escala.

Arquétipo	Total Positivo (0-4)	Total Negativo (0-4)
1. Órfão (OR)	____	____
2. Nômade (NM)	____	____
3. Guerreiro (GR)	____	____
4. Altruísta (AL)	____	____
5. Inocente (IN)	____	____
6. Mago (MG)	____	____

Você pode criar um gráfico de barras de suas subpontuações no quadro a seguir. Preencha sua pontuação A para cima e sua pontuação B para baixo para cada arquétipo. Sombreie a caixa de sua pontuação positiva acima de 0 e a caixa de sua pontuação negativa abaixo de 0. Em seguida, conecte os dois sombreando as caixas entre eles.

QUADRO A						
A	OR	NM	GR	AL	IN	MG
4						
3						
2						
1						
0						
1						
2						
3						
4						
B						

Parte II: Como os Outros Me Veem

A parte difícil de avaliar os próprios arquétipos é que a maioria de nós não se vê com precisão. Algumas pessoas enfatizam seus traços positivos e minimizam suas falhas. Outros tendem a enfatizar suas falhas e não enxergar suas virtudes. Quase todos nós temos uma autoimagem um tanto desatualizada (ou seja, vemos o que éramos, não o que somos). Portanto, é útil dar uma olhada em como os outros o veem. Há duas maneiras de fazer isso. A maneira mais fácil é preencher essa parte você mesmo, concentrando-se no que os outros dizem (ou até reclamam) sobre você. Se você fizer assim, siga as instruções da Parte I, concentre-se apenas em como você é visto e não em como você se vê. A maneira mais demorada, mas mais precisa, é fazer cópias desta parte do livro (riscando o segundo conjunto de parênteses abaixo dos títulos das colunas) e entregá-la a três outras pessoas (idealmente um parente, um amigo e um colega de trabalho) que o conhecem bem e serão honestos com você. Em seguida, compare sua autoavaliação com as avaliações feitas por outras pessoas.

Instruções para amigos, parentes e colegas dando feedback *para* _____ _____. Você foi escolhido para preencher a lista de verificação a seguir para ajudar um parente, amigo ou colega de trabalho a avaliar com precisão os arquétipos ativos na vida dele. Portanto, seja o mais honesto possível. Basta verificar cada palavra ou frase que se aplica à pessoa em questão.

Coluna A
(Eu vejo ____ como...)
(Dizem que sou...)

Coluna B
(Eu vejo ____ como...)
(Dizem que sou...)

1.

____ resiliente

____ um sobrevivente

____ realista

____ empático

____ desconfiado

____ negativo

____ cínico

____ um chorão

2.

____ individualista ____ um solitário

____ um pioneiro ____ um rebelde

____ independente ____ com medo da proximidade

____ um pensador divergente ____ tendo problemas em me encaixar

3.

____ assertivo ____ inescrupuloso

____ um ganhador ____ excessivamente competitivo

____ disciplinado ____ teimoso

____ obstinado ____ inflexível

4.

____ atencioso ____ um mártir

____ consciente ____ intrusivo

____ disposto a sacrificar ____ culpando os outros

____ generoso ____ controlador

5.

____ otimista ____ seduzido por respostas fáceis

____ fidedigno ____ crédulo

____ confiante ____ ingênuo

____ moralmente bom ____ tacanho

6.

____ visionário ____ excêntrico

____ criativo ____ estranho

____ poderoso ____ manipulador

____ um catalisador para mudança ____ um grande tomador de risco

---

Os números de 1 a 6 correspondem aos seis arquétipos deste livro. A coluna A lista traços arquetípicos que geralmente são vistos de modo positivo. A coluna B lista traços arquetípicos que geralmente são vistos de modo negativo. Conte cada verificação como um ponto e some sua subpontuação em cada coluna da seguinte maneira. Suas pontuações variam de 0 a 4 em cada escala.

Arquétipo	Total Positivo (0-4)	Total Negativo (0-4)
1. Órfão	____	____
2. Nômade	____	____
3. Guerreiro	____	____
4. Altruísta	____	____
5. Inocente	____	____
6. Mago	____	____

Você pode criar um gráfico de barras das subpontuações no quadro a seguir. Preencha sua pontuação A para cima e sua pontuação B para baixo para cada arquétipo. Sombreie a caixa de sua pontuação positiva acima de 0 e a caixa de sua pontuação negativa abaixo de 0. Em seguida, conecte os dois sombreando as caixas entre eles.

QUADRO B						
A	OR	NM	GR	AL	IN	MG
4						
3						
2						
1						
0						
1						
2						
3						
4						
B						

PARTE III: A INFLUÊNCIA DA MINHA FAMÍLIA DE ORIGEM

Nossa família de origem fornece o roteiro básico para a jornada. A lista de verificação a seguir foi elaborada para ajudá-lo a identificar o legado de sua família. Na Coluna A, marque todas as características que sua família dizia que valorizava. Na Coluna B, marque todas as características que eram desaprovadas, punidas ou mantidas em segredo – em suma, aquelas que você não deveria ter!

Coluna A
(Era para eu ser...)

Coluna B
(De jeito nenhum era para eu ser...)

1.

____ resiliente	____ desconfiado
____ um sobrevivente	____ negativo
____ realista	____ cínico
____ empático	____ um chorão

2.

____ individualista	____ um solitário
____ um pioneiro	____ um rebelde
____ independente	____ com medo da proximidade
____ um pensador divergente	____ tendo problemas em me encaixar

3.

____ assertivo	____ inescrupuloso
____ um ganhador	____ excessivamente competitivo
____ disciplinado	____ teimoso
____ obstinado	____ inflexível

4.

____ atencioso

____ consciente

____ disposto a sacrificar

____ generoso

____ um mártir

____ intrusivo

____ culpando os outros

____ controlador

5.

____ otimista

____ fidedigno

____ confiante

____ moralmente bom

____ seduzido por respostas fáceis

____ crédulo

____ ingênuo

____ tacanho

6.

____ visionário

____ criativo

____ poderoso

____ um catalisador para mudança

____ excêntrico

____ estranho

____ manipulador

____ um grande tomador de risco

Os números de 1 a 6 correspondem aos seis arquétipos deste livro. A coluna A lista traços arquetípicos que geralmente são vistos de modo positivo. Aqueles que você marcou eram especialmente valorizados por sua família de origem. Essas qualidades foram o legado de sua família para você, dizendo o que eles queriam que você (e os outros) fossem. A coluna B lista traços arquetípicos que geralmente são vistos de modo negativo. Aqueles que você verificou que foram ativamente desencorajados por sua família. Essas pontuações mostram a sombra de sua família. É seu desafio encontrar o ouro na sombra. (Você pode fazer isso deixando espaço em sua vida para os traços mais positivos associados ao respectivo arquétipo.) Conte cada verificação como um ponto e some sua subpontuação em cada coluna da seguinte maneira. Suas pontuações variam de 0 a 4 em cada escala.

Arquétipo	Total Positivo (0-4)	Total Negativo (0-4)
1. Órfão	____	____
2. Nômade	____	____
3. Guerreiro	____	____
4. Altruísta	____	____
5. Inocente	____	____
6. Mago	____	____

Você pode criar um gráfico de barras das subpontuações no quadro a seguir. Preencha sua pontuação A para cima e sua pontuação B para baixo para cada arquétipo. Sombreie a caixa de sua pontuação positiva acima de 0 e a caixa de sua pontuação negativa abaixo de 0. Em seguida, conecte os dois sombreando as caixas entre eles.

QUADRO C						
A	OR	NM	GR	AL	IN	MG
4						
3						
2						
1						
0						
1						
2						
3						
4						
B						

PARTE IV: A INFLUÊNCIA DA MINHA FAMÍLIA ATUAL

A lista de verificação a seguir foi elaborada para ajudá-lo a identificar a influência de sua família atual, independentemente de como você a defina. (Nota: Se você ainda mora com sua família de origem ou a considera sua família primária no momento, pule a Parte IV e vá direto para a Parte V.) Na Coluna A, marque todas as características que sua família atual incentiva. Na Coluna B, marque todas as características que são desaprovadas, punidas ou mantidas em segredo – em suma, aquelas que você não deveria ter!

Coluna A	**Coluna B**
(É esperado que eu seja...)	(De modo algum é para eu ser...)

1.

____ resiliente	____ desconfiado
____ um sobrevivente	____ negativo
____ realista	____ cínico
____ empático	____ um chorão

2.

____ individualista	____ um solitário
____ um pioneiro	____ um rebelde
____ independente	____ com medo da proximidade
____ um pensador divergente	____ tendo problemas em me encaixar

3.

____ assertivo	____ inescrupuloso
____ um ganhador	____ excessivamente competitivo
____ disciplinado	____ teimoso
____ obstinado	____ inflexível

4.

____ atencioso

____ consciente

____ disposto a sacrificar

____ generoso

____ um mártir

____ intrusivo

____ culpando os outros

____ controlador

5.

____ otimista

____ fidedigno

____ confiante

____ moralmente bom

____ seduzido por respostas fáceis

____ crédulo

____ ingênuo

____ tacanho

6.

____ visionário

____ criativo

____ poderoso

____ um catalisador para mudança

____ excêntrico

____ estranho

____ manipulador

____ um grande tomador de risco

Os números de 1 a 6 correspondem aos seis arquétipos deste livro. A coluna A lista traços arquetípicos que geralmente são vistos de modo positivo. Aqueles que você marcou são valorizados especialmente por sua família atual. A coluna B lista traços arquetípicos que geralmente são vistos de modo negativo. Aqueles que você marcou são ativamente desencorajados por sua família atual. Essas pontuações mostram a sombra de sua família. É seu desafio encontrar o ouro na sombra. (Você pode fazer isso deixando espaço em sua vida para os traços mais positivos associados ao respectivo arquétipo.) Conte cada verificação como um ponto e some suas subpontuações em cada coluna da seguinte maneira. Suas pontuações variam de 0 a 4 em cada escala.

Arquétipo	Total Positivo (0-4)	Total Negativo (0-4)
1. Órfão	____	____
2. Nômade	____	____
3. Guerreiro	____	____
4. Altruísta	____	____
5. Inocente	____	____
6. Mago	____	____

Você pode criar um gráfico de barras das subpontuações no quadro a seguir. Preencha sua pontuação A para cima e sua pontuação B para baixo para cada arquétipo. Sombreie a caixa de sua pontuação positiva acima de 0 e a caixa de sua pontuação negativa abaixo de 0. Em seguida, conecte os dois sombreando as caixas entre eles.

QUADRO D						
A	OR	NM	GR	AL	IN	MG
4						
3						
2						
1						
0						
1						
2						
3						
4						
B						

Parte V: A Influência do Meu Local de Trabalho Atual (Ou Escola)

Os locais de trabalho também incentivam certas características e veem outras como tabu. (As escolas também. Se você ainda está na escola ou voltou à escola como seu principal objetivo, responda às perguntas da Parte V tendo em mente sua escola e não seu local de trabalho.) Faça a lista de verificação novamente. Desta vez verifique, na Coluna A, todas as características que são particularmente incentivadas pelo seu chefe ou equipe de trabalho (ou pelo seu professor ou colegas). Em seguida, verifique todos os traços na Coluna B que eles particularmente desaprovam.

Coluna A
(É esperado que eu seja...)

Coluna B
(De modo algum é para eu ser...)

1.

____ resiliente

____ um sobrevivente

____ realista

____ empático

____ desconfiado

____ negativo

____ cínico

____ um chorão

2.

____ individualista

____ um pioneiro

____ independente

____ um pensador divergente

____ um solitário

____ um rebelde

____ com medo da proximidade

____ tendo problemas em me encaixar

3.

____ assertivo

____ um ganhador

____ disciplinado

____ obstinado

____ inescrupuloso

____ excessivamente competitivo

____ teimoso

____ inflexível

4.

____ atencioso   ____ um mártir

____ consciente   ____ intrusivo

____ disposto a sacrificar   ____ culpando os outros

____ generoso   ____ controlador

5.

____ otimista   ____ seduzido por respostas fáceis

____ fidedigno   ____ crédulo

____ confiante   ____ ingênuo

____ moralmente bom   ____ tacanho

6.

____ visionário   ____ excêntrico

____ criativo   ____ estranho

____ poderoso   ____ manipulador

____ um catalisador para mudança   ____ um grande tomador de risco

---

Os números de 1 a 6 correspondem aos seis arquétipos deste livro. A coluna A lista traços arquetípicos que geralmente são vistos de modo positivo. Aqueles que você marcou refletem os traços explicitamente valorizados em seu local de trabalho (ou escola). A coluna B lista traços arquetípicos que geralmente são vistos de modo negativo. Aqueles que você marcou refletem a sombra do seu local de trabalho (ou escola). As pontuações totais permitem que você saiba a presença relativa de cada arquétipo em seu local de trabalho (ou escola). Qualquer arquétipo com uma pontuação alta está chamando você para fazer sua jornada e ganhar seus dons. Conte cada verificação como um ponto e some sua subpontuação em cada coluna da seguinte maneira. Suas pontuações variam de 0 a 4 em cada escala.

Arquétipo	Total Positivo (0-4)	Total Negativo (0-4)
1. Órfão	____	____
2. Nômade	____	____
3. Guerreiro	____	____
4. Altruísta	____	____
5. Inocente	____	____
6. Mago	____	____

Você pode criar um gráfico de barras de suas subpontuações no quadro a seguir. Preencha sua pontuação A para cima e sua pontuação B para baixo para cada arquétipo. Sombreie a caixa de sua pontuação positiva acima de 0 e a caixa de sua pontuação negativa abaixo de 0. Em seguida, conecte os dois sombreando as caixas entre eles.

QUADRO E						
A	OR	NM	GR	AL	IN	MG
4						
3						
2						
1						
0						
1						
2						
3						
4						
B						

Parte VI: Juntando Tudo

Na tabela abaixo, coloque os nomes dos arquétipos positivos e negativos que receberam as pontuações mais altas em cada categoria das Partes 1 a 5. Compare as pontuações nas cinco partes deste autoteste, procurando por quaisquer padrões que surjam.

Partes I-V	Principais Arquétipos da Coluna A (Positivo)	Principais Arquétipos da Coluna B (Negativo)
Como Eu Me Vejo		
Como os Outros Me Veem		
A Influência da Minha Família de Origem		
A Influência da Minha Família Atual		
A Influência do Meu Local de Trabalho Atual (ou Escola)		

1. Você se vê da mesma maneira que os outros o veem? Se não, pode especular sobre as diferenças. Você esconde partes de si mesmo para que os outros não vejam o verdadeiro você? As pessoas estão vendo partes de você das quais que você sente falta? Outras ideias?

2. Quais são seus arquétipos mais fortes? Onde você expressa esses arquétipos em sua vida?

3. Que arquétipos são evidentes de modo mais negativo em sua vida? Você pode imaginar como expressá-los de uma maneira mais positiva?

4. Dê uma olhada nas virtudes que sua família de origem incentivou. Você agora, ou no passado, já evidenciou essas virtudes?

5. Quais características sua família desaprovava? Você já viveu isso de alguma maneira – em suas formas negativas ou positivas (veja a lista A equivalente)?

6. Compare os traços que sua família atual valoriza e desaprova com os de sua família de origem. (Se seu cônjuge ou outro membro da família também estiver preenchendo essas listas de verificação, pode ser interessante compartilhar os resultados.)

7. Quais características seu local de trabalho (ou escola) atual mais valoriza? É fácil para você demonstrar essas características?

8. Quais características seu local de trabalho (ou escola) atual mais desaprova? O arquétipo correspondente agora está ativo em sua vida? Você é capaz de expressar suas qualidades em seu ambiente de trabalho (escola)? O que acontece se você fizer isso?

9. Percebendo que sua família de origem foi responsável por sua socialização inicial e sua família atual e local de trabalho (ou escola) estão influenciando você agora, quais são as formas positivas e sombrias dos arquétipos que chamaram ou estão chamando você nesses ambientes?

10. Esteja ciente de que você pode sentir estresse por causa da diferença entre sua própria estrutura arquetípica interna e a dos sistemas dos quais você faz parte. Esse estresse pode ser um estímulo para o crescimento se o motivar a despertar um arquétipo ou seus aspectos mais positivos. Que arquétipo, se despertado, poderia diminuir o estresse em sua vida?

11. Você também pode sentir estresse porque algum arquétipo importante está na sombra (reprimido, punido etc.) em qualquer

um dos sistemas dos quais você faz parte. O que essa sombra do arquétipo pode ensinar ou dizer a você?

6. Escreva uma breve autobiografia mostrando o que você ganhou em cada ambiente importante de sua vida.

Você pode achar útil apresentar o modelo de *O Herói Interior* a seus familiares, amigos ou colegas de trabalho (ou colegas de classe). Se eles também preencherem essas listas de verificação, você terá a oportunidade de se conhecer em um nível mais profundo, compartilhando seus resultados. Além disso, você pode verificar sua avaliação de cada família, organização ou sistema escolar contrastando-as. Ter esse apoio pode promover sua jornada e aprimorar sua capacidade de expressar seu *self* mais heroico e fazê-lo em mais e mais situações.

APÊNDICE B

Diretrizes para Grupos de Apoio à Jornada Heroica

Os leitores podem achar útil formar Grupos de Apoio à Jornada Heroica. As pessoas nesses grupos podem ler e discutir capítulos, fazer exercícios juntas e apoiar a jornada umas das outras. Os grupos de apoio podem ser formados por ou por meio de:

- ◆ Redes de amigos.

- ◆ Famílias ou famílias extensas.

- ◆ Na educação com programas de desenvolvimento de caráter ou programas profissionalizantes.

- ◆ Programas de recolocação que ajudam as pessoas em transições de trabalhos.

- ◆ Grupos de recuperação como uma ajuda na recuperação de segundo estágio.

- ◆ Grupos de colegas em locais de trabalho que enfrentam grandes transições.

- ◆ Grupos de terapia em preparação para término.

- ◆ Programas de prevenção da pobreza como auxílio ao empoderamento pessoal.

Diretrizes para Participantes

Assuma a responsabilidade integral por sua própria jornada. As outras pessoas podem orientá-lo e ajudá-lo, mas só você pode encontrar seu próprio graal, sua própria verdade.

Quer o grupo tenha ou não um líder, assuma sua parte da responsabilidade pela eficácia e pela saúde do grupo. Isso significa ajudar a manter o grupo focado em sua tarefa e prestar atenção ao processo do grupo para ter certeza de que a tarefa não será realizada à custa dos relacionamentos saudáveis entre os membros.

Honre seu próprio processo e o dos outros. Permita que os membros estejam em lugares diferentes e vejam verdades diferentes. Lembre-se, caso exista alguma verdade absoluta, certamente está além de nossa compreensão subjetiva. Somos todos como os conhecidos homens cegos, cada um tocando uma parte diferente do elefante e tentando descrever o animal inteiro. Precisamos de todas as nossas percepções. De qualquer modo, é aconselhável respeitar onde as pessoas estão, mesmo que você não compartilhe as opiniões delas.

Use "eu" em suas declarações. Diga "Quando você diz..., eu sinto...", não "Isso é errado/estúpido", ou pior, "Você é péssimo...".

Tente estar atento aos prováveis sentimentos ou reações dos outros. Isso não significa que você deve evitar conflitos. No entanto, pode precisar tranquilizar os outros a seu respeito, consideração ou até afeição ao compartilhar uma perspectiva que eles possam considerar hostil à posição deles. Ou você simplesmente pode precisar se lembrar de ser diplomático. Se se sentir magoado, louco ou zangado em resposta ao que outra pessoa diz ou faz, diga a ela diretamente, mas também com a maior empatia possível. Nunca fale sobre os membros do grupo pelas costas. Se algo o incomoda, seja franco ao abordá-lo no grupo.

Às vezes não é apropriado ter tato. Talvez você esteja vivenciando uma nova maneira de se comportar – por exemplo, você quer quebrar um tabu familiar contra agir com raiva ou maldade. Em seguida, diga ao grupo o que você está fazendo, para que as pessoas não sejam abaladas desnecessariamente por suas ações.

Falem uns com os outros, não apenas com o líder (se você tiver um). Ajudem-se mutuamente quando sentirem que alguém precisa de conforto, segurança, apoio, desafio ou encorajamento para ser mais honesto ou confrontador.

Assuma a responsabilidade de tentar satisfazer suas necessidades. Não presuma que outros (incluindo qualquer líder) possam ler sua mente. Diga o que você quer e do que precisa, mas também esteja ciente de que nem sempre você pode ter tudo o que pede (embora pedir certamente aumente as chances de sucesso).

Todos que fazem a jornada são iguais. Mesmo que seu grupo tenha um líder designado, leve toda a sua sabedoria para o grupo. Não se enfraqueça esperando que alguém saiba o que você sabe ou veja o que você vê. Muitas vezes, o que falta em qualquer grupo é o que apenas nós poderíamos fornecer.

Assuma a responsabilidade pelas decisões do grupo. Se o grupo decidiu fazer algo que você não queria fazer, assuma a responsabilidade por não ter falado (se não o fez) ou não ter sido persuasivo o suficiente para mudar a decisão (se você tentou). Em suma, assuma a responsabilidade de fazer parte do processo da tomada de decisão. Se você quer que as coisas sigam um caminho diferente, não reclame. Leve isso para o grupo da maneira mais persuasiva e construtiva possível.

Assuma a responsabilidade por sua própria participação ou não participação. Faça o que lhe convém e não o que não lhe convém. Use sua criatividade para adaptar exercícios ou atividades ao seu próprio estilo, prioridades e necessidades. Peça a ajuda de outras pessoas quando precisar.

Fique em contato com seu *self* mais profundo e sábio para saber se você deve ou não estar neste grupo em particular. Se você acredita que deveria, então esteja o mais presente possível. Se não, vá aonde seu coração o levar.

APÊNDICE C

Criando Ambientes Heroicos

Organizações e sociedades inteiras tendem a se tornar tão disfuncionais quando estão desequilibradas quanto os indivíduos. Corrigir o equilíbrio em nossa vida individual cria um magnetismo que atrai os sistemas de volta ao equilíbrio. Também podemos utilizar nosso conhecimento dos seis arquétipos para criar ambientes que promovam o heroísmo em nós mesmos e nos outros.

FAMÍLIAS HEROICAS

A família saudável enfrenta as dificuldades diretamente (Órfão), está aberta a novas possibilidades e perspectivas (Nômade), consegue o suficiente para alimentar, vestir e proteger seus membros da pobreza ou outros danos (Guerreiro), mostra cuidado e carinho tanto dentro da família quanto para a comunidade maior (Altruísta), demonstra confiança em algum poder superior (Inocente) e age com integridade para ser uma força positiva no mundo (Mago). Essas famílias também oferecem amplo espaço para que cada membro se sinta à vontade para expressar todos esses (e outros) arquétipos.

Nessas famílias, os pais mostram sua aprovação de todos os seis arquétipos pela maneira como tratam seus filhos. Por exemplo, as crianças são:

- Consoladas e nutridas quando estão sofrendo (Órfãos);

- Reforçadas positivamente quando expressam sua individualidade (Nômade);

- Incentivadas a se esforçar e estudar, mas também a defender a si mesmas e aos outros (Guerreiro);

- Elogiadas por compartilhar e cuidar dos outros (Altruísta);

- Mantidas seguras e incentivadas a acreditar no mundo e em si mesmas (Inocentes); e

- Tratadas com respeito para que aprendam que são importantes o suficiente para agir de acordo com seu poder de mudar o mundo defendendo seus princípios (Mago).

ESCOLAS HEROICAS

As escolas ajudam as crianças a crescer quando proporcionam ambientes que equilibram seus papéis arquetípicos. Tais escolas:[1]

- Protegem as crianças de danos físicos, assédio ou abuso e noções degradantes sobre seu potencial (Órfão);

- Promovem dons e talentos individuais segurando um espelho mágico que mostra como eles são especiais (Nômade);

- Incentivam e recompensam a disciplina, o foco e a realização (Guerreiro);

- Proporcionam oportunidades de compartilhamento e trabalho colaborativo (Altruísta);

- Assumem intenções positivas, qualquer que seja o comportamento da criança (Inocente); e

- Oferecem aos alunos oportunidades de escolha genuína (no que estudam e na governança escolar), para que comecem a praticar o impacto em seus próprios destinos e em sistemas sociais mais amplos (Mago).

Preparar os alunos para se tornarem trabalhadores produtivos, familiares atenciosos e cidadãos engajados requer um equilíbrio de experiências e perspectivas. Muitas vezes, somos pegos em debates sobre se a aprendizagem competitiva ou cooperativa é a melhor; se a equidade ou a qualidade são mais importantes etc. Tais debates podem nos levar a um beco sem saída se pensarmos que temos de escolher uma dessas polaridades em detrimento de outra. A questão não é decidir entre alternativas opostas; é encontrar o equilíbrio adequado entre colaboração, competição, equidade e qualidade. Só então são possíveis resultados verdadeiramente milagrosos.

Locais de Trabalho Heroicos

Para que uma organização funcione de maneira otimizada, o seguinte deve estar em equilíbrio.

- Os funcionários precisam se sentir o mais seguros possível; idealmente, eles terão seguro saúde, planos de aposentadoria e a sensação de que, desde que façam um bom trabalho, a organização fará o possível para mantê-los empregados (Órfãos).

- Os funcionários desejam encontrar e expressar seus verdadeiros talentos, sua sabedoria e toda a extensão de sua humanidade; isso significa combinar pessoas com papéis que reflitam sua autenticidade (Nômade).

- Os funcionários prosperam em ambientes que oferecem incentivos razoáveis (aumentos, bônus, reconhecimento) para realizações exemplares e ajuda para superar novos desafios (treinamento, equipamento etc.) (Guerreiro).

- Os funcionários se sentem enobrecidos quando trabalham para uma organização que está fazendo algo positivo para o mundo e quando todas as partes interessadas (incluindo funcionários e clientes) são bem tratadas (Altruísta).

- O moral dos funcionários normalmente aumenta quando a organização e seu papel nela é congruente com seus valores e princípios (Inocente).

- Os funcionários precisam acreditar que têm voz no que acontece na organização; idealmente, cada pessoa se sente como se estivesse no centro da organização e tudo o que faz importa para o futuro dela (Mago).

Quando tudo isso está em vigor, o resultado é: alta produtividade, bom moral e um impacto positivo nas famílias, na comunidade e na sociedade em geral. Esse líder ideal também promove esses objetivos ao modelar aspectos positivos de todos os seis arquétipos. Várias teorias de liderança atuais enfatizam diferentes forças arquetípicas:

Abordagem de Liderança	Perspectiva Arquetípica Incentivada
Liderança Argumentativa	Órfão
Liderança Pioneira	Nômade
Liderança Estratégica	Guerreiro
Liderança Servidora	Altruísta
Liderança Visionária	Inocente
Liderança Transformativa	Mago

Na verdade, o líder ideal teria um pouco de todas essas qualidades arquetípicas. As intervenções de desenvolvimento organizacional tendem a reforçar alguns arquétipos e reprimir outros: se sua organização não está funcionando de maneira ideal, identifique quais arquétipos são expressos em suas formas positivas, quais são reprimidos e quais são sombrios ou negativos. Você pode escolher que tipo de treinamento ou consultoria faz sentido com base na análise organizacional arquetípica.

Qualquer intervenção, não importa quão bem concebida e executada, pode acabar prejudicando se o equilíbrio geral for desfeito – seja porque a intervenção está reforçando uma parte da organização que já é muito dominante ou porque a nova abordagem é implementada de modo inadequado ou incompleto. Por exemplo, se sua organização é forte nos arquétipos do Altruísta ou do Órfão, você e seus colegas podem preferir passar a maior parte do tempo unindo-se, em detrimento de outros elementos arquetípicos de sucesso. Quando as coisas dão errado, você pode decidir automaticamente que a formação de equipe é a resposta. Mas isso é apenas o que você prefere, não onde está a fraqueza na organização. É como um médico tratando o coração quando alguém tem uma perna quebrada.[2]

PSICOTERAPIA, *COACHING* E ACONSELHAMENTO HEROICOS

A psicoterapia, o *coaching* e o aconselhamento heroicos prestam atenção aos seis arquétipos, reconhecendo, construindo ou aprimorando os pontos fortes de cada um.

Primeiro passo: encontre os pontos fortes arquetípicos de seus pacientes. A maioria dos profissionais de ajuda é treinada para diagnosticar a patologia. No entanto, se você constantemente insinua que seus pacientes estão doentes ou feridos sem lhes familiarizar com seus pontos fortes, o processo terapêutico pode prejudicá-los em vez de ajudá-los. É por isso que muitas pessoas permanecem em terapia por anos e anos. Eles começam a pensar em si mesmas como disfuncionais. Depois de encontrar os aliados interiores dos pacientes, você pode explorar com segurança áreas de feridas ou disfunções.

Segundo Passo: Diagnosticar quais arquétipos estão traumatizados ou feridos – não apenas na infância, mas também pelas realidades atuais. Você pode então ajudar os pacientes a superar sua dor, para que possam se tornar livres para viver no presente e escolher situações mais favoráveis no futuro. Além disso, trabalhe em maneiras de despertar ou curar os arquétipos relevantes (Órfãos).

Terceiro Passo: Promova estratégias para explorar a vida interior. Incentive seus pacientes a analisar seus sonhos, escrever em um diário, participar de exercícios ativos de imaginação ou simplesmente falar sobre do que eles gostam, o que valorizam e quem são interiormente (Nômade).

Quarto Passo: Desenvolva estratégias para definir e atingir as metas do paciente. Enfatize abordagens cognitivas e estratégias comportamentais para ajudar os pacientes a serem mais bem-sucedidos em seus relacionamentos, trabalho e outros empreendimentos (Guerreiro).

Quinto Passo: Ajude os pacientes a se tornarem membros mais cuidadosos e responsáveis de uma família, grupo, organização ou comunidade. Para que os pacientes entendam e se comuniquem com os outros de maneira mais eficaz, aconselhamento de casais, terapia familiar (incluindo toda a família), grupos de treinamento, formação de equipes e outras intervenções em grupo podem ser muito úteis (Altruísta).

Sexto Passo: Incentive seus pacientes a esclarecer seus valores e/ou crenças espirituais e a agir de acordo com eles. Você, como conselheiro, não deve ter um programa espiritual que esteja tentando vender. Em vez disso, ajude os pacientes a esclarecer seus valores e encontrar seu próprio caminho espiritual autêntico (Inocente).

Sétimo Passo: Apoiar os pacientes na transformação de suas vidas e ambientes. A capacidade de transformar a vida de uma pessoa geralmente requer que os outros cinco aspectos da jornada terapêutica estejam em vigor.

Uma vez que estejam, você pode fornecer suporte para seus pacientes afinarem as habilidades de domínio pessoal para que eles se tornem adeptos da criação de mudanças positivas de dentro para fora (Mago).

RESTABELECIMENTO HEROICO

Os Doze Passos e a Jornada Heroica

Os Doze Passos salvaram muitas vidas. Por serem tão eficazes, algumas pessoas até pensam que são divinamente inspirados. Todos os programas de doze passos usam variantes dos passos originais dos Alcoólicos Anônimos, que são apresentados a seguir.

OS DOZE PASSOS DO A. A.

1. Admitimos que éramos impotentes perante o álcool – que tínhamos perdido o domínio sobre nossa vida.

2. Viemos a acreditar que um Poder superior a nós mesmos poderia nos devolver à sanidade.

3. Decidimos entregar nossa vontade e nossa vida aos cuidados de Deus, na forma em que O concebíamos.

4. Fizemos minucioso e destemido inventário moral de nós mesmos.

5. Admitimos perante Deus, perante nós mesmos e perante outro ser humano, a natureza exata de nossas falhas.

6. Prontificamo-nos inteiramente a deixar que Deus removesse todos esses defeitos de caráter.

7. Humildemente rogamos a Ele que nos livrasse de nossas imperfeições.

8. Fizemos uma relação de todas as pessoas a quem tínhamos prejudicado e dispusemo-nos a reparar os danos a elas causados.

9. Fizemos reparações diretas dos danos causados a tais pessoas, sempre que possível, salvo quando fazê-las significasse prejudicá-las ou a outrem.

10. Continuamos fazendo o inventário pessoal e quando estávamos errados, nós o admitíamos prontamente.

11. Procuramos, por meio da prece e da meditação, melhorar nosso contato consciente com Deus, *na forma em que O concebíamos*, rogando apenas o conhecimento de Sua vontade em relação a nós, e forças para realizar essa vontade.

12. Tendo vivenciado um despertar espiritual graças a estes Passos, procuramos transmitir essa mensagem aos alcoólicos e praticar esses princípios em todas as nossas atividades.

Os Doze Passos são reimpressos com permissão do *Alcoholics Anonymous World Services, Inc.* A permissão para reimprimir os Doze Passos não significa que o A.A. revisou ou aprovou o conteúdo desta publicação, nem que o A.A. concordou com as opiniões aqui expressas. O A.A. é um programa de recuperação do alcoolismo – o uso apenas dos Doze Passos em conexão com programas e atividades que são padronizados após o A.A., mas que tratam de outros problemas, ou em qualquer outro contexto que não o A.A., não implica o contrário.

Programas de doze passos podem ter sucesso, em parte, mas não inteiramente, porque vários passos sustentam o equilíbrio arquetípico na psique. Por exemplo:

Primeiro Passo: As pessoas ativam seus arquétipos do Órfão admitindo impotência sobre qualquer substância viciante e pedindo ajuda.

Do Segundo ao Terceiro Passo: Entregar a vida a Deus ativa o Inocente retornado.

Do Quarto ao Décimo Passo: Admitir e expiar os próprios delitos ativa a integridade do Guerreiro de alto nível. Os cavaleiros da Távola Redonda aderiram a um código nobre que os ajudou a sobreviver a grandes batalhas. Do mesmo modo, esses passos ajudam o alcoólatra ou viciado a sobreviver à batalha com substâncias viciantes.

Décimo Primeiro Passo: Buscar aprender a vontade divina para nossa vida nos ajuda a saber quem somos e, portanto, desperta o Nômade de ordem superior.

Décimo Segundo Passo: Servir aos outros ativa o Altruísta.

O modelo arquetípico aqui contido não é projetado para devolver as pessoas à sobriedade, a menos que seja usado em conjunto com um programa de doze passos que aborde diretamente a situação do indivíduo. No entanto, esse modelo pode ser imensamente importante na recuperação de segundo e terceiro estágios, porque ajuda as pessoas a aprender lições de vida perdidas. Por essa razão, a abordagem neste trabalho é útil também para filhos adultos de alcoólicos (FAA) ou para qualquer pessoa de um lar disfuncional. O modelo de *O Herói Interior* também pode ajudar a prevenir o vício, porque as pessoas totalmente desenvolvidas correm muito menos riscos do que aquelas com menos recursos internos e menos autoconsciência.

POLÍTICA, ECONOMIA E GOVERNO HEROICOS

As ideias deste livro traduzem em termos pessoais o que significa viver em uma democracia. Uma pessoa, um voto, significa que, pelo menos teoricamente todos nós temos a mesma influência política. É claro que as pessoas não podem aproveitar a ocasião para viver nesse poder a menos que também reivindiquem seu poder pessoal. É por isso que seria ideal que todos pudessem ter acesso de alguma maneira à jornada do herói. A democracia está em risco quando as pessoas a consideram garantida e não exercem a autoridade da cidadania. Para que a democracia não apenas sobreviva, mas também sirva a todos nós, precisamos nos envolver no processo político, apoiar as pessoas e as políticas que refletem nossos pontos de vista, bem como votar nas pessoas que defendam essas políticas.

Pode-se usar o modelo de seis arquétipos para ilustrar os atributos de um sistema equilibrado e para avaliar como diferentes grupos hoje estão nos educando sobre cada peça do quebra-cabeça.

- ◆ O Órfão nos diz que precisamos fornecer redes de segurança quando as pessoas realmente precisam de ajuda, e alguma legislação protetora para evitar que as pessoas sejam vitimizadas por outras e que a terra seja devastada e espoliada. Os movimentos de defesa do consumidor, da paz e do meio ambiente, bem como todos os movimentos de libertação, ajudam a identificar onde a democracia não está funcionando e para quem, desse modo pressionando por mudanças necessárias.

- ◆ O Nômade nos ordena a proteger os direitos civis de todos os cidadãos e defender o direito do indivíduo à vida, à liberdade e à busca da felicidade. Enquanto todos os que acreditam na democracia defendem esses valores, os libertários articulam essa posição em sua forma mais extrema.

- ◆ O Guerreiro nos diz que precisamos de competição suficiente para aumentar a qualidade e a produtividade e um exército grande o suficiente para nos proteger de ameaças verdadeiras. Geralmente, os conservadores políticos dão voz a esses valores.

- ◆ O Altruísta nos diz que a competição não é suficiente. Compartilhar nosso tempo, nossos talentos e recursos para promover o bem comum e fornecer serviços comuns é a única maneira de restaurar a comunidade em nossa vida. Esses são os entendimentos nutridos por liberais políticos e progressistas.

◆ O Inocente nos diz que é importante, preservando a liberdade de religião, entender que espírito e alma fazem parte da vida cívica. Embora nenhum grupo tenha o direito de impor sua forma de religião a outro, reconhecer a dimensão espiritual de toda vida é intrínseco à realização do grande sonho da democracia. É claramente incorreto esperar que judeus, cristãos, muçulmanos, hindus, budistas, sufis ou outros grupos religiosos aceitem a teologia e as práticas de qualquer outra religião. O desafio é encontrar um modo verdadeiramente pluralista de incorporar espírito e alma à vida pública.

◆ O Mago nos diz que não podemos confiar em nenhuma perspectiva política arquetípica em detrimento das outras. Em vez disso, devemos encontrar o equilíbrio ideal para o momento histórico. O Mago também nos ajuda a saber quais virtudes políticas enfatizar em um determinado momento da história para restabelecer o equilíbrio no sistema.

APÊNDICE D

O Modelo de Doze Arquétipos de *O Despertar dos Herói Interior:* Notas e Recursos

O*Despertar do Herói Interior: A Presença dos Doze Arquétipos nos Processos de Autodescoberta e de Transformação do Mundo* é um tratamento mais avançado e complexo dos arquétipos relacionados ao processo de individuação – ou seja, o processo pelo qual descobrimos quem somos e o que devemos fazer para contribuir com o mundo – do que *O Herói Interior*. Publicado em 1991 pela Harper San Francisco, inspirou uma série de instrumentos, estudos e livros projetados para promover seu uso ajudando profissionais. Está disponível em sua livraria local pela Harper Collins Publishers, na versão em inglês, ou da Editora Pensamento, em português.

Os leitores antecipados do manuscrito desta edição de *O Herói Interior* pediram informações sobre a relação entre os arquétipos nos dois livros. Alguns nomes arquetípicos são ligeiramente diferentes. Arquétipos não são entidades limitadas que são fáceis de definir e rotular. A mesma energia essencial pode assumir uma forma ligeiramente diferente em uma história mítica ou contexto humano diferente. Tentei o melhor que pude usar nomes que comuniquem o nível e o estilo do arquétipo apropriado ao tema e às preocupações de cada livro. O arquétipo Altruísta em *O Herói Interior* combina elementos dos arquétipos do Caridoso e do Destruidor do modelo de doze arquétipos. O nome Altruísta também enfatiza a generosidade pública em vez do cuidado privado.

O Herói Interior: Seis Arquétipos	O Despertar do Herói Interior: Doze Arquétipos
Inocente	Inocente
Órfão	Órfão
Nômade	Explorador
Guerreiro	Guerreiro
Altruísta	Caridoso
Mago	Destruidor
	Amante
	Criador
	Governante
	Mago
	Sábio
	Bobo

Eu recomendo *O Herói Interior* como um texto introdutório. Também pode ser usado por leitores mais jovens e por aqueles que procuram aplicar as ideias a contextos sociais, políticos ou organizacionais. *O Despertar do Herói Interior* é apropriado para uso terapêutico, para aplicação na meia-idade e além, e para leitores mais avançados. *O Despertar do Herói Interior* diferencia arquétipos que ajudam as pessoas a se prepararem para a jornada (fortalecendo o ego), empreenderem uma jornada de transformação (conectando-se com a alma ou autenticidade profunda) e retornarem para contribuir com a cultura (no processo de encontrar plenitude e realização).

Os seguintes materiais e livros de treinamento podem ser usados em conjunto com *O Herói Interior* e/ou *O Despertar do Herói Interior*. Todos estão disponíveis no Center for Applications of Psychological Type (CAPT), 2815 NW 13th St., Suite 401, Gainesville, FL 32609 (EUA) ou *on-line* pelo *site*: www.capt.org.

Livros e Instrumentação:

ADSON, Patricia R., 1999. *Finding Your True North and Helping Others Find Direction in Life*. Explora como utilizar o modelo de doze arquétipos na psicoterapia com outras pessoas ou no trabalho em seus próprios problemas.

ADSON, Patricia R., 2004. *Depth Coaching: Discovering Archetypes: For Empowerment, Growth, and Balance*. Explora como os *coaches* de vida e executivos podem usar os modelos arquetípicos para aprimorar suas práticas e sua própria vida.

CORLETT, John G. e Carol S. Pearson, 2003. *Mapping the Organizational Psyche: A Jungian Theory of Organizational Dynamics and Change*. Um bom manual para consultores e líderes organizacionais que desejam entender e melhorar as culturas organizacionais e de equipe.

MARK, Margaret e PEARSON, Carol S., 2001. *The Hero and the Outlaw: Building Brands Extraordinary Through the Power of Archetypes* (Mc-Graw-Hill). Um guia para marcas arquetípicas autênticas e éticas. [*O Herói e o Fora da Lei*. São Paulo: Cultrix, 2ª edição, 2003.]

PEARSON, Carol S. e MARR, Hugh, 2002. *Pearson-Marr Archetype Indicator™*, instrumento que avalia arquétipos ativos na vida de um indivíduo. Disponível *on-line* ou em versão impressa com pontuação. Panfletos de apoio e um manual também estão disponíveis.

_____, 2007. *What Story Are You Living?* Um manual e um guia para interpretar resultados para o indicador de arquétipo Pearson-Marr.

PEARSON, Carol S., 2003. *Organizational and Team Culture Indicator™*, instrumento que avalia arquétipos em culturas organizacionais e de equipe. As publicações de suporte incluem um manual e guias do cliente.

Seminários de Treinamento:

Para obter informações sobre seminários de treinamento para profissões que desejam utilizar essas teorias e modelos em seu trabalho, acesse www.capt.org.

BIBLIOGRAFIA

Sugestões de Leituras

CLÁSSICOS SELECIONADOS SOBRE O PENSAMENTO PSICOLÓGICO JUNGUIANO

EDINGER, Edward F. *Ego and Archetype: Individuation and the Religious Function of the Psyche*. Nova York: Penguin, 1973. [*Ego e Arquétipo: Uma Síntese Fascinante dos Conceitos Fundamentais de Jung*. São Paulo: Cultrix, 2ª, 2020.]

HILLMAN, James. *Revisioning Psychology*. Dallas, Texas: Spring Publications, 1985.

_____. *The Soul's Code: In Search of Character and Calling*. Nova York: Warner Books, 1997.

JUNG, C. G. *Collected Works*. Organizado por *Sir* Herbert Read, Michael Fordham e Gerhard Adler. Traduzido por R. F. C. Hull. Princeton: Princeton University Press, Bollingen Series, XX, 1954-1967.

_____. *Memorie, Dreams, Reflections*. Organizado por Aniela Jaffé. Nova York: Pantheon Books, 1963.

_____. *Modern Man in Search of a Soul*. Nova York: A Harvest Book, Harcourt Brace & Co. 1933.

SINGER, June. *Boundaries of the Soul: The Practice of Fung's Psychology*. Nova York: Doubleday, 1972.

WHITMONT, Edward D. *The Simple Quest*. Nova York: G. P. Putnam's Sons, 1969. [*A Busca do Símbolo*. São Paulo: Cultrix, 2ª edição, 2024.]

Livros Básicos Sobre Arquétipos em Nosso Dia a Dia

ADSON, Patricia. *True North: Finding Direction for Ourselves and Our Clients in Psychotherapy*. Gladwyne, PA: Type and Archetype Press, 1998.

ARRIEN, Angeles. *The Four-Fold Way: Walking the Paths of the Warrior, Teacher, Healer and Visionary*. São Francisco: HarperSanFrancisco, 1993.

BOLEN, Jean Shinoda. *Goddesses in Everywoman*. São Francisco: Harper & Row, 1985.

_____. *Gods in Everyman*. São Francisco: Harper & Row, 1989.

CAMPBELL, Joseph. *The Hero with a Thousand Faces*. Nova York: World Publishing Co., 1970. [*O Herói de Mil Faces*. São Paulo: Cultrix, 1989.]

_____. *The Power of Myth*, com Bill Moyers. Nova York; Doubleday, 1988.

CHINEN, Allan. *Beyond the Hero: Classic Stories of Men in Search of Soul*. Nova York: Jeremy P. Tarcher/Putnam, 1993.

ESTÉS, Clarissa Pinkola. *Women Who Run With the Wolves*. Nova York: Ballantine, 1992.

FEINSTEIN, David e KRIPPNER, Stanley. *The Mythic Path: Discovering the Guiding Stories of Your Past – Creating a Vision for Your Future*. Nova York: G. P. Putnam's Sons, 1997.

FOX, Matthew. *The Comming of the Cosmic Christ*. São Francisco: HarperSanFrancisco, 1988.

HOUSTON, Jean. *The Search for the Beloved: Journeys in Sacred Psychology*. Los Angeles: Jeremy P. Tarcher, 1987. [*A Busca do Ser Amado a Psicologia do Sagrado*. São Paulo, Cultrix, 1993 (fora de catálogo).]

JOHNSON, Robert. *Inner Work: Using Dreams and Active Imagination for Personal Growth*. São Francisco: HarperSanFrancisco, 1986.

_____. *He.* Nova York: Harper & Row, 1989.

_____. *She: Understanding Feminine Psychology.* Nova York: Harper & Row, 1989.

MOORE, Robert e GILLETTE, Douglas. *King, Warrior, Magician, Lover.* São Francisco: HarperSanFrancisco, 1990.

MURDOCH, Maureen. *The Heroine's Journey.* Boston: Shambala Publications, 1990.

_____. *The Heroine's Journey Workbook.* Boston: Shambala Publications, 1998.

PEARSON, Carol S. *Awakening the Heroes Within: Twelve Archetypes to Help Us Find Ourselves and Transform Our World.* São Francisco: HarperSanFrancisco, 1991. [*O Despertar do Herói Interior: A Presença dos Doze Arquétipos nos Processos de Autodescoberta e de Transformação do Mundo.* São Paulo: Pensamento, 1994.]

_____. *Invisible Forces I: Harnessing the Power of Archetypes to Improve Your Family.* Gladwyne, PA: Type and Archetype Press, 1998.

_____. *Invisible Forces II: Harnessing the Power of Archetypes to Improve Your Career and Your Organization.* Gladwyne, PA: Type and Archetype Press, 1997.

_____. *Magic at Work: Camelot, Creative Leadership, and Everyday Miracles* (with Sharon Seivert). Nova York: Doubleday/Currency, 1995.

_____. *Pearson-Marr Archetype Indicator* (com Hugh Marr). Gladwyne, PA: Type and Archetype Press, 1995.

_____. *The Female Hero in American and British Literature* (com Katherine Pope). Nova York: Bowker Book Co., 1981.

STEIN, Murray e HOLLWITZ, John. *Psyche at Work: Workplace Applications of Jungian Analytical Psychology.* Wilmette, IL: Chiron Publications, 1992.

TAYLOR, Jeremy. *Where People Fly and Water Runs Uphill: Using Dreams to Tap the Wisdom of the Unconscious.* Nova York: Warner Books, 1992.

NOTAS

PARTE 1

Introdução

1. Jessie L. Weston. *From Ritual to Romance*. Garden City, NY: Doubleday, Anchor Books, 1957, pp. 12-24.
2. Dorothy Norman. *The Hero: Myth/Image/Symbol*. Nova York: New American Library, 1969, p. 12.
3. Joseph Campbell. *The Hero with a Thousand Faces*. Nova York: World Publishing Co., 1970), p. 12. [*O Herói de Mil Faces*. São Paulo: Cultrix, 1989.]
4. Robert E. Quinn. *Deep Change: Discovering the Leader Within*. São Francisco: Jossey-Bass, 1998, p. 45.
5. Box-Car Bertha. *Sister of the Road: The Autobiography of Box-Car Bertha*, como contada pelo dr. Ben L. Reitman. Nova York: Harper & Row, 1937, p. 280.
6. Annie Dillard. *Pilgrim at Tinker Creek*. Nova York: Bantam Books, 1975, p. 278.

Capítulo 2

1. Charles L. Whitfield. *Healing The Child Within*. Deerfield Beach, FL: Health Communications, 1987.

2. Anne Wilson Schaef. *Beyond Therapy.* São Francisco: HarperSanFrancisco, 1996.

3. Patricia Adson. *True North: Finding Direction for Yourself and Your Clients in Psychotherapy.* Gladwyne, PA: Type and Archetype Press, 1998. E Bill O'Hanlan. *Frozen in Time.* Omaha, NE: Possibilities Press, 1997.

4. Samuel Beckett. *Waiting for Godot.* Cambridge: Cambridge University Press, 1989.

5. Julia Cameron. *The Artist's Way.* Nova York: Putnam, 1992.

6. Elisabeth Kübler-Ross. *Death: The Final Stage of Growth.* Englewood Cliffs, NJ: Prentice Hall, 1975.

Capítulo 3

1. Carol Gilligan. *In a Different Voice: Psychological Theory and Women's Development.* Cambridge, MA: Harvard University Press, 1982, *passim*.

2. Daniel J. Levinson. *The Seasons of a Man's Life.* Nova York: Alfred A. Knopf, 1978, *passim*.

3. Erica Jong. *How to Save Your Own Life.* Nova York: Holt, Rinehart e Winston, 1977, p. 243.

4. Jean M. Auel. *Clan of the Cave Bear.* Nova York: Bantam Books, 1980, *passim*.

5. Ibid. *Valley of the Horses.* Nova York: Bantam Books, 1982, *passim*.

6. Tom Robbins. *Even Cowgirls Get the Blues.* Boston: Houghton Mifflin, 1976, p. 43.

Capítulo 4

1. James George Frazer. *The Golden Bough.* Nova York: Simon & Schuster, 1996, pp. 1-2.

2. Chogyam Trungpa. *Shambhala: The Sacred Path of the Warrior.* Boston: Shambhala, 1978, pp. 33-4. [*Shambhala: A Trilha Sagrada do Guerreiro.* São Paulo: Cultrix, 1992 (fora de catálogo).]

3. Susan Griffin. *Women and Nature: The Roaring Inside Her.* Nova York: Harper Colophon, 1978, pp. 193-94.

4. Tom Robbins. *Even Cowgirls Get the Blues.* Boston: Houghton Mifflin, 1976, pp. 130.

5. Howard Gardner. *Frames of Mind*. Cambridge, MA: Harvard University Press, 1993.
6. Thomas Moore. *Care of the Soul*. Nova York: HarperCollinsPublishers, 1994.

Capítulo 5

1. Carol Ochs. *Behind the Sex of God: Toward a New Consciousness – Transcending Matriarchy and Patriarchy*. Boston: Beacon Press, 1977, pp. 31-46.
2. Robert Wright. *The Moral Animal: Evolution in Psychology and Everyday Life*. Nova York: Vintage Books, 1995.
3. Robert E. Quinn. *Deep Change: Discovering the Leader Within*. São Francisco: Jossey-Bass, 1998.
4. Joseph Heller. *Catch-22*. Nova York: Dell, 1955, p. 414.
5. Jessie Bernard. *The Female World*. Nova York: Free Press, 1981.
6. Riane Eisler. *The Chalice and the Blade*. São Francisco: HarperSanFrancisco, 1987.
7. Jane Jacobs. *The Death and Life of Great American Cities*. Nova York: Vintage Books, 1961, pp. 74-88.

Capítulo 6

1. Paulo Coelho, *The Alchemist: A Fable About Following Your Dream*, trad. para o inglês de Alan R. Clarke. São Francisco: HarperSanFrancisco, 1993, pp. 176-77.
2. Harriette Arnow. *The Dollmaker*. Nova York: Avon Books, 1972.
3. Gerald Jampolsky. *Love Is Letting Go of Fear*. Millbrae, CA: Celestial Arts, 1979.
4. Ntozake Shange. *For Colored Girls Who Have Considered Suicide When the Rainbow is Enuf*. Nova York: Simon and Schuster, 1983, pp. 63.
5. Paulo Coelho. *The Alchemist: A Fable About Following Your Dream*, trad. para o inglês de Alan R. Clarke. São Francisco: HarperSanFrancisco, 1993, p. 44.
6. *Ibid.*, p. 134.

7. Claremont de Castillejo. *Knowing Woman: A Feminine Psychology*. Nova York: C. G. Jung Foundation, 1973, p. 178.
8. May Sarton. *Joanna and Ulysses*. Nova York: Norton, 1968), *passim*.
9. Shirley Gehrke Luthman. *Collections 1978*. San Rafael, CA: Mehetabel and Co., 1979, p. 14.
10. Shirley Gehrke Luthman. *Energy and Personal Power*. San Rafael, CA: Mehetabel and Co., 1982, pp. 33-4.
11. C. G. Jung. *Synchronicity: An Acausal Connecting Principle*. Princeton, NJ: Princeton University Press, Bollingen Paperback Edition, 1973, *passim*.
12. Matthew Fox. *Wheel We, Wee All the Way Home: A Guide to a Sensual Prophetic Spirituality*. (Santa Fé, NM: Bear, 1981).
13. Margaret Drabble. *The Realms of Gold*. Nova York: Alfred A. Knopf, 1976, p. 29.
14. Suresh Srivasta e David L. Cooperrider. *Appreciative Management and Leadership: The Power of Positive Thought in Organizations*. São Francisco: Jossey-Bass, 1990, pp. 119-24.
15. Mary Staton. *From the Legend of Biel*. Nova York: Ace Books, 1975, *passim*.

Capítulo 7

1. A bela peça de Shakespeare tem uma subtrama com elementos que refletem as atitudes colonialistas e talvez também racistas de seu tempo. Meus comentários não devem ser interpretados como se desculpasse esse aspecto infeliz da peça.
2. Eric Butterworth. *Discover the Power Within You: A Guide to the Unexplored Depths Within*. São Francisco: Harper & Row, 1989.
3. M. Scott Peck. *People of the Lie: Hope for Healing Human Evil*. Nova York: Simon and Schuster, 1983.
4. Ursula Le Guin. *A Wizard of Earthsea*. Nova York: Bantam Books, 1968, p. 180.
5. *Ibid. The Farthest Shore*. Nova York: Bantam Books, 1972, p. 180.
6. Philip Ressner. *Jerome the Frog*. Nova York: *Parents Magazine*, 1967.
7. Madeleine L'Engle. *A Wind in the Door*. Nova York: Dell Publishing Co., 1978, pp. 205

8. Madonna Kolbenschlag. *Kiss Sleeping Beauty Goodbye*. Nova York: Bantam Books, 1981.

9. Margaret Atwood. *Lady Oracle*. Nova York: Simon and Schuster, 1976.

10. Tom Robbins. *Even Cowgirls Get the Blues*. Boston: Houghton Mifflin, 1976, p. 43.

11. Ver Carol S. Pearson e Sharon Seivert. *Magic at Work: Camelot, Creative Leadership, and Everyday Miracles*. Nova York: Doubleday/Currency, 1995.

12. Margaret Wheatley. *Leadership and the New Science: Learning About Organization from an Orderly Universe*. São Francisco: Berrett-Koehler Publishers, Inc., 1992), pp. 56-7. [*Liderança e a Nova Ciência: Descobrindo Ordem Num Mundo Caótico*. São Paulo: Cultrix, 1996 (fora de catálogo).]

13. Ursula Le Guin. *The Dispossessed*. Nova York: Avon Books, 1975), p. 242.

PARTE 2

Introdução

1. Ver Jeremy Taylor. *Where People Fly and Water Runs Up Hill: Using Dreams to Tap the Wisdom of the Unconscious*. Nova York: Warner, 1992.

2. Marie-Louise von Franz. *Projection and Re-Collection in Jungian Psychology*. Londres: Open Court, 1980, p. 57.

Capítulo 8

1. Carol Gilligan. *In a Different Voice: Psychological Theory and Women's Development*. Cambridge, MA: Harvard University Press, 1982, *passim*.

2. Para mais detalhes sobre arquétipos e famílias, veja Carol S. Pearson. *Invisible Forces I: Harnessing the Power of Archetypes to Improve Your Family*. Gladwyne, PA: Type and Archetype Press, 1998.

3. Para mais informações sobre os arquétipos das culturas organizacionais, veja Carol S. Pearson. *Invisible Forces II: Harnessing the Power of Archetypes to Improve Your Career and Your Organization*. Gladwyne, PA: Type and Archetype Press, 1997.

Capítulo 9

1. Esse insight vem de conversas com o psicólogo Pat Adson, autor de *True North: Finding Direction for Yourself and Your Clients in Psychotherapy*. Gladwyne, PA: Type and Archetype Press, 1998). Dr. Adson trabalhou por muitos anos em um programa de tratamento para criminosos sexuais.
2. Ver Carol S. Pearson. "Women as Learners: Diversity and Educational Quality". *In: Journal of Developmental Education*, vol. 16, número 2, inverno de 1992.
3. Veja *A Course in Miracles*. Nova York: Foundation for Inner Peace, 1975.

Apêndice A

1. O Autoteste do Mito Heroico é fornecido para ajudar os leitores a refletir sobre suas vidas. As listas de verificação incluídas não foram submetidas a testes de instrumentação, como estudos de confiabilidade e validade. O Pearson-Marr Archetype Indicator é um instrumento bem pesquisado. Consulte o Apêndice C para obter mais informações sobre ele e sua disponibilidade para uso.

Apêndice C

1. Ver Patrick e Eileen Howley. *The Inner Life of Leadership*. Gladwyne, PA: Type and Archetype Press.
2. Ver Carol S. Pearson. *Invisible Forces II: Harnessing the Power of Archetypes to Improve Your Career and Your Organization*. Gladwyne, PA: Type and Archetype Press, 1997. E *Magic at Work: Camelot, Creative Leadership, and Everyday Miracles*. Nova York: Doubleday/Currency, 1995).

PERMISSÕES

As seguintes editoras deram generosamente permissão para usar citações estendidas de obras protegidas por direitos autorais.

De *Wheel We, Wee All the Way Home: A Guide to Sensual Prophetic Spirituality*, de Matthew Fox. Copyright © 1981. Publicado pela Bear & Co.

De *The Hero With a Thousand Faces*, de Joseph Campbell. Copyright © 1949. Bollingen Foundation, Inc., renovado em 1976 pela Princeton University Press. Reproduzido com permissão da Princeton University Press.

De *Appreciative Management and Leadership: The Power of Positive Thought In Organizations*, de Mr. Suresh Srivasta e David L. Cooperrider. Copyright © 1990.

De *The Collected Poems of Wallace Stevens,* "The Idea of Order at Key West", de Wallace Stevens. Copyright © 1954. Publicado por Alfred A. Knopf.

De *Women and Nature*, de Susan Griffin. Copyright © 1978. HarperCollins Publisher.

De *The Realms of Gold*, de Margaret Drabble. Copyright © 1976. Publicado por Alfred A. Knopf.

De *Projection and Re-Collection in Jungian Psychology*, de Marie-Louise von Franz. Copyright © 1980. Reproduzido com de Open Court Publishing Company, uma divisão da Carus Publishing Company, Peru, IL.

De *For Colored Girls Who Have Considered Suicide When The Rainbow Is Enuf*, de Ntozake Shange. Copyright © 1975, 1976, 1977 Ntozake Shange. Repproduzido com permissão de Scribner, uma divisão da Simon & Schuster.

De *A Simpler Way*, de Margaret Wheatly e Myron Kellner-Roberts. Copyright © 1996. Barrett-Koehler Publishers, Inc., San Francisco, CA. Todos os direitos reservados. Repoduzido com permissão do Editor.

De *Woman and Nature: The Roaring Inside Her*, de Susan Griffin. Copyright © 1978. Repoduzido com permissão da HarperCollins Publishers, Inc.

De *The Alchemist*, de Paulo Coelho. Copyright da tradução para o inglês © 1993. Repoduzido com permissão da HarperCollins Publishers, Inc.

De *Pilgrim at Tinker Creek*, de Annie Dillard. Copyright © 1974. Repoduzido com permissão da HarperCollins Publishers, Inc.

De *Revisioning Psychology*, de James Hillman. Copyright © 1975. Repoduzido com permissão da HarperCollins Publishers, Inc.

De *Shambhala: The Sacred Path of the Warrior*, de Chögyam Trungpa. Copyright © 1984. Reproduzido mediante acordo com a Shambala Publications, Inc., Boston.

De *Deep Change: Discovering the Leader Within*, de Robert E. Quinn. Excertos das páginas 5, 9, e 45 como apresentados. Copyright © 1996. Publicado por Jossey-Bass Inc., Publishers.